Getting Ahead of ADHD

What Next-Generation Science Says about Treatments That Work—
and How You Can Make Them Work for Your Child

多动症儿童日常生活的科学管理

[美] 乔尔·T. 尼格（Joel T. Nigg） 著

肖凤秋 译

图书在版编目（CIP）数据

多动症儿童日常生活的科学管理／（美）乔尔·T. 尼格（Joel T. Nigg）著；肖凤秋译. —北京：中国轻工业出版社，2019.10（2025.5重印）
ISBN 978-7-5184-2548-8

Ⅰ. ①多… Ⅱ. ①乔… ②肖… Ⅲ. ①儿童多动症－生活－家庭管理 Ⅳ. ①G766

中国版本图书馆CIP数据核字（2019）第129882号

版权声明

Getting Ahead of ADHD: What Next-Generation Science Says about Treatments That Work—and How You Can Make Them Work for Your Child
Copyright © 2017 The Guilford Press
A Division of Guilford Publications, Inc.
Published by arrangement with The Guilford Press

保留所有权利。非经中国轻工业出版社"万千心理"书面授权，任何人不得以任何方式（包括但不限于电子、机械、手工或其他尚未被发明或应用的技术手段）复印、拍照、扫描、录音、朗读、存储、发表本书中任何部分或本书全部内容（包括但不限于光盘、音频、视频等）。中国轻工业出版社"万千心理"未授权任何机构提供源自本书内容的电子文件阅览、收听或下载服务。如有此类非法行为，查实必究。

责任编辑：林思语　　责任终审：杜文勇
策划编辑：戴　婕　　责任校对：刘志颖　　责任监印：吴维斌

出版发行：中国轻工业出版社（北京鲁谷东街5号，邮编：100040）
印　　刷：三河市鑫金马印装有限公司
经　　销：各地新华书店
版　　次：2025年5月第1版第4次印刷
开　　本：710×1000　1/16　印张：20.25
字　　数：180千字
书　　号：ISBN 978-7-5184-2548-8　定价：72.00元
读者热线：010-65181109
发行电话：010-85119832　010-85119912
网　　址：http://www.chlip.com.cn　http://www.wqedu.com
电子信箱：1012305542@qq.com
版权所有　侵权必究
如发现图书残缺请拨打读者热线联系调换
250787Y2C104ZYW

Getting Ahead of ADHD
译者序

望子成龙，望女成凤是很多家长的愿望，他们倾尽全力，想让孩子更优秀，更出类拔萃。但对于那些有特殊障碍的孩子的家长来说，只要孩子健康、快乐，就是他们最大的期盼。

无论是亲身经历，还是耳闻目睹，你可能觉得患有多动症*的人会经历学业失败、药物成瘾、离婚、失业、患病、受伤、早亡。即使多动症没有严重至此，也会在以下方面有很大麻烦：情绪控制、人际冲突、在学校和工作环境中遭遇困难和挫折。实际情况又是如何呢？至少在用科学、数据说话的今天，关于多动症如何产生和发展变化，本书将为你提供一种全新的、充满希望的理解。

全书共分为九章，第一章和第二章是基础章节，呈现了与多动症有关的一些概念的最新科学进展。第二章至第七章则依次呈现了饮食、运动与睡眠、科技产品、环境化学、压力等因素与多动症之间的关系。你可以根据自己的需要任意选取章节阅读。第八章的内容能让你根据最新科学进展判断一些干预措施是否有用，了解如何识别可靠的治疗方法、选择合格的治疗人员。第九章是汇总，有助于你基于整体认识为孩子制定最合适的行动计划。最后的参考资料部分还提供了其他额外的、更全面的信息，你可以根据兴趣和需求按照提示寻找资源。

本书的第一大特色是，全书都特别关注高质量的科学证据。科学的重要优势之一，就是它不断发展、不断自我纠正、不断除旧布新。基于这些科学

---

* 注意缺陷多动障碍，俗称多动症，英文名称为 attention deficit/hyperactivity disorder，缩写为 ADHD。

证据，首先，本书能帮助你正确认识多动症，它不只是注意力不集中或多动，其核心是自我调节的问题，包括思维、行为和情绪等方面。而且多动症是谱系中的一个极端，就像高血压是血压连续体上的极端一样。因此，同样被诊断为多动症的孩子，其表现可能有所不同。其次，你将全面了解多动症的影响因素，特别是表观遗传学的意义及其与大脑发育的关系，以及压力、营养、睡眠、化学污染等主要的环境因素会如何改变孩子的大脑发育，如何影响多动症。至少你会知道，遗传并不是多动症的唯一根源，药物也并不是改善孩子状况的唯一途径。这些认识能够让你去伪存真、明辨是非。

古人有句话是"有病乱投医"，虽然这种方法不可取，但那正是"病人及其家属"的真实心态，是他们最后的救命稻草。对于多动症孩子的家长来说，更是如此，他们一直在纠结：哪种自助策略会起作用？新的"突破"是真的，还是"骗人的万灵油"？饮食、锻炼能有用吗？是毒性污染导致了多动症吗？有没有替代性疗法值得探索？这些都是多动症孩子的家长急需了解的。本书的第二大特色是，不同章节围绕不同主题提供了很多切实可行的策略，为处于迷茫、无助中的多动症孩子的家长带来希望。从补充鱼油等低技术含量的替代品，到神经反馈等高科技操作，以及专业的治疗方案，让你有信心、有能力判断该把有限的资金和精力放在何处才能使你的孩子获益最大。

对于普通家长来说，了解这些策略也将受益匪浅，你可以将其用于家庭和孩子的日常生活，根据孩子、家庭的情况选择最适合的生活方式。我本人就是受益者之一。

在翻译本书的过程中，我也正在孕育一个小生命，亲身体会到健康生命的诞生非常不易，要避过很多雷区，闯过很多关卡。最初的惊喜过后，更多的是担心与焦虑，尤其是在孕检过程中，不知道自己该如何做才能让他（她）健康地来到这个世界。甚至已经不去想他（她）未来会是什么样子，只期待他（她）健康、平安、快乐。很多孕期保健的书籍以及过来人都给了我很多建议和支持，对此，我充满感激。更加庆幸的是，在孕期参与了这本书的翻译。翻译这本书的过程让我有了更多信心，书中的最新科学进展为那些建议提供了依据，让我不再盲目，而是科学地调整饮食、锻炼、睡眠、营养等生活方式。虽然不知未来会怎样，至少在孕期，这本书帮我保持轻松愉悦，规避风险。

　　最后，希望你，无论是多动症孩子的家长，还是普通家长，都能在书中学有所得，获得新的认识、新的策略。希望多动症孩子的家长能够通过这本书减少焦虑，采取合理的方式对待孩子，对孩子的未来产生新的希望。希望普通家长，在借助书中策略受益的同时，也能正确认识多动症，至少在和这样的孩子和家庭相处时，不再是充满敌意和惧怕，能够宽容地接纳他们。

肖凤秋
2019 年 6 月

致 谢

由于家长不能及时了解关于多动症的最新科学进展,因此我撰写了本书。我希望那些想了解相关信息的人能够从中找到有价值的内容。

如果没有各种直接或间接帮助,任何一本书都不可能面世。这些年来,数不清的同事、学生和家庭帮助我完善思考,决心撰写这样一本面向大众的图书。我试图在书中赞颂一些科学家和临床医生,他们的工作加深了我的理解,但我肯定还是忽略了一些值得提及的人。

尽管如此,我还是要在此特别感谢一些人对本书的帮助:Guilford 出版社的 Kitty Moore 对我的各种想法和过失都表现出极大的耐心,直到顺利定稿。Christine Benton 是一名一流的编辑、顾问,对实际情况进行核实——坦率地提出问题,又给予实用的鼓励。他们的专业精神、以解决问题为导向的方法、乐观的精神都堪称楷模。医学博士 Keith Cheng 和 Kyle Johnson 分别就治疗和睡眠提出了宝贵的评论和意见。哲学博士 Katherine Holton 和 Jeanette Johnstone 为我撰写本书营养这部分内容提供了很多资料。

感谢所有人,还有那些鼓励我、教导我的但没有提及姓名的人,谢谢你们。祝你们身体健康。

Getting Ahead of ADHD

目 录

 //001

本书的使用方法 //003

多动症并非我们所想的那样 //003

有更多意想不到的方式可以帮助你的孩子 //005

多动症的起因比我们认为的更复杂 //006

"科学"是指什么 //007

科学的发展方向 //009

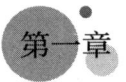 对多动症的新认识

自我调节是什么 //013

冲动是什么 //014

ADD是什么 //016

我的孩子为什么会如此紧张焦虑,这是多动症的一种表现吗 //018

"自我调节能力差"是"懒惰"的代名词吗 //020

大脑的自我调节系统 //020

发育 //031

多动症:不是放之四海而皆准的 //037

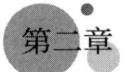 表观遗传学——先天与后天之争的终结

我们如何走到这一步 //043

幼稚的遗传模式的终结 //044
表观遗传学的作用有多大 //049
表观遗传会产生跨代的影响吗 //051
这对大脑意味着什么 //052
前路在何方 //054

第三章　饮食与多动症——旧争议与新解释

饮食对大脑健康的重要性：来自科学的证据 //061
孕期和儿童早期的饮食：饮食如何改变患多动症的风险，我们能做什么 //062
饮食与多动症儿童 //068

第四章　锻炼、睡眠与多动症——关于大脑发育的新观点

锻炼 //090
睡眠与多动症 //100

第五章　科技与多动症——对风险与益处的最新认识

屏幕使用与多动症：去伪存真 //119
科技与多动症治疗 //130

第六章　环境中的化学物质与多动症——保持警惕但不必恐慌

铅 //143
其他化学物质 //149
压力会增加污染物造成的伤害 //161

第七章　逆境、压力、创伤与多动症——寻找庇护所

压力和逆境为什么会增加自我调节问题及多动症的风险 //167

多动症导致更多的压力和逆境 //172

多动症与压力敏感性 //174

逆境对多动症的影响 //175

多动症：遭遇挫折之后很难恢复到基线水平 //186

对抗逆境的韧性 //187

压力和逆境产生的表观遗传效应能否被扭转 //192

正念能防止压力产生破坏性影响吗 //195

第八章　获取专业帮助——治疗多动症的传统方法和替代性方法

获取专业评估 //203

治疗 //211

第九章　整合

米格尔：学前儿童多动症的不确定性 //242

麦克斯：改善学业成绩，为上高中做准备 //243

拉托尼亚：精神和情绪的食物 //246

尼古拉斯：问题解决后，生活才能继续 //249

杰西卡和瑞秋：多动症的不同表现 //251

决策树：从何处开始 //254

和专业人士一起合作 //258

孩子的未来会怎样 //261

科学的发展方向是什么 //263

参考资料 //265

　　网站、杂志、时事通讯 //265

　　可以拓展阅读的书籍 //275

参考文献 //279

Getting Ahead of ADHD
前　言

在儿童障碍中，人们对多动症的研究最广泛。为什么家长还有那么多疑问呢？如果你的孩子有这种障碍或相关障碍，你一定知道，几十年来的研究为诊断和治疗提供了依据。但是不管走到哪儿，你仍会发现，关于最新"突破性"疗法的报告、争论、主张，或者对这一常见又充满挑战的障碍的"真正"原因的解释，是相互矛盾的，对饮食或运动等干预措施来说尤其如此。关于这些流行干预措施的可靠信息，比药物或咨询等标准治疗的信息更难获得。

存在大量令人困惑的、甚至错误信息的一个重要原因是，我们对多动症的科学理解瞬息万变。一幅更复杂的图景正在浮现，让你有机会极大改善孩子以及整个家庭现在和未来的健康与幸福。如果你能明辨是非，这显然是一个好消息。而实际上，这幅图景每天都在变化，需要你仔细甄别。

本书的目的就是清楚呈现"新一代"科学对多动症的解释，特别是关于多动症的成因以及环境影响的新见解。接下来本书将澄清一些根深蒂固的谣言，告诉你可靠的研究到底揭示了什么，以及正在研究什么。本书将帮助你明辨这些争论与主张，让你真正明白到底什么样的措施才最有可能帮助孩子。

本书的内容主要基于近几年的四项重大发现，这些发现正在重塑我们对多动症的看法，也正转化成切实可行的新方法，进而帮助你的孩子。

1. 多动症不只是注意力不集中或多动：相对于这些个体症状，更广泛的自我调节能力才是多动症的核心。了解一些自我调节的知识能为理解孩子的发展历程提供新思路。这有助于你真正理解，为什么你的多动症孩子和其他多动症孩子的行为举止不同。

2. 基因不是全部原因：由于基因与经验相互作用的研究越来越多，以及对表观遗传学这种现象的新认识，现在我们知道基因决定不了命运；我们也知道了，孩子表现出来的多动症（或其他障碍）遗传倾向，能如何被环境所改变——即被孩子的早期经验和后续经验所改变。所以，我们对环境的作用重新产生了兴趣，这在某种程度上是当前关于多动症的重大新闻。这个迷人的研究领域告诉我们，饮食、电子设备的使用等因素终究会产生影响（即使没有"导致"多动症，它们也有其他影响）。遗传并不是多动症的唯一根源，药物也并不是改善孩子状况的唯一途径。基因起作用，并不意味着我们就能忽视孩子在日常生活中所接收的信息的影响。

3. 我们对大脑发育与多动症关系的了解越发深入：直到最近，人们才认为多动症涉及几个关键的脑区。现在人们渐渐明白多动症涉及大脑多个区域之间的连接方式。事实上，探讨整个大脑内部交流模式的组织方式，可能是理解多动症等障碍的神经发育及其干扰或异常的关键所在。虽然我们还需要深入研究这一复杂的领域，但是我们越来越清楚地知道，有很多潜在的方法能保护儿童远离多动症的困扰，帮助他们减轻症状。

4. 越来越多研究表明，特定经历对自我调节的发展有重要作用，因此也可能影响多动症：睡眠、运动能增强大脑神经网络的连接，这些后天变化能影响多动症及其他心理健康状况。

这些研究进展为我们打开了一个新世界，我们可以弱化遗传倾向对多动症的作用，这不仅仅会影响个别儿童，或许也会影响几代人。

本书会为你呈现最新的科学研究，你将了解压力、营养、睡眠、化学污染等主要的环境因素会如何影响多动症，获得如何利用这些信息降低风险、加强保护的实用建议。我们将根据科学新进展，帮助你选择最适合孩子的生活方式，帮助你理解哪种治疗、哪种方案最合理。最后，我们希望你在书中学有所得，获得新的认识、新的策略，对孩子的未来产生新的希望。

本书的使用方法

第一章和第二章将呈现科学新进展，包括注意、情绪、行为方面的自我调节，表观遗传学的意义及其与大脑发育的关系。上述内容是本书其余部分的基础，所以建议所有人都看看这两章。接下来的五章涉及对多动症有积极或消极作用的个人生活方式和经历。这些章节详细阐述了环境变化如何改变孩子的大脑发育，如何影响注意力分散、执行功能和自我调节的发展。看看目录，根据你的喜好选择第三章到第七章的阅读顺序。这些章节呈现了饮食、睡眠、电子产品以及污染等主题的最新科学进展，然后将这些信息转化为切实可行的策略，你可以将这些策略用于家庭和孩子的日常生活，改善多动症症状，从而让每个人都更幸福、更健康。对于大多数受多动症等自我调节问题困扰的孩子来说，一些专业的帮助是治疗的关键因素。第八章的内容能让你根据最新科学进展判断一些措施是否有用，如何识别可靠的治疗方法、合格的治疗人员。第九章的内容将帮助你汇总所有的新认识，从而制定一个最有利于孩子的行动计划，这个计划不会让家人感到为难，更不至于让"治疗"比"患病"还糟糕。

此外，以下是新一代科学的主要讨论内容。

多动症并非我们所想的那样

我们越来越清楚地认识到，多动症是谱系中的一个极端，就像高血压是血压连续体上的一个极端一样。多动症不只与注意有关，还与更广泛的所谓自我调节能力有关。自我调节是指调整注意力、情绪、思维和行为以适应特定环境及个人目标和意图的能力。这种能力，在婴儿身上几乎不存在，在整个童年期不断提高，在青少年期变得很复杂，一直到二十多岁才成熟。对于多动症群体来说，自我调节能力发展得更慢、成熟得更晚，甚至成年后都不能发育成熟。因此，多动症群体不只表现为注意力、组织力障碍以及冲动，还经常表现出难以控制焦虑、愤怒等情绪。但是，他们的学习经历说明不同孩子的自我调节问题不同，因为自我调节包括思维、行为和情绪等方面。当我们在谱系内看多动症，就会清楚地发现，20个都被诊断为多动症的孩子，其表现有所不同。

谱系这种说法澄清了一个问题，就是为什么有些儿童能够很好地控制多动症的典型症状（至少在得到家长和教师支持时能做到），而有些儿童却深受其害。最新的研究表明，发展成熟的自我调节比智商、教养方式、学业更能预测成功的人生。这也有助于解释，为什么有些人深受多动症的困扰，以及我们为什么不能忽视多动症或者什么也不做等待情况好转。自我调节与人们将来能挣多少钱、有多健康、能活多久，都有关系。如果自我调节发展得不好，后果不堪设想，就像某些多动症孩子的表现：学业失败、药物成瘾、离婚、失业、患病、受伤、早亡。即使孩子的多动症没有严重至此，也会在以下方面遇到很大麻烦：情绪控制、人际冲突、在学校和工作环境中遭遇困难和挫折。现在我们知道多动症也与一系列不良的身体健康状况有关。事实上，由于多动症会导致很多后续问题，虽然它一直吸引着公众的注意，但它对公共卫生的总体影响可能仍未得到充分重视。

这就是如果想帮助多动症孩子好转，就要努力控制好其情绪、思维和行为的原因。这也是通过可靠的、新进的科学研究深入了解这个问题如此重要的原因。

有更多意想不到的方式可以帮助你的孩子

好消息是，你可以通过做很多事情来改变好转的可能性。本书将帮助你挑选出有效的选择。总之，这不是一个"一刀切"的问题。但是，需要注意的是，你在本书中找到的方法并不能代替专业治疗，书中的方法仅仅是对专业治疗的补充，或者降低孩子对专业治疗的需求。专业治疗的价值有时会被忽视。虽然我们有新的方法来弥补药物治疗及其他多动症传统治疗方法的局限，但是那些治疗方法对很多孩子来说还是非常重要的。本书将提供一些建议，说明如何最大限度地利用主流疗法，以补充你在其他书中所看到的覆盖更全面的内容（这些内容见本书的参考资料部分）。本书的焦点是生活方式和环境，其他关于多动症的书对此不够重视。

从这个角度来看，我们将关注一些常见问题：哪种自助策略有用？新的"突破"是真的，还是"骗人的万金油"？饮食会起作用吗？是毒物污染导致了多动症吗？有没有值得探索的替代疗法？多动症是一单"大生意"，很容易就会把钱花在没有效果的疗法上。从补充鱼油等低技术含量的方法，到神经反馈等高科技操作，本书将让你有信心去判断，该把有限的资金和精力放在何处才能使你的孩子获益最大。

多动症仍然是一个充满争议的话题，部分是由于快速增长的诊断率，以及对年幼儿童使用兴奋剂药物的概率越来越高。一家专业护理机构的报告认为，美国11%以上的儿童都被认为患有多动症，其中7%的儿童使用兴奋剂治疗，这个比率在童年晚期的男孩中更高。2006—2012年间，这个比率迅速增长。然而最好的流行病学证据表明，经过仔细诊断的多动症患病率在3%~4%左右，而且这个比率在过去10年中并没有增长（尽管很可能患病率在这之前的几十年里一直在增长）。

你可能听到过这种说法，多动症"一直"被过度诊断或误诊。或许你甚至听说过，这种障碍根本不存在。尽管有很多社会因素导致了目前这种事态以及困惑，但是关于多动症究竟是什么，我们还缺乏足够的信息，这仍然是诊断不准确、干预策略不充分的根本原因。基于现在的科学数据，我们能够利用其他工具改进诊断、补充药物治疗方案和行为管理技术，从而帮助很多孩子。

多动症的起因比我们认为的更复杂

或许关于多动症最迫切的问题就是，多动症是由什么导致的。多动症是由于糟糕的养育方式导致的，这种普遍流行的观点早就被科学证明不足信。遗憾的是，多动症可能涉及轻微的早期脑损伤，这种重要观点也被过早地被摒弃了。随后，遗传的作用则取而代之，并且在大多数临床医生和研究人员中广为流传。这种观点主要是基于双胞胎研究的重大发现，这些发现证明了真正的遗传影响。但是科学的发展并未止步于此。现在人们清楚地认识到，尽管遗传很重要，但是传统的遗传模式过于简单，误导了我们。第二章简略解释了表观遗传学的新观点。表观遗传学和所谓的"基因 × 环境交互作用"紧密相关。本书中所说的表观遗传学是指后天经验能够对基因表达产生稳定、持久的影响，这种影响可能是可逆转的。这些生物学上的持久改变有助于我们从全新的角度理解早期生活经历、持续的压力、饮食、运动等其他影响的重要性。从子宫内的环境开始，儿童周围的环境不仅会引导其发展为多动症，新颖的、矫正型或治愈类的经历也能使基因表达恢复更健康的水平。本书的大部分内容都是为了帮助你了解与多动症相关的科学前沿，这些研究结果很有趣，但还未被广泛认可。

科学的重要优势之一就是不断发展、不断自我纠正、不断除旧布新。75 年前，大多数专家都不把遗传当成心理疾病的主要影响因素。"天真的环境主义观"盛极一时。1960—2000 年间，人们越来越清楚地认识到，应该考虑基因对多动症及其他心理障碍的重要影响。但事实上，多种原因导致事与愿违。遗传的作用依然盛行，人们似乎认为绝对可靠的生物学更保险，生物学已经成功解释了过去的其他疾病。例如，20世纪后半叶，遗传观彻底改变了对智能障碍起因及治疗的理解。而且由于药物能控制多动症症状，人们很容易就认为这种障碍是由生物因素决定的，但是这种逻辑是不正确的。

但是科学在不断发展。通过研究个体寿命，人们开始意识到药物并不能治愈多动症，只能控制（部分）症状。而且几年之后药物的效果就"逐渐消失"了。巧合的是，人们也认识到，单靠遗传其实并不能"解决"多动症。预期中的突破并没有出现。人们开始认识到基因并不是全部原因，压力、饮食等早期生活经验的变化改变了大脑和行为，进而改变基因的运作方式，这些变化虽然持久但是可以修复。发展通常是遗传与环境共同作用的结果。本书呈现的正是这场变革所引发的新思想*。

"科学"是指什么

我们在全书中都将特别关注高质量的科学证据。这将帮助你理解不同类型的研究，从而了解为什么本书认为某些数据比其他数据更可靠，也有助于你将来自己对研究报告进行判断。下面是书中将提到的一些术语：

元分析。通过一种"超级分析"的方法把针对某个问题的所有研究联合在一起，进而判断某种东西的效果如何，这种方法就叫元分析。这种分析方法被广为知晓和使用，这是近几年来的一个重大发展。我们几乎在所有问题上都有汇总数据，而不再依赖于单个研究。虽然元分析结果的可靠性取决于

---

* 其中一个科学争论是，表观遗传学到底是否具有变革意义。在某种意义上，表观遗传学不具有变革性，因为人们对遗传作用的了解由来已久。但是变革体现在，人们认识到很多人类疾病或许涉及遗传机制，特别是精神障碍、行为障碍等复杂问题。在这个领域，人类大脑和行为的表观遗传学仍然是新颖的，甚至是具有变革意义的方法。

研究的样本大小、质量和数量，但是一般来说，这种方法要比某个研究的观点更可靠。

系统评价。系统评价与元分析很相似，区别在于前者经常依赖于对最优和最次研究的对比评估。

随机对照试验。在这些极具影响力的实验中，通常会随机给一组儿童安排一种干预方法，如运动或饮食，再随机给另一组儿童安排一种不同的干预方法。最好的实验设计是，无论是儿童还是实验员，都不知道哪个儿童将接受哪种干预，这就是"双盲"实验研究。例如，一半儿童喝的奶昔是用黑色容器装的，奶昔里面有人工色素，另一半儿童喝的奶昔味道与前者相同，但是不含人工色素。如果采用随机设计，那么效果不同就是由被控制的这个变量所导致的，比如前面这个例子中的食物颜色，除此之外，不会有别的解释。随机化排除了所有其他可能的因素。实验性随机设计的魅力就在于，这些研究能够说明是某种情况导致另外一种情况，而不是两种情况碰巧同时发生。

前瞻性研究。前瞻性研究是指及时追踪治疗或接触之后的结果。例如，孩子出生时就被招募为对象，测量他们在压力或有毒化学物品方面的早期接触情况，几年以后研究他们的行为，他们被评估为多动症。当我们不知道接触有毒化学物品和多动症症状哪个是因哪个是果时，虽然前瞻性研究也不能证明因果关系，但它比简单地考虑同一时间点上两个变量的关系更有说服力。

整个种群研究。很多多动症研究使用的都是所谓的方便样本，比如来诊所的儿童或某个社区的志愿者。虽然元分析能对归纳概括起到一定作用，但还是很难将这些地方的结果推广到其他地方。近几年来，强大的计算机技术能够让美国和其他国家利用大型数据库获取某个地方或国家整个群体的代表性样本。这些数据能够告诉我们,与小样本研究相比,在规模和重要性上"真正的"效果如何。小样本研究经常高估实际效果,而大样本研究不得不接受对多动症及其他变量的测量局限,这就会引发人们对变量效度的质疑。理论上,为了理解得更全面,我们不仅要看针对整个种群的研究,还要看针对当地种群的元分析、随机试验和深度研究。本书试图基于这些最佳的方法得出结论。

本书后文将详细讲解可靠研究的"黄金标准"。但你还需要了解一点:临床工作者和科学家需要多少证据才能证明干预有效,取决于干预方法是什么。如果是适度运动等总体上安全、健康的干预方案,推荐这种方案时需要的证据就更少。相反,如果推荐的是新型高科技手段,价格昂贵或有一定风险,就需要特别仔细地检查。

科学的发展方向

精神病学、临床心理学、发展心理学、医学等领域是动态的、瞬息万变的。正如我们所看到的,多动症不再是一种虚构的东西,不是家长或教师导致的,也不仅仅是因为遗传,身体和心灵是紧密相连的。本书的目的是帮助你看清这个发展趋势,并利用该趋势。引用伟大的冰球运动员韦恩·格雷茨基(Wayne Gretzky)的一句话,本书就是要帮助读者"沿冰球的走向前进",不仅仅要利用当前最先进的专业知识,还要利用我们所感知到的即将出现的知识。本书将根据最新的科学发展趋势帮助你预测未来的科学可能会呈现什么。

关于多动症如何产生和发展变化,你在本书中将获得一种全新的、充满希望的理解。我希望,这种新的范式让你不再自责,给你力量,让你有能力根据孩子的情况,在新的和旧的多动症科学中选择最合适的方案。

第一章
对多动症的新认识

你可能知道，ADHD 意味着注意缺陷/多动障碍（attention-deficit/hyperactivity disorder；本书中统称为多动症）。你也可能通过网络了解到多动症儿童很难集中注意力、安静地坐着，很难停下手头的事情。虽然有些孩子似乎发病稍晚，也有些孩子好像在青少年期、成年期时"康复"了，但通常来说，这种模式在生命早期就开始了，并且保持稳定。如果你的孩子被诊断为多动症，你就会对这些情况司空见惯。那么多动症到底是指什么呢？为什么有很多多动症孩子的特征看起来不像是注意力缺陷呢？为什么有些孩子并不活跃，却被贴上了多动症的标签呢？你可能会问自己，"我的孩子的主要问题是易怒，为什么被诊断为多动症呢？"在深入研究关于多动症起因的新观点之前，在利用这些新观点让你重燃改善的希望之前，我们需要先了解多动症的不同临床表现是如何相互联系的。

专家曾经把多动症当成一种注意力问题，后来当成执行功能的问题，近些年这种观点又发生了改变，现在我们都把它理解为一种自我调节的问题。这种转变为我们提供了一个更复杂、更强大的视角。自我调节涉及六个过程或能力，其中任何一个方面发展不成熟，都会导致多动症的出现。自我调节能力与执行功能类似，但更广泛。自我调节能力有助于我们理解多动症孩子所面临的挑战，以及出现在这种障碍中的重要变化。自我调节还有助于我们认识到，很多与多动症有关的令人沮丧的行为同样令多动症患者本身沮丧，这似乎在他们了解现状之前就发生了。然而，在儿童和成人身上，这种挫败感会向外发展，让他们把自己的问题归咎于他人。总之，这些新观点能够澄清新的希望和解决方案，进而帮助多动症孩子。

自我调节是什么

自我调节是指优化我们的行为、思维和注意，以及情绪体验和表达的能力。请注意，我们这里说的是优化——自我调节不仅仅指压抑或抑制冲动、控制情绪爆发的能力，虽然这也是自我调节的一部分。自我调节还指在需要时激活（受到激励和坚持）的能力。

所以，关于多动症的首批错误观念之一是，认为多动症只是抑制能力的缺陷（或者认为仅仅是一种冲动）。现在大家认为，无法抑制确实是多动症的一个核心特征。多动症孩子会脱口而出一些不该说的话，很难抵制诱惑，做一些令其后悔的事。但是他们在激活上也存在困难，很难启动、维持一件事。抑制和激活都是自我调节的组成部分。最后，他们很难进行微调。例如，有些研究要求孩子在一个盘子上施加稳定的压力，但他们很难保持一致的压力——他们施加的力总是忽高忽低。要求他们快一点时，他们会很慢，要求他们慢一点时，他们又会很快。所有这些综合在一起就是自我调节。如果你把多动症当成是自我调节的问题，而不是注意或抑制问题，那么你就会更容易看到那些看似相反的行为之间的联系。

> 多动症症状存在差异的一个原因是，它不仅仅是抑制的问题，也是激活的问题。

以 10 岁的珍妮为例。她的妈妈很疑惑地说，"我能理解她为什么有多动症。因为如果我不站在她的旁边要求她做作业，她很难集中注意力做作业超过两分钟。但是她又能特别专注地玩她的玩偶，我都无法让她离开去做别的事情。她还能玩几个小时的电子游戏！所以似乎她在做想做的事的时候就能集中注意力。"对这种明显矛盾的情况的解释是，珍妮无法优化她的注意力。她并不能真正地控制注意力。相反，是她的注意力在控制她。在需要把注意力集中到作业上时，她做不到。她的注意力被玩偶或电子游戏吸引了，而且她无法毫不费

> 自我调节适用于儿童的思维、行为还有情绪，因此多动症的典型特征包括心理聚焦的问题（不能集中注意力）和行为控制的问题（冲动）。

劲地离开。在某种程度上，珍妮不是完全自由的，因为她不能把注意力放在最重要的目标上。（注意：如果孩子的注意问题只体现在作业上，那就要排除学习障碍。）

自我调节的所有组成部分都是相互联系的。那些不能集中注意力的孩子也经常无法控制行为。这就是为什么典型的多动症看起来像注意力不集中和冲动（以及年幼儿童的多动，或年长个体的躁动）。这也是为什么多动症孩子会有情绪问题。但是多动症孩子在不同问题上的差异程度就像彩虹一样，有不同的侧重点。

冲动是什么

冲动是行为自我调节失败的结果。冲动是指对即时的刺激和结果做出习惯性的、非反思性的反应，而不考虑该反应是否为最佳选择。失调的冲动的特点是不能根据环境所需调整冲动程度。例如，一个没有多动症的正常成年人和朋友在一起时可能会冲动，但是他在工作或处理严肃问题时就有计划性、能自控。一个没有多动症等发育问题的正常发展的孩子在度假时可能会兴奋、激动，但是也能安静下来，专注于学校作业，安静放松地吃完饭。多动症的特点是无法摆脱自发的、激动的、反应过度的状态，即使在情况需要的时候也做不到。

7岁的丹在行为的自我调节方面存在问题，他在学校里经常遇到麻烦。旁边的一个孩子在桌子上堆了一些积木，丹连想都没想就把它们推倒在地。同样，18岁的玛利亚也对自己感到不满。周五晚上，她为一个朋友第二天的生日聚会烤了一个蛋糕。她为自己做的蛋糕感到自豪。蛋糕看起来很棒，她决定尝一点儿。实际上，蛋糕真的太好吃了，直到吃了三分之一的蛋糕的时候她才醒悟过来。因为吃得太多了，蛋糕已经不适合作为第二天聚会的礼物了，她很不高兴。当多动症患者有一个想法、一种欲望时，这种感觉就会不由自主地让他们立刻付诸行动,所以他们经常让别人抓狂,让自己失望,还有上瘾的风险。他们很难不把内心的想法或感觉付诸行动。这就是行为控制障碍或冲动控制障碍。

有一个轻松的例子。在《奇犬良缘》(*The Shaggy Dog*)这部电影里,喜剧演员迪姆·艾伦(Tim Allen)所饰演的男子有时候会变成一只狗,而且不受控制。他有人的意识,但也有狗的本能。因此,他经常很冲动。当他是一只狗时,他通过旁白描述他的想法。这部电影的一个场景完美阐释了冲动和去抑制。这只拥有人类意识的狗在房子里时,他十几岁的女儿仅把它当成一只普通的家养狗。她和她的男朋友打算在卧室里亲热。艾伦对此表示反对,但是他现在只是一只狗,他试图通过到卧室里溜达、骚扰这对年轻人,从而阻止他们。女儿的男朋友拿起一块玩具骨头分散他的注意力。观众听到艾伦的画外音"这没用,我不会上当的!没门儿,我就待在这儿"。这对年轻人把玩具骨头扔到了门厅里,这只长毛狗立刻跑过去叼住,然后就被这对小情人锁在卧室外了。接下来,观众就听到艾伦恼怒地说:"我不能再那样做了。"

这就是冲动,一有刺激或诱惑就马上行动,该刺激或诱惑打乱了原来的计划和目标,导致行动与真正的想法相反。在这个例子中,在人类眼中,狗是冲动的:它们只对当下的事件做出反应,而不考虑长远的目标。更严重一点,在成瘾行为中我们也会看到类似的现象。酒鬼想要清醒,但他又想喝酒。他当下的冲动和最终的目标是相冲突的。如果他喝酒了,他立刻就能满足自己的渴望,但无法实现最终目标。同样,十几岁或成年多动症患者会脱口而出一句脏话或者轻浮的话——即使已经决心不这么做——然后立刻感到后悔。一个没有多动症的正常人可能也会偶尔有那种想法,但是会抑制住,不付诸行动。

行为自我调节失败就是冲动,这常常导致自发、易兴奋的行为风格。在需要自发、兴奋行为的情况下,多动症孩子或成人就能表现得很好。这就是为什么有些多动症孩子在聚会上或在学校放假期间也能很开心。这就是为什么有些多动症成人在成人世界里有一席之地，因为他们的行为风格与之很适应。我曾经见过一些成人在工作中非常活跃、充满活力，这种工作风格似乎与周围的人正好互补。其中有的是多动症孩子的父母，他们在别人的帮助下成为推销员、艺人，甚至企业家。但是因为他们患有多动症，不能很好地适应其他环境，比如他们很难适应学校，也不适合那些需要认真、安静的工作，他们会因为不能调整节奏、行为风格，不能管理时间，而产生人际问题和冲突。实际上，多动症这种自发、即时的反应风格会一直"在线"，不管这种风格是否适合当下的情境。对一个孩子来说，这就是运气的问题，对一个成人来说，这就是财富、远见的问题。

> 在那些需要精力旺盛、自发、自我导向的风格的工作环境中，比如销售、娱乐行业，或者需要大量体能的工作，冲动是一个加分项，但由于冲动是一种常态，在其他环境下就会造成麻烦。

需要补充说明的是，有些多动症个体的冲动情况非常严重，几乎找不到合适的职位。现代社会没有提供适合他们的职位，或者说他们的自我调节能力太差，所有的职位都不适合他们。不管是成人还是儿童，都需要额外的专业帮助。

ADD 是什么

还需要解释一个很重要的概念——也就是为什么很多人会问"ADD"是什么。朗达带着她 11 岁的儿子泰伦来做评估。她已经被告知泰伦患有多动症，但还是说，"我不明白。是，他不能集中注意力，经常迷迷糊糊的，我跟他说话的时候他经常走神。朋友们也会因为他'神游太虚'而取笑他，教师担心他跟不上课业进度。但是，他一点儿也不活跃，恰恰相反，他经常懒洋洋的。他经常坐在屋子里无所事事。说他是多动症完全没有道理！"

朗达是对的：对于那些并不活跃的孩子，多动症这个词不是很有用。但是当我们把多动症看成自我调节的问题（记得调节是指优化），这个判断就在情理之中了。有些多动症孩子并不会过度活跃，他们不够活跃。他们似乎比常人反应慢、没精打采，甚至毫无生气，注意力还不集中。有人用 ADD（Attention Deficit Disorder；注意缺陷障碍）这个词来形容这些孩子，不过现在人们已经不用这个词了。ADD 不是一个医学术语，只是多动症的一个旧称。

上述情况已被认知节奏迟缓（sluggish cognitive tempo）这个词替代，指那些注意力不集中、经常走神、容易疲惫的儿童。他们很容易抑郁、焦虑，但并不是所有人都会有这些问题。虽然这还不是正式的诊断标签，但越来越多的数据说明存在这种情况，人们对这种情况越来越感兴趣。

这类儿童在自我调节方面的问题是主动性不强。他们不能将活动水平提高到所需要的程度。他们活动水平低、行动迟缓，即使这样并不好。和冲动的、过度活跃的儿童一样，他们的自我调节能力也不高，只不过方向相反。你可以这么理解这种情况：有时候你想去锻炼，但就是走不出门，或者想在一个下雨的早晨起床，却鼓不起勇气。

专家一直在探索这些行动迟缓的孩子到底是多动症的一种变体，还是一种不同的情况。鉴于本书的目的，我们遵循当前的实践，把这些儿童看成一种与"自我调节障碍"不同但又相关的变体。由于历史原因，这种自我调节障碍被称为多动症。

> 自我调节能力差有两个极端——注意力过度集中或者不够集中，抑制能力不足或不够活跃。

所以此时，你可以看到，自我调节能力差是指注意力过度集中或者不够集中。行为的自我调节能力差是指没有抑制能力，总是会出现冲动的、自发的行为。也有可能是没有激活能力，总是不够活跃，行动迟缓。二者都属于无法根据情况进行优化。

我的孩子为什么会如此紧张焦虑，这是多动症的一种表现吗

在最新的科学进展中，关于自我调节最重要的发现或许是，由于自我调节的各方面是相互联系的，因此典型的多动症儿童也存在情绪调节的问题。这一点让很多家长感到困惑，也困扰了很多临床工作者，因为他们从来没把情绪调节问题与"全面自我调节障碍"联系起来。我曾经做过一个个案咨询，一个叫麦克的 8 岁男孩患有多动症，他平时注意力不集中，容易冲动。但是麦克经常喜怒无常，这一点既让他的父母感到烦恼，也让他的医生不敢确定诊断结果。麦克非常自信、外向，对人也很友好。但如果告诉他，他因为表现不好而失去一些特权时，他就开始大哭大闹。当他不得不安静地坐在桌前写作业时，他可能能坚持几分钟，然后就会声嘶力竭地大喊"我受不了了！"到了该去看医生的时候，他整天都在担心这些问题："如果他给我打针怎么办？我们什么时候去？要花多长时间？"他前一天晚上会失眠，出门上车之前还会发脾气。假设麦克在完成作业方面未见异常，假设医生不苛刻，假设麦克不是抑郁（这是排除孩子喜怒无常、脾气暴躁的重要标准），那么所有这些都是情绪调节能力差的表现，也是多动症的一种症状，尽管这不是正式的诊断标准。

麦克随时都会有情绪，而且他不能控制情绪。他对所有事情都反应过度——至少在他人看来是这样的。事实上，他的情绪都很典型——很多孩子被取消特权后都会沮丧，长时间坐在桌前会焦躁不安，去看医生前会有些不安。但是麦克的情绪更强烈。就好像他的情绪系统里没有调控器，他不能调节这些情绪。这种看似情绪化的问题可能不是一种单独的情绪障碍。这有可能是多动症的一种症状表现，也是自我调节能力差的一种表现。多动症涉及对注意力、行为、情绪的调节障碍。这和抑郁完全不同，抑郁是心境调节问题（通常不在自我控制的范围内），与焦虑也完全不同，焦虑是焦虑思维调节

问题。对于原发性情绪障碍，我们经常遇到的是积极情感调节失衡（如抑郁）或消极情感调节失衡（担心或恐惧，如焦虑）。对于多动症，我们面对的是在行为调节以及认知调节，其次是情绪调节方面的一般问题。

说到情绪，我们再一次看到了多动症的明显变体。我的实验室以及同事于2014年和2015年发表的研究表明，多动症在情绪类型方面存在亚群体，对应不同的生理反应和脑成像反应。不过所有群体都有相似的多动症症状。有一个亚群体的情绪反应非常典型。这些孩子可能很呆滞、松散、不活跃。他们的情绪很低落，通常不会非常愤怒或超级兴奋。他们和前面描述的不专心、不活跃的孩子很相似。但是也有不同——有上述典型情绪的孩子当中有人也具备所有的多动症症状。不知道为什么，情绪调节问题在他们身上全都出现了，即使他们也不能调节自己的注意力和行为。

第二个亚群体难以调节积极情绪。他们很容易激动，非常活跃、外向，但是又不能灵活地调节，所以会因为过度活跃而惹麻烦。如果得不到自己想要的，他们就会生气。他们的多动症症状似乎相对温和，虽然在学校、在家里会有些麻烦，但随着时间的推移，情况会越来越好，如果能得到支持，他们就能处理这些麻烦。而且随着年龄的增长，有些人会好转。

最后一个亚群体难以调节消极情绪。他们经常不开心，因为一些小事情发脾气。一旦发脾气就会"失去理智"，在很长一段时间里都很沮丧。他们在社交方面不是很自信。虽说他们也很活跃，但不像"积极情绪"组那么精力充沛。这些孩子的大脑活动模式似乎和其他人有很大不同。他们也会有情绪问题——当我们两年后对其进行追踪时，发现很多人产生了新的焦虑障碍、情绪障碍，或者违抗性障碍。与专业人士使用的测量方法相比，这些情绪亚群体能更准确地预测儿童在一段时间内的表现。我们需要更多的证据来改变评估儿童的方式，但是本研究确实有助于澄清以下两点：情绪调节在多动症里非常重要，多动症孩子在认知和情绪方面有很大的不同。和其他多动症孩子的分类方式一样，这些亚群体也不是绝对的，某个孩子的情况可能会改变，或者在有些情况下，一个孩子身上表现出了好几种情况。这种观念很有效，为思考多动症中的自然变体提供了一种途径。

因此，自我调节意味着对注意力和认知（我想什么、关注什么）、行为（我做什么、不做什么）、情绪（我如何表达情绪、如何化解强烈的情绪）的调节。在多动症中，不同类型的自我调节是某一核心症状的变体，而在情绪障碍中，是某种情绪系统出现失调。

> 多动症孩子可能难以调节积极情绪或消极情绪。

"自我调节能力差"是"懒惰"的代名词吗

这可能是我们对多动症的最大误解。此时，了解一些自我调节的组成部分就有用武之地了。自我调节不是由我们大脑里的一个小零件完成的，而是由大脑中不同功能的团队共同完成的。如果团队中的任何一部分出现问题，自我调节就会失调。因此近些年，研究者开始区分、测量这些成分或团队成员。都有什么成分呢？

大脑的自我调节系统

警觉 / 检测

第一个成分是检测（detection），也叫警觉（alertness），这是一种察觉环境中的信号的能力。我们只能控制其中一部分。例如，有事情发生时，你会坐起来，认真观察。当你开车寻找一个不熟悉的弯道时，会保持高度警惕。但是你不能完全控制这种能力。当你很累或心烦意乱时，虽然已经尽了最大努力寻找那个弯道，可能还是会开过。你的注意力变弱了。对于多动症儿童来说，检测/警觉方面的障碍会导致他们看起来没在注意听别人说话或没有集中注意力。下一页专栏中的实验采用脑电记录法证明了这种假设，该实验表明多动症儿童会错过环境中有意义的线索。

检测系统有助于我们理解为什么兴奋剂可以让多动症儿童"安静"下来。

 如何检测大脑中前后矛盾的注意

对于多动症个体来说,当出现警告信号时,大脑并不总是能做出正确反应。其中一个原因是,多动症儿童可能误以为,他们没有在周围环境中找到相关线索。德国的一个研究团队是这项发现的先驱。在一系列实验中,多动症儿童和非多动症儿童完成一个计算机任务,要求他们对某个靶目标做出反应,当接到警告信号时不做反应。在任务中,研究者将非常敏感的电极贴在参与者的头皮上,以毫秒为单位记录来自头皮的脑电波。当个体对计算机上的刺激进行反应时,大脑皮层中数以百万计的神经元被激活,这些电极能够检测到神经元的信号。一般说来,计算机发出警告信号200毫秒之后,正常发育的儿童就会表现出大脑活动的"峰值",这表明大脑检测到了这个警告信号,并继续发送这个信号以便进行高级加工。对于多动症儿童来说,不存在这个突发的大脑活动,或者活动很弱。这表明,虽然他们看着屏幕,但大脑并没有记录这个信号。使信号更容易被注意,提高儿童大脑活力状态(见第三章和第四章),或者给他们更多时间加工信号,可以克服这一弱点。根据这个观点,可以给家长和教师很多建议来指导多动症儿童。

更多关于此项研究的信息

McLoughlin, G., Albrecht, B., Banaschewski, T., Rothenberger, A., Brandeis, D., Asherson, P., et al. (2009). Performance monitoring is altered in adult ADHD: A familial event-related potential investigation. *Neuropsychologia, 47*(14), 3134–3142.

要想理解这一点,就不要把警觉理解为人的唤醒程度,而是大脑的唤醒程度——有人用"沉睡的大脑"来形容多动症,以表达这个意思。这是一个很好的看待多动症的方式。沉睡的大脑会导致个体注意力不集中,甚至过度活跃。大脑皮层是高级区域,操纵着人们的大多数有意识的思考和意识,以及有计划的行为。大脑皮层的唤醒水平被称为脑皮质激活（cortical arousal）。你可能听说过多动症涉及大脑化学物质和脑电信号。在头皮上贴电极，可以检测持续的脑电活动，从而测量脑皮质激活程度。科学家借助复杂的数学方法将这些信号区分为"慢波"和"快波"，就像可以借助棱镜将光区分为长波和短波。当人们睡着且不做梦的时候，大脑中有很多慢波（或长波）活动。当人们清醒的时候，慢波和快波活动保持平衡。借助脑电得出的脑电图已经表明，很多多动症儿童在清醒的时候，脑电波中的慢波活动过多。这意味着他们的大脑处于未激活状态。

关于脑皮质激活（即觉醒）的一个重要方面是，过犹不及。一个惊慌失措的孩子不会比一个昏昏欲睡的孩子更能集中注意力。如果大脑的唤醒水平很低，你可能是睡着了，或者处于昏迷状态。如果唤醒水平极高，可能是惊恐发作，或者癫痫发作。同理，如果你太过"闲散"，可能就会错过正在发生的重要事情。如果太过焦虑，也不可能正常思考。所以，多动症孩子面对的部分挑战是，大脑不能有效调节唤醒水平或警觉水平。因此，有的儿童可能过度唤醒，

> 患有多动症的儿童可能过度唤醒，也可能未被唤醒，但两种情况下的儿童都不能很好地适应眼前的情况。

有的儿童未被唤醒，但是二者都不具备应对所处情境的能力。

近年来，我、我的同事及其他研究者也在实验室中使用心率测量法评估唤醒水平。借助心电图和阻抗测量法对心率进行精密分析，我们可以部分分离交感神经系统和副交感神经系统的信号。交感神经系统能向我们揭示生理唤醒的指数，这是从心脏通过各种神经连接传到大脑的，该指数与大脑唤醒水平有关。我们可以清楚地看到，有些多动症孩子过度唤醒：他们异常激动、愤怒、敏感，以至于不能很好地适应环境。还有些多动症儿童未被唤醒：他们往往对周围的情况漠不关心、无动于衷，结果对他人表现得反社会或冷淡。（注意：有些儿童确实对他人冷酷、冷漠，这是一个需要进一步评估的重要问题。）

莫丽非常焦虑，她因过度唤醒（例如，太焦虑、太兴奋）而不能集中注意力，因此在考试时苦苦挣扎。而另一方面，凯蒂因为唤醒不足，不能快速浏览材料，最后只完成了一半测试，因此考试不及格。我们希望孩子的大脑唤醒程度既不要太高，也不要太低，而是刚刚好，能够让他们应付眼前的事情。从心理学上来说，要发挥最好的功能，我们既不希望触碰"红色警报"，也不希望"漫不经心"。我们想要的是"放松的警觉"。

> 最佳的唤醒状态是"放松的警觉"。了解孩子的大脑激活程度是过度还是不足，是帮助他成功的关键。

信息过滤与积累

大脑调节系统的第二个成分叫作信息过滤/积累。在日常生活中，当我们试图全神贯注、不想分心时，就会过滤一些信息。例如，聚会时，虽然周围有几场谈话同时进行，但你还是能听到你的朋友在说什么。你能把他的话过滤出来——如果你的朋友特别有趣，做到这一点毫不费力；如果你的朋友比较无趣，就需要调动你所有的心神。然而，还有另外一种过滤，总是自动发生：当我们观察当前的形势时，会在检测到信息之后自动"读取"。例如，你正在和一个不太认识的人谈话，他给出了一个令人惊讶的评论。你看不出他是想表示友好，还是带有敌意。在那一瞬间，你的大脑对周围环境进行了数百次信息采集，检测变化，并将这些信号与你对现实的心理地图进行比较，看看进入大脑的模式是和"友好"更匹配，还是和"敌对"更匹配。在简单的计算机实验中，多动症儿童似乎能够很好地过滤掉分心信息，但是他们不能检测、积累信息，或者检测、累积信息很慢，这导致他们在对自己感知到的信息进行判断时会很慢，甚至出错。

你可能听说过，脑电波可用于多动症诊断测试或"神经反馈"治疗。第五章和第八章将讨论支持和反对这些治疗手段的科学证据。现在，关于脑电波的一个要点是，这些证据告诉我们，当我们收集环境中的信号，并将接收到的信号与内部模型或对现实的"预言"进行比较时，大脑振荡的频率很有可能与自我调节能力有关。

可以用雷达作为类比。雷达不断地向外发送信号，将此次反射回来的信号与上一次反射回来的信号进行对比。通过对比这两次回弹信号，雷达就能检测出变化和运动。对于人类来说，视觉系统振荡的频率为 60 赫兹（每秒 60 次，或每 16.6 毫秒 1 次）。基于这一原理，当电视屏幕以 70 赫兹左右的频率显示连续图像时，人们能感知到运动——人们的视觉系统"刷新"得没那么快，因此察觉不到那是一系列静止的图片。其他的大脑和身体系统的振荡频率各有不同。人类大脑在不同的神经元群中同时存在着多种振荡模式。在某种程度上，这些不同的振荡模式可能是大脑网络对不同的输入信息进行比较的结果，将各种振荡模式与最近的感知、心理地图，或者对当时情况的心理预期进行对比。

这是一个信息过滤和积累的过程。大脑要收集每一条信息、检查一下，看看是应该归为 A 类还是 B 类。这一切必须在很短的时间内完成，因为在想好如何回应之前，你只能盯着那个意图不明的同事。当获得足够多的"投票"之后，大脑就有足够的信息做出决策。

人们经常自动、轻松地进行信息积累和过滤，比如当我们看一张清晰的图片的时候（晴朗的一天，在一条熟悉的马路上开车；被好朋友的一个明显的笑话逗笑）。但是当场景模糊不清时（雨夜在一条不熟悉的路上开车；如何理解一个陌生人的模棱两可的话），信息积累、过滤就会很困难。我们可能注意到了一切（检测：我们看到了标识上的内容，我们注意到那个陌生人的声音和面部表情中的细微差别），但我们还是很难辨别刚刚到底发生了什么——刚刚那个限速标识是 50 还是 55？那个陌生人的本意是友好还是敌意？那个好莱坞超级名模是在对我微笑，还是对我旁边的贵宾微笑？如果你有机会停下来盯着那个标识看，一会儿之后标识的意思就会自然浮现，你就会明白这个标识代表了哪种意思。你的大脑里将积累足够多的图片样本，使标识的某种意思得到多数投票。

但有时候标识只呈现了部分意思，或者时间到了，你只能靠猜测。如果大脑能够高效地过滤、分类、积累成百上千毫秒的现实图片样本，你就能做出最准确的猜测。如果有严重的精神疾病，你的大脑就会对信息分类做出许多错误的猜测。

对于多动症孩子来说，大脑的"知觉投票"过程是低效的。也就是说，他们即使能检测到信息，但在大脑中进行分类的过程很慢，如前所述：当事情发生得很快（如在社交活动中），他们不得不采取行动时，往往会错误地判断刚刚发生的事情。打个比方，当你在拥挤的道路上开车经过一个路标，又不能放慢速度去研究时，就只能猜测。你可能会猜错，但你不能一直研究这个路标，你只能猜测。对于多动症孩子来说，很多情况都是这样。他们的大脑对环境中的信息进行积累、分类的速度赶不上实际情况的需求，就好像大脑对现实世界进行循环"采样"的速度要慢得多。或许大脑需要进行10次循环采样才能对给定的模糊图像做出判断，普通的孩子做出判断需要160毫秒。但是如果多动症孩子接收到的信息有效性低、模糊不清（这也是实际情况），相当于未经处理的静态信息，那么他可能需要15次循环取样才能得到清晰的信号——总共要花240毫秒才能说出图像的名称。在学习、阅读、复杂行为或社交活动中，这额外的80毫秒可能就是机敏反应和错误反应之间的区别。另一种可能是，多动症儿童也可以在10次采样内完成判断，但每次振荡需要20毫秒，而不是16.5毫秒，所以同样地，这个加工过程太慢了。想象一下，一个专业的卡片经销商将卡片按套装进行分类，他很快就能完成这个任务。现在，你来试一下。你做得就会慢一些，因为在决定将卡片放到哪一堆之前，你需要多花一点时间进行辨认。我们在实验室里测量反应时，也可以证明在需要快速反应的任务中，多动症儿童的加工过程和反应时要慢20~40毫秒。

> 多动症个体处理信息的速度较慢，这使得他们在日常生活中很难快速过滤接收到的信息，也很难做出适当的反应。

即使多动症孩子对周围的信号的"刷新频率"比较低，但这个世界并不会放慢速度让他去研究这个信号。他自己需要时间判断一下，那个孩子讲的笑话是刻薄的还是好玩的，教师说的考试时间是星期二还是星期四，这页纸上的字母是 b 还是 d。如果没有足够的信息，他只能靠猜测，因此经常猜错。下一页的专栏中有一个例子，研究者让被试完成计算机任务，根据他们的决策建立数学模型，进而知道这一现象是如何发生的。

有意控制：结果

人们在检测、过滤/积累信息之后才会采取行动。（这个过程发生得非常快——正常情况下不到 1 秒。）只有到最后一步，"深思熟虑"的行为才会发生。这就是我们有意识地"下决心"抑制的时候，当球从本垒击出时不去检查拍子；当看到一个陌生人微笑，而且意识到这是一个友好的信号时，不保持沉默；大声朗读时，不把"dad"念成"bad"。只有到了那个时间点，我们才会激活自己——采取行动、说话、注意。这也就是执行功能发挥作用的时候，例如用工作记忆解决困难问题。执行功能包括：

1. 工作记忆——处理一件或多件事情时，同时记住两件或两件以上的事情。
2. 抑制功能——为了以后的目标，忍住不做当下吸引你的事情。
3. 干扰控制——忍住不分心。
4. 定势转换——从多个角度看问题或者用不同的方法解决问题。

这些功能通常被称为"自上而下"的操作，因为这些功能依赖于前额叶皮质与大脑其他部位的连接。当头脑中有一个目标或焦点时，基于自上而下的执行功能，就能塑造或改变那些前文提到的"自下而上"或自动的监测、过滤过程。例如，你可能已经注意到，如果你正在犹豫要买哪种汽车，就会非常在意其他汽车的质量，以前你不会注意这些信息。即便如此，我们也不能完全控制自动过滤什么信息，也不能完全控制自动加工的效果。这也是多动症孩子有时很想集中注意力但仍然做不到的原因。过去10年中，数个研究团队发现多动症孩子的认知特征并不完全一样。至少从实验室的测量结果来看，有些儿童存在执行功能的问题，而有些儿童存在其他加工问题。

 对于多动症患者来说，有效信息积累的重要性

　　科学上长期面临的一个挑战是弄清楚大脑是如何决策的。主流理论采用了计算机模型。这些理论认为，人类大脑中有一个"信息累加器"，当达到一定阈值时，它就会发出信号。大脑以每秒60次的速度刷新视觉感知信号，与此同时，一些细胞的振荡速度要快得多，而另外一些细胞的振荡速度要慢得多，以便将这些信号与它"认为"正在发生的事情的心理模型进行比较。科学家通过动物的单细胞记录法了解到这一点，即记录动物在学习电脑图片并做决策时不同神经元的活动。对于人类，这些振荡可以通过各种脑成像检测到。该模型与已知的神经信号传导过程相吻合：神经信号如何在信息处理过程中累积以激发下一个神经元。在简单的计算机实验中，可以对信息获得的有效性进行数学建模，而且这一方法最近被宾夕法尼亚州州立大学的辛西娅（Cynthia Huang-Pollock）及其同事和俄勒冈健康与科学大学的萨拉（Sarah Karalunas）及其同事用于多动症儿童。在2012—2016年间的系列研究中，多动症儿童完成了简单的决策任务。例如，他们观察电脑屏幕，字母出现时，按键指明这个字母是 X 还是 O。这个任务有数百次，计算机以毫秒记录决策的速度和准确性。然后，研究人员使用精细的数学模型，对每秒、每次的反应进行详细绘图。这个数学公式能够把错误和反应时间分解成不同的心理成分，包括"偏好"（按键或不按键的倾向）、"阈值"（需要多少信息才能判断是什么字母）、"增益"（你在多大程度上能一毫秒一毫秒地累积信息以对抗心理和大脑中的"噪音"）。多动症儿童的偏好与阈值似乎都正常。他们在任务中表现不佳的原因似乎在于信息增益的效率低下。这可能与神经传输速度低（由于神经轴突上的髓磷脂细胞发育不良）、神经连接薄弱，及其他本书后面详细介绍的环境因素有关。

　　有时候，这种自上而下的或可控的模式也受限于控制能力。这是为什么

呢？一个基本原因是可控模式需要付出精力。在一定程度上，注意力和意志力就像肌肉一样。它们能力有限，会疲劳，需要时间充电、恢复。结果，当我们需要在某些困难事情上长时间集中注意力时，或者努力克服诱惑时，就会感到疲惫。在实验室中，要求参与者专注于显示屏，发现偶尔出现的目标字母。随着时间的推移，他们的速度会变慢，准确率也会降低。那些完成心算任务的参与者，在几分钟后很难抗拒一块糖的诱惑。上面的专栏中提供了更多有趣但存在争议的研究细节。

多动症孩子在这方面的心理资源或心理能力似乎更少。由于控制注意力需要付出精力，精力会慢慢耗尽。对于多动症孩子来说，精力耗尽的速度更快。所以，莫丽可以 15 分钟不理她哥哥，一直到不能集中注意力，但是凯蒂只能坚持 1 分钟，集中注意力会让她筋疲力尽。

并不是说所有的心理活动都需要付出精力。事实上正好相反，大脑一直在活动，忙于调整和检查背景信息，甚至在我们休息、空想时，在我们睡觉和做梦时也在活动。显然，有时大脑借助"自动驾驶仪"运行。

但是当我们必须集中注意力对抗其他干扰时，大脑运行的方式就不一样了。我们需要投入一定精力。这份精力很有限——人们一次只能处理这么多有意识的信息，长时间集中注意力后，人们开始感到疲惫。正因为如此，人类大脑已经进化到把学习过的任务和行为交给"自动驾驶仪"，将有意控制或有意注意的需求降到最低。因为有意注意并不是无偿的，大脑必须学会节约。只要有可能，"控制器"就会关闭，

> 面对干扰时集中注意力的能力是有限的，多动症孩子这方面的能力更有限。

思考、反应、行为会进入自动模式。比如当我们下班开车回家时，会心不在焉。当你还没分享完某些好消息时，孩子就开始不假思索地抱怨，而这些好消息其实是他喜欢的。

为什么科学家认为自上而下的加工会让人疲惫不堪？

近些年来，佛罗里达州立大学的罗伊·鲍迈斯特（Roy Baumeister）及其同事开展了一系列实验，取得了令人着迷的结果。在几年前的经典实验中，被试要完成两项任务。第一项任务需要在某个方面（情绪、注意力或行为）有很强的自控力。第二个任务则要求在另一个方面（情绪、注意力或行为）有很强的自控力。在一个实验中，第一个任务是看一部情绪电影，但不能表现出任何情绪。而控制组可以表达情绪。然后，两组被试都要尽可能长时间地握紧手柄。那些在看电影时必须控制情绪的人很快就放弃了抓握任务。在最近的一项研究中，研究者把大学生随机分配到两组，一组写一篇很难的文章（文章中要避免出现带有 a 或 n 的单词），另一组写一篇容易的文章（文章中避免带有 x 或 z 的单词）。在第一种情况下，被试的注意力被"耗尽"。这个任务之后，他们在一项测试中不那么容易抵制诱惑，容易作弊。或许作弊需要一些自我控制。这类研究表明，自我控制是具有"领域普遍性"的——与用于调节情绪、认知、行为和冲动的是同一种能力或能量——而且这种自我控制依赖于某种有限的资源。这些研究认为，休息和积极的情绪可以重新填满"资源"。关于少量的食物是否也能补充这一资源的争论随之而来。研究者通过一项对比研究结果证明这一结论是不正确的：一组被试喝一点糖水，另一组被试闻糖水。两组的精力都恢复了。看起来，增强动机（例如，一个新的奖励信号，如食物的味道）可以恢复资源，前提是它不会产生新的干扰。最近的一些论文对这一现象提出了质疑，但是这些研究提供了思考共同经历的一种有效方式：长时间集中注意力会让我们疲惫不堪，而且有些人比其他人更容易疲惫。

更多信息

Mead, N. L., Baumeister, R. F., Gino, F., Schweitzer, M. E., & Ariely, D. (2009). Too tired to tell the truth: Self-control resource depletion and dishonesty. *Journal of Experimental Social Psychology, 45*(3), 594–597.

这也解释了为什么多动症孩子往往更容易过度焦虑或愤怒，因为控制这些情绪需要一定的心理资源，自上而下的心理资源是有限的。罗伊·鲍迈斯特团队在 2016 年开展的一项研究支持了这一观点，他们让高中生对自己的自我控制能力进行评价（他们能在多大程度上有意识地集中注意力、忽略干扰，并坚持自己的目标）。5个月后进行再测。那些自我控制能力低的学生，即使控制了前测时的考试焦虑水平，在后期还是报告了更强烈的考试焦虑。虽然这种影响并没有发生在所有孩子身上，而且其他科学家对这一发现有争议，但这项研究与以下观点是一致的：自上而下的控制能力与情绪调节能力密切相关。当这种能力有限或耗尽时，情感上的麻烦就会随之而来。

总之，自我调节的正常运行至少依赖于三种成分：

1. 自我调节系统中的"自动"部分（如对外部信息的检测和过滤）以及支持这些能力的大脑系统（包括丘脑和顶叶皮层）的完整性和有效性。
2. 自我调节系统中的"自上而下加工"或"有意加工"部分以及支持这些能力的大脑系统（包括前额叶皮层、纹状体、颞叶皮层及顶叶皮层的一部分以及它们的连接部分）的完整性和强度。
3. 自上而下加工或有意加工的能力，该能力依赖于大脑中的去甲肾上腺素能系统。

 了解更多：鲍迈斯特的高中生自我控制研究

Bertrams, A., Baumeister, R. F., & Englert, C. (2016). Higher self-control capacity predicts lower anxiety-impaired cognition during math examinations. *Frontiers of Psychology, 31*(7), 485.

每个成分都依赖于不同的大脑系统，除了这些还有很多别的支持系统。你需要记住的是，自我调节包括有意加工的方面，但也包括自下而上的或自动的方面。所以并不是孩子有意犯错，而是他不能进行自我调节。这不完全是意志力的问题。

发育

多动症是发育迟缓还是变异

任何家长都清楚，自我调节在童年期发展迅速，但直到青少年期，自我调节的能力仍然有限，这令人困惑。事实上，发育是非线性的——也就是说，在某些方面，儿童的自我调节能力强于青少年；在其他方面，青少年的自我调节能力几乎和成人一样。就在近几年，科学研究发现，这种有趣的不对称模式不只出现在人类身上，其他物种也有这种模式。随着发展，自我调节分化为不同的子能力。对于很多哺乳动物来说，包括人类，进化过程显然支持其在青春期发展出一定程度的冲动和冒险。

有时候，多动症儿童的自我调节问题很像行为不成熟。他们的自我调节方式更像年幼儿童。此外，有些多动症儿童到了十几岁或成年之后似乎就"长大了"。那么多动症是不是一种正常发育的迟缓呢？有些情况下，好像是这样。例如，青少年大脑成熟的一个关键特征是皮层变厚——皮层厚度在青春期早期达到峰值，然后随着大脑的成熟和许多脑回路的专门化，大脑皮层以特定的顺序变薄。多动症青少年群体大约在两年后表现出正常的模式。这可能与一些孩子在成长过程中自我调节的"正常化"有关。

但是，很多多动症儿童从来没有真正赶上正常孩子。在大脑发育的其他方面，也从未达到正常水平。例如患有多动症的青少年群体，他们大脑的几个关键区域和网络（如前额皮质、纹状体和小脑）的灰质的体积要小8%~10%。这种尺寸的缩小似乎出现在生命早期，并且是永久性的。在这方面，多动症不是一种发育迟缓，而是一种不同的发展路径。

近年来，新的大脑成像工具让我们能够绘制大脑功能回路和网络的图像，以观察大脑是如何组织其沟通系统的。大脑中的沟通网络——大脑中的各个部分之间的沟通——以一种特殊的方式组织起来，就像电话网络一样。就像老式的电话网络有配电盘，现代的蜂窝网络有发射塔一样，在大脑中，一些关键的中枢与整个大脑相连。其他辐条及其节点只是稀疏地互连。我的同事神经学家达米安·费尔（Damien Fair）及其研究团队在2015年的研究表明，正常发育、多动症、自闭症个体的中枢、辐条及节点的结构似乎有所不同。这也表明多动症是另一种大脑发育形式，而不仅仅是大脑成熟的延迟。

还有一种可能，即使在多动症群体中，某些儿童的大脑在结构和网络组织上也存在差异，所有这些导致了大脑特征的不同组合，有些组合能够促使其多动症症状得以恢复，而有些会妨碍其恢复。

> 多动症似乎与大脑发育迟缓有关，但也存在差异。

关键是，我们有充分的理由相信，这些大脑变化很可能受到发育期间的表观遗传变化、经历和学习的影响，本书第三章和第八章将讨论这些内容。

多动症是一种"差异"还是一种"障碍"

多动症儿童的大脑发育有所不同。那又会怎样呢？在某种程度上，每个人的大脑发育都是独特的。甚至每个人的大脑的血管组织和模式都是独一无二的。也许多动症只是一种不同的成长方式，而不是一种障碍或残疾。前文提到过的那些多动症患者可能具有的自发、外向、精力充沛的特质，在某些情况下是很有优势的，也能给许多多动症儿童带来一种令人愉悦的活力或生活乐趣，这是任何人都不想剥夺的。如果这些精力充沛的年轻人马上安静下来，世界将变得多么无聊啊。

这个问题引发了文化、"疾病"的意义、"正常"的意义等深层次的议题，所以，这个问题很快就把我们带到人类学和哲学的领域，而不是行为或临床科学。可以这么说，"障碍"这个标签可能是一种耻辱，是一种能力的丧失，是有害的——或者它也可以是积极的、有益的、有组织的。从有害的方面说，一些科学研究表明，在某些情况下，多动症标签可能会使一个孩子自我放弃，或者导致其他孩子躲避这个孩子。

聋人群体形成了一种亚文化，这种文化质疑耳聋是否需要改变。一些拥护自闭症谱系障碍患者的群体认为自闭症是不同于典型神经发育的发育形式，不是一种障碍。这些观点让处于这种环境和发展背景的人有了力量和希望。

让我们补充一些这方面的最新科学研究证据。有些研究表明，多动症通常不是一种障碍，而是一种人群特征。用医学上的血压做类比。当收缩压超过140（或舒张压超过90）时，人们称之为高血压。即使血压是139，仅仅低了一个点，也在正常范围内。血压是一个连续值。套用一句谚语，"命运之神对139和140的爱一样多"。无论139还是140都不足为奇，但是我们必须设定一个界限来判断什么时候需要医疗干预。同样，对于多动症来说，在一般意义上，大多数多动症是人群中一个与自我调节有关的维度特征。有些人无组织性、冲动、不能进行自我调节，有些人有组织性、有计划、自我调节得很好。当无组织性的特质在症状分界点上得分为6或6分以上，或者在标准评分量表上得分超过70，我们就称之为障碍。这么设置的原因是，随着问题变得越来越严重，我们需要一个分界点，达到这个分界点就需要进行干预了。对于血压和多动症，这个分界点只是一个保险精算值，似乎可以在避免不必要的治疗和避免忽视严重的风险之间提供一个最好的平衡。

我们怎么知道多动症更像一种特质呢？最近，双胞胎研究提供了最佳证据。科学家用数学模型比较同卵双胞胎和异卵双胞胎，发现基因对正常范围的分数和极端分数的影响是相关的，或相同的。最近出现了更好的证据。2012年或2013年左右，科学家完善了数学工具，采集了足够多人的生物遗传数据，从而为基因对多动症（或其他特质和障碍）的实际影响提供生物学数据。这些"多基因风险评分"基本上只是把数千种常见基因变异的综合影响加起来，每一种对结果的影响都很微小。2015年，在全世界范围内对数千人进行的一项研究首次将这些方法用于大样本的精神病人，也是首次用于多动症群体。这项研究以及2015年和2016年基于该研究结果的后续研究证明，相同的基因对多动症测试结果中得到正常分值和极端分值的人的影响程度是一样的。

该特质的遗传基础在所有严重程度上都是相似的，这最大程度证明了多动症是一种特质，不是一种独立的疾病。从这个角度来看，多动症是一种基因"量"（即基因表达值）过高的情况，这导致孩子有面临不良后果的风险，因为他比那些在这种特质上处于正常范围分值的孩子受到更多的（而非不同的）基因影响。

到目前为止，一切都还说得过去。但是现在让我们看看这种特质变异观的局限性。第一个局限性非常实用：即使多动症是一种极端的正常特质，孩子在生活中仍然可能会面临不良后果——就像高血压患者一样。对于那些真正需要专业帮助以避免不幸生活的孩子来说，如果仅仅把多动症当成"一种差异"，可能会对他们造成严重的伤害。高血压的比喻可以说明一些问题。"多动症"这个标签可能也有好处——它可以帮助家人或教师理解孩子的挣扎。这可以让临床工作者知道如何帮助这个孩子，还可以帮助孩子认识到他并不傻——相反，他需要支持，就像有些人需要眼镜一样。显然，必要时需要一些诊断，才能知道标签会带来更多伤害还是更多好处。

> 把多动症仅仅看作一种特质上的差异，可能会剥夺个体应得的理解和治疗。

把多动症仅仅当成一种特质上的差异还会引发一个深层次的问题：在群体层面上，多动症实际上与轻微的脑损伤有关。例如，低出生体重的孩子患多动症的风险是正常儿童的三倍。这还会增加组织供血不足的发生率，这会对大脑中的某些细胞造成损害。由于其他原因导致的产前和围产期血液、氧气供应不足也会增加患多动症的风险。虽然我们不知道这是否是导致低出生体重儿童或其他有更轻微并发症的儿童患多动症风险增加的原因，但这是一种明显的可能性。也就是说，至少一些患有多动症的孩子很可能是大脑受到轻微损伤，使他们无法发挥自己的潜能。这不仅仅是一种特质的正常变异。如果避免这种伤害，这些孩子的潜能就能得到充分发挥，如果忽视预防这种伤害的机会，就会对他们造成严重损害。

所有这些都再次强调了，认识到所有孩子都与众不同的重要性：他们遇到困难的方式可能有所不同，即使他们都有自我调节方面的问题，但也可能会以不同的方式表现出来。

下一章将解释表观遗传和基因 × 环境的效应——这是针对多动症的新一代治疗方案。在接下来的章节中，你将了解一些导致多动症的环境影响，这些环境影响是可以改变的——包括环境中的化学物质、营养的影响，以及压力的影响。下一章以及第三章到第七章的内容，让我们可以找到六种治疗多动症的方法。你或你的孩子可能只是处于"多动症谱系"上，并非完全属于障碍的范畴。就像我们现在所质疑的那样，如果多动症像血压一样有一定范围，那么一个并非完全达到多动症诊断标准的人仍然有可能从本书的一些观点中获益——特别是那些风险相对较低的观点。

基于当前的科学理解（加上我自己的预感），以下是最有可能的多动症发展路径：

1. 如果仅仅是大脑发育迟缓，那些得到正确、及时的支持的儿童会成长为"正常"的成年人。这可能是由于遗传或表观遗传（环境）对发育产生了影响。

2. 由进化选择的某种常见特质的正常变异（如调节不足或过度）会让我们在适应现代社会时遇到麻烦。通过增加或减少相关基因的表达（就像无线电表盘上的"音量"），而使这种特质沿着谱系移动，这可能受到表观遗传效应和 DNA* 结构（基因型）的共同影响。

3. 轻微的脑损伤会妨碍儿童潜能的充分发挥，这是可以预防的。例如，我

---

* DNA 是 deoxyribonucleic acid 的英文缩写，中文译为脱氧核糖核酸，是一种分子结构复杂的有机化合物，功能为储藏遗传信息。——译者注

们知道多动症与下面一些因素有关：

   a. 低出生体重（自从20世纪90年代就被人们所知晓）。

   b. 极端的父母压力（21世纪初）。

   c. 母亲或父亲接触过某些环境化学物质（出现于21世纪10年代）。

   d. 孩子接触某些环境化学物质（几十年前就开始受到怀疑，但在2004年至2015年被确认）。

   e. 更大胆地推测，饮食或营养不足（这个因素还在研究中，但2015年，似乎有充分证据证明缺乏 Ω-3 与多动症有关，这一点稍后再讨论）。

4. 基因突变会妨碍儿童潜能的充分发展，这意味着可以通过干预改变基因表达或以其他方式弥补基因突变的生物学效应。这里的基因表达是由DNA突变驱动的，而不是表观遗传学本身。（从技术上讲，一个DNA突变可以改变表观遗传表达，进而导致多动症，或者某些经历可以改变表观遗传表达进而导致多动症。）正如2016年的一项重大研究显示的，自闭症中存在一些罕见的基因突变，我们希望在多动症中也能发现这些突变。

5. 早期的生理或心理创伤会对神经系统产生影响，包括：

   a. 怀孕期间过量饮酒，会引起胎儿酒精综合征。

   b. 早期生活中极度的情感或生理剥夺（例如，在一所工作人员很少的孤儿院中长大），会导致一种特殊的多动症。

前文提到的大多数损伤或压力源会对很多方面产生影响，但表观遗传变化是一种可能的机制，后面的章节将对此进行解释。我们猜测，第1组和第2组儿童，包括那些在典型范围（人类变异）内发育的儿童，在人类进化的过程中，要么被忽略了，要么被选择了。

他们或许只是需要帮助，以适应现代社会，作为成年人，需要找到合适的职位以获得成功。然而，其他类别包括对发育中的神经系统造成的损伤，这是我们想要理解、预防或补偿的，因为我们希望每个人都努力发挥自己的潜力。如果未能预防或纠正，即使是轻微的损伤，也违反了基本的人文价值观。

这本书的大部分内容致力于帮助你弥补这些挫折，即使你不知道是什么原因导致孩子患病。事实上，通常很难确定孩子的患病原因，因为大多数孩子所处的环境都在正常范围内，只会遇到非常微小的或非常罕见的风险因素。例如，前文提到的化学物质似乎会与儿童的易感性相互作用，而易感性的部分原因在于遗传。第六章将详细解释化学物质的影响。

多动症：不是放之四海而皆准的

如果我们把多动症看成自我调节的问题，大多数表面上的矛盾就会显现出来。我们可以先了解多动症发生过程中非常重要的变异——通过一个或多个支持自我调节的心理、认知或生物功能上的极端、衰弱、改变或损伤。（然而，需要明白的是，当自我调节系统出现障碍时，多动症并不是唯一可能的结果；障碍出现的地方，部分决定了其结果是多动症还是强迫症或抑郁症，强迫症、抑郁症仅是我举的例子。）我们也可以从了解多动症表现出的显著变异开始。在"差异"或"障碍"等问题上，多动症并不是一个放之四海而皆准的病症或标签。幸好，我们还可以看到，理解自我调节的复杂性有助于理解如何通过控制自己的行为、情绪和思维来帮助儿童发挥潜力。我们可以通过支持他们的大脑发育来实现这一点。但是首先，重要的是，你要明白为什么——你需要了解表观遗传学的基础。

信息处理缓慢的物理原因是什么？

在需要快速反应的情境下，很多多动症儿童的加工过程和反应速度似乎比正常儿童慢。人们现在还不清楚加工速度慢的物理基础。虽然大脑运作需要大量热量，而且人们也知道，当我们思考或集中注意力时，流向大脑特定区域的血流量明显增加，那些神经元饥饿地汲取营养，但警醒状态或集中注意力时对热量的额外需求仍然相当有限。所以除了热量，还有其他的能量途径。这可能涉及细胞水平的能量释放机制（例如，涉及线粒体）。也有可能是大脑细胞周围的神经胶质细胞出现了问题。这些神经胶质细胞加速了大脑中的神经传导。有证据表明多动症患者的神经胶质细胞发育不充分。这项研究使用了一种叫作弥散张量成像的特殊大脑成像技术，该技术显示患有多动症的儿童的大脑白质（可能是神经胶质细胞）发育不太好。相关的大脑成像技术使用的是最近几年才发展起来的一种技术，用于研究大脑网络的功能连接——它们彼此如何沟通。在这里，我们也看到大脑中较弱的连接模式。这有助于解释"信息获取"或信息处理的效率低下，进而导致控制注意的能力较弱。最近有人提出另一种可能性，从毛细血管到神经元的复杂能力传输管道破裂，其中涉及细胞糖原和葡萄糖，但是这一推测尚未得到验证。

第二章
表观遗传学
先天与后天之争的终结

新的脑成像技术让我们对大脑发育和运行方式有了新的认识。新的遗传学发现也改变了人们对多动症起因的看法。我们不再单纯地认为多动症是因为基因或 DNA 序列出错导致大脑某个区域（如额叶皮层）过小而产生的问题。不管怎么说，前述模型都过于简单了。更有可能是 DNA 导致了多动症"倾向"或"易感性"。这有点像容易感冒的体质。如果你的孩子很容易就累了，跑不动了，那么冬天时，他在学校里就更容易感冒，他属于更容易得病的体质。基因遗传也能让我们或多或少产生神经发育问题。下面的专栏描述了科学家是如何知道多动症等复杂的疾病通常与遗传易感性以及其他因素有关的。

 基因只能导致患复杂疾病的易感性，并不能决定疾病本身

从遗传学角度来说，疾病类型有两种：简单的和复杂的。简单的疾病由一种显性基因或隐性基因突变引起。镰刀型细胞贫血症就是一种单基因隐性遗传病。如果你的 11 号染色体上的一对血红蛋白 β 基因都发生突变，你就会得这种病。苯丙酮尿症（phenylketonuria, PKU）是一种单基因神经发育障碍。如果孩子的 12 号染色体上的一对苯丙氨酸羟化酶（PAH）基因都发生突变，他就会患苯丙酮尿症。复杂的疾病则是由多种因素共同导致，可能是两个或更多基因突变，也可能是在基因表达过程中某个基因的表达受到其他因素影响，还有可能是基因和环境共同诱发的。有些个体患某种疾病是由一个主要基因突变引起的，但是这个基因突变并不是大多数人患此病的起因，只是个别个体的起因，这也是一种复杂的疾病。大多数现代疾病都是复杂的疾病，包括癌症、糖尿病、肥胖症、精神病。即使是传染病也非常复杂，因为传染病是遗传易感性（通常由多个基因决定）和传染性微生物共同作用的结果。例如，一项关于双胞胎肺结核的研究综述表明，肺结核具有双胞胎遗传性，这与多动症相似。这就意

味着种群内的易感性变异主要是基因变异。但是，肺结核显然只在感染之后才会出现。类似地，多动症可能不是由 DNA 引起的，而是由 DAN 承载的易感性和特定的环境因素共同引起的。2016 年，我和同事发表了一项研究，我们用铅的环境污染证明了这个"概念验证"（在第六章查看更多关于铅的内容）。我们展示了中度铅接触与多动症之间关系的强弱取决于孩子哪个 HFE 基因突变了。HFE 基因控制肠道内铁的摄取，铁与铅相互作用改变了新陈代谢对大脑的影响。

新的观点与以往的观点有很大不同，前者很可能成为未来 10 年的主流观点。以往的观点曾认为多动症主要是因为遗传，而新的观点则把多动症看成环境改变了遗传倾向或遗传易感性的结果。我们开始明白大脑的形成、组装、发育是如何依赖于这些表观遗传过程的。

这种观念演变的主要推动力是行为表观遗传学。表观遗传学有很多含义。有些人仅仅认为它是发育过程中基因组"之外"的一系列发展变化。但是我打算找到其特定的生物学意义。这种生物学意义是指特定的、稳定的生物学变化，产生变化时，身体会形成一种化学标记附着在 DAN 分子上，进而改变其在某个或某类特定细胞中的表达方式。这种变化随着时间的推移（如细胞分裂）一直存在，有时候会一代一代遗传下去。该定义与当前美国国立卫生研究院的定义一致。

基因表达的变化会影响行为和健康。表观遗传学变化的类型包括 DNA 甲基化、微 RNA 表达、组蛋白修饰等。DNA 甲基化是最普通的表观遗传学变化类型，我们以此为例。一个被称为甲基的分子附着在 DNA 上，阻碍了特定的 DNA 分子进行 RNA 转录——实际上该细胞里的基因被"关闭"了。这改变了 RNA 识别，也改变了基因（包括在大脑中的基因）的一系列化学、生物学作用。去除甲基分子能重新打开基因。有些表观遗传学变化是早就被设定在 DNA 里的，例如在发育过程中，细胞分化成神经元、皮肤细胞等。也有些变化是随机发生的，就像随机发生的基因突变。但是，显著的表观遗传变化还有可能是由经历导致的。就这样，我们的经历被印刻"在皮肤之下"，并具有生物学记忆。这就是我们的研究重点，因为它为我们提供了一个新的视角：多动症受儿童经历或环境变化的影响。

因此，多动症等疾病或障碍实际上受两个因素影响：（1）DNA携带的易感性；（2）环境对基因表达或管理的调节。基因管理受很多因素影响，包括个体其他基因组的DNA，以及各种表观遗传作用，如DNA甲基化。和DNA甲基化一样，表观遗传变化既受生物学经验的影响，也受心理学经验的影响，包括营养、污染、压力、学习，及本书讨论的其他因素。

我们可以自信地说，基因并不能决定你是谁，基因与环境的交互作用塑造了人的发展。在一项统计分析中，DNA和经验的交互作用被称为基因型×环境交互（genotype × environment interaction）或G×E。如果你看了医学或心理学文献，就会看到很多关于G×E的研究。G×E起作用的一个方式就是表观遗传变化。表观遗传变化之于DNA就像是车载音响上的控制盘之于电子线路。如果你调整低频比率、音量，甚至换一个台，音响的音效都会大大不同。当你改变这些设置之后，音响就会一直保持新的音量，直到你再次调整调谐钮。但是在这个过程中，其中的电子线路并未发生变化。同样，DNA上的某个基因对某个事件做出反应之后，发生表观遗传变化，之后很长一段时期都一直保持这个状态，直到有别的事件发生使其逆转。最初的表观遗传变化可能是由一个事件引起的，例如怀孕时压力非常大，在家里接触农药，在学校当了领导，非常健康或非常不健康的饮食。随后该变化具有一定的稳定性。就像如果你不再次调整调谐钮，音响音量就不会改变；某次经历之后表观遗传标记改变了基因表达，就会一直保持这种表达方式，直到有别的事件发生使其逆转，或者增加新的表达方式。例如，有氧运动能够逆转压力引起的遗传表达变化（参见第四章和第七章）。

我们如何走到这一步

关于多动症起因以及人们如何进行自我控制或自我调节，历史上盛行过两个主要理论，这两个理论过于简化。第一个理论认为所有原因都在于父母。如果你是一个更好的父母，你的孩子表现就更好。有些人可能相信了这一点，为孩子的多动症问题而自责。我遇到过一些非常沮丧的父母，他们确信孩子的多动症是因为自己这个父母当得不称职。第二个理论则认为所有原因都在于基因遗传。这种观点出现于二十世纪八九十年代，当时基因遗传研究大行其道，同卵双胞胎研究也表明，多动症与家族遗传有关，大多数个体间的差异都是由基因不同导致的。这让一些专家和父母认为要把多动症当成生物学（医学）问题对待，患有多动症的人注定终身患病。毕竟这是遗传，遗传的东西永远不会改变。

研究歧视的研究人员发现，患有多动症的家庭无论如何都会受到歧视。受到排斥一部分是因为多动症孩子的行为难以相处，而另一部分原因则是人们对多动症存在刻板印象。有时候其他人会回避这些父母，因为其他父母错误地理解了多动症，而不想和"失败的父母"及其"家教不好"的孩子在一起。但是当人们相信多动症是遗传性的时，他们就认为多动症孩子是有缺陷的，仍旧不希望和多动症孩子或家庭亲近。

最近的科学研究开始让人们产生另一种越来越清晰的认识。人们现在明白，虽然这两种观点（早期经验和基因是多动症的起因）都告诉我们一些事实，但是两者都过于简单以至于带来更多的是误导而不是帮助。关于多动症和人类发展的最新科学研究教会我们用新的视角理解基因，还指导父母如何帮助孩子进行自我控制、自我调节，并茁壮成长。

幼稚的遗传模式的终结

双胞胎研究让我们知道多动症与家族遗传有关，也知道基因突变在其中起了很大作用。事实上，过去 30 年不断有研究证明基因组成的广泛影响，从人格到智力，几乎涉及人类遗传变异的方方面面。但是基因类型远不能说明全部问题。关于多动症（及其他疾病、特质和行为）过于简单化的基因遗传模式是指，遗传学就只是遗传：就像你能从父母那里遗传到蓝色的眼睛、亨廷顿病一样，你也能遗传到多动症。根据这种简单化的观点，如果你确实遗传到了多动症，这只是运气不好。对此，你也无能为力（至少当前的科技水平不能改变什么，参见下面的专栏，展望未来）。怀孕之后基因不会发生改变。不久之前，很多专家还认为，发现导致多动症的主要基因只是时间问题。

 基因编辑

科学家尝试了很多方法打开、关闭基因，但大多数都非常复杂、困难、昂贵，而且达不到人类疾病治疗所需的精确性。正如正文里提到的例子，改变甲基化是一个令人兴奋的新方向。但是关于基因编辑（剪接）的研究仍在继续。基因编辑通常需要使用定制的蛋白质（被称为限制性内切酶），这种蛋白质能够剪切、拼接基因。这些技术被用于创造转基因作物，在实验室里治疗患有某种遗传疾病的老鼠。但是由于缺乏精确的控制，针对人类的基因疗法还处于非常原始的阶段。CRISPR-Cas9 这种更简单的方法在科学领域掀起了一场风暴。这种方法主要基于 2012 年和 2013 年的发现，某些细菌可以进行非常精确的基因编辑，这可能是在进化中发展出来的一种对抗病毒的方式。在 2015 年，研究者对一个不能存活的人类胚胎进行转基因（随后就被销毁了），这引发了一场禁止编辑人类胚胎的呼吁，因为这涉及尚未定论的生命伦理问题。CRISPR-Cas 可以对感兴趣的基因位置进行准确的显微外科手术。现在除了改变基因发挥功能的大小，科学家还可以改变基因的作用。未来，或许可以对引起亨廷顿病等单一基因障碍的基因进行编辑，从而防止该障碍出现，或者治愈它。虽然现在还不清楚，要多久才能通过改变相关遗传倾向的技术来解决精神障碍或神经发育障碍等复杂的疾病，有可能在我们有生之年都见不到，但这种科学幻想终将一步步实现。

更多有关基因编辑的信息

你可以参看《国家地理》2016年的8月刊，或者观看珍妮弗·杜德纳（Jennifer Doudna）博士的 TED* 演讲，其研究发现最早发表于2012年。

尽管基因遗传确实会对多动症产生很大作用，但是遗传这种过于简化的观点现在已经过时了。这种简化的遗传模式错在如下两个方面：

1. 并不存在导致多动症的单个（甚至几个）基因。
2. 通过 DNA 遗传下来的并不是多动症本身，而是一种倾向、易感性。

二十多年的研究都没有发现导致多动症或其他行为、心理障碍的基因。现在科学家认识到，除了在几个少有的案例中出现了一些罕见的基因突变，大多数多动症并非只受某个主要基因的影响，而是受到成百上千个微小基因效应的影响。在本书原版书即将付印时，精神病遗传学联盟（Psychiatric Genetics Consortium）正打算报告一项基因遗传研究的结果，这项研究的对象是 20 000 名多动症患者和来自全球 12 个网站的 35 000 名控制组被试，其中 14 000 余名患者和 20 000 名控制组被试都来自丹麦。这项研究结果首次证实了一批多动症的遗传标记，该结果具有统计可靠性，但是每个标记只起到很小的作用。虽然我们现在开始识别这些个体效应，但大量的微小效应意味着

---

* TED 是 Technology, Entertainment, Design 的英文缩写，即技术、娱乐、设计，是美国一家私有非营利机构，以其组织的 TED 大会著称，每年 TED 大会会在北美召集众多科学、设计、文学、音乐等领域的杰出人物，分享他们关于技术、社会和人的思考和探索。——译者注

遗传不能决定命运，相反，它们只影响患病的概率。据说中世纪预言家有一句古老的口号：星座会显示某种迹象，但并非绝对。同样的逻辑也适用于基因如何作用于复杂的疾病和人类特质。

其次，数学证据表明，双胞胎研究并没有证明人们遗传了多动症，人们遗传的是被基因遗传科学家称为疾病或结果的倾向（liability）。一项常识性的证据来自肺结核等传染病的双胞胎研究，肺结核这种患病倾向的遗传性也很大。虽然多动症不是起因于传染病，但它们的逻辑是相似的。这种患病倾向可能是一种脆弱性（有患多动症的风险，不带补偿利益），也有可能是一种易感性（对环境因素格外敏感，无论好坏）。简单来说，多动症等复杂疾病和障碍很少是由基因本身引起的，但通常是由特定发育经历中的特定基因组合引起的。这些经历就像是诱发物，将基因中的潜能变成现实。

> 我们遗传的不是多动症，而是患多动症的倾向性、易感性、敏感性。

如果你仔细想想，这是有道理的。所有人都暴露在同样的环境里，只有一些人会生病，而不是所有人都生病。部分原因就是我们患感冒的遗传倾向不同。但是换句话说，患感冒的遗传倾向并不一定会让你感冒——如果你勤洗手、营养好，即使你具有遗传脆弱性，大多数情况下也不会感冒。脆弱性本身就是遗传倾向、环境风险与保护、疾病的特定诱发物等因素的组合。

在过去10年中，特别是在过去5年里，这些基因×环境交互作用已经从概念层面发展到实证层面。科学家已经发现了一些特定的基因×环境交互作用，这些交互作用与儿童行为和情绪问题、学习问题以及神经发育问题有关。有些基因×环境效应也出现于心理障碍领域。下面的专栏呈现了几个例子。

🔍 关于基因 × 环境对心理健康的交互影响的最新发现

抑郁（Depression）。 2016 年的一篇文献综述提到，如果儿童的少数特定等位基因（突变），影响了前额叶皮层及其他脑区的大脑信号，那么（胎儿期或儿童期的）高压生活事件更有可能导致其后来的抑郁。最知名的是血清素转运基因。2014 年，一项包含了 81 项研究的元分析，确定了血清素转运基因突变和高压事件之间的交互作用与抑郁的关系。基因 × 环境交互作用是随机效应的概率低于百万分之一。其他研究表明这些基因 × 环境对抑郁的交互影响在易感人群身上是通过表观遗传变化表现出来的。

反社会行为（antisocial behavior）。 单胺氧化酶 A 型脑受体有一个特定基因，叫作单胺氧化酶 A 型（MAO-A）脑受体基因。该基因有启动子区多态性，能让人具有攻击性和反社会行为。很多研究发现，在一个反社会的同伴群体中的儿童，或者受虐待的儿童如果发生这种特定的基因突变，更有可能表现出攻击性、反社会的行为。2016 年的一项大型美国国家研究支持了这一发现，那些遭受身体虐待的儿童如果本身有这种基因突变，就更可能变得有攻击性、反社会。最吸引人的是来自 2016 年另一项大型研究的证据。在该研究中，一个特定的单胺氧化酶 A 型标记和另一个叫作儿茶酚氧位甲基转移酶（COMT）的基因突变，与父母教养方式（有好有坏）产生交互作用。也就是说，那些具有敏感基因型的儿童，如果没有得到足够的积极教养，就更可能表现出攻击性，但如果得到了足够多的积极教养，就更可能表现出亲社会性。

更多信息

Sharma, S., et al. (2016). Gene × environment determinants of stress- and anxiety-related disorders. *Annual Review of Psychology, 67,* 216–239.

Sharpley, C. F., Palanisamy, S. K., Glyde, N. S., Dillingham, P. W., & Agnew, L. L. (2014). An update on the interaction between the serotonin transporter promoter variant (5-HTTLPR), stress and depression, plus an exploration of non-confirming findings. *Behavioral Brain Research, 273*(15), 89–105. 值得注意的是，这些不同的研究结果说明可能有其他基因或生活经历推翻了这些效应，或者导致了抑郁子类型。

Lu, Y. F., & Menard, S. (2017). The interplay of MAOA and peer influences in predicting adult criminal behavior. *Psychiatric Quarterly, 88(*1), 115–128.

 了解更多：多动症和教养方式之间的基因 × 环境关系

Elmore, A. L., Nigg, J. T., Friderici, K. H., & Nikolas, M. A. (2016). Does 5HTTLPR genotype moderate the association of family environment with child attention-deficit hyperactivity disorder symptomatology? *Journal of Clinical Child and Adolescent Psychology, 45*(3), 348–360.

Morgan et al. (2016). Parental serotonin transporter polymorphism (5-HTTLPR) moderates associations of stress and child behavior with parenting behavior. *Journal of Clinical Child and Adolescent Psychology, 18,* 1–12.

上个专栏中提到的基因也可能与多动症有关。例如，我和同事以及另外一组研究者在 2016 年都分别报告，多动症与 5- 羟色胺转运体蛋白基因启动子区的基因突变和教养方式的相互作用有关。其他基因也可能与社会或生物环境有相似的交互作用，只是还未被证实。后续章节将讨论一些非常重要的基因 × 环境交互作用。尽管目前多动症的特定作用还不像抑郁领域那么稳固，但方向是清晰的：基因 × 环境交互作用在多动症的发展过程中越来越被看重。

正如专栏中提到的，这些基因 × 环境交互作用有时不只提高了患多动症的风险（有些科学家指的是遗传脆弱性），还提高了对生活经历的敏感性（有些科学家指的是遗传易感性），记住这一点很重要。换句话说，有些孩子容易患多动症，有些孩子则不容易患多动症，这种说法可能不准确。更准确的说法应该是，相对于其他孩子，有些孩子对食物或病痛等早期经验异常敏感。基于当前的

> 与其说基因 × 环境交互作用让有些孩子更容易患多动症，倒不如说基因 × 环境交互作用让有些孩子对早期生活经验更敏感。

这些证据，两种效应都会影响儿童发展，但说明每种效应对多动症的影响到底有多大还为时尚早。

正如本书后文将提到的，有些基因 × 环境交互作用很重要还有另外一个原因。这些交互作用告诉我们，一个具有特定基因类型的儿童可能需要某种特定的干预，例如在营养方面的特定改变。遗传研究很重要的另一个原因是，它能告诉我们是哪种生理系统导致了多动症的某些方面，这能为干预这些生理系统提供新的治疗思路。例如，如果炎症导致了多动症，那么可以减少炎症的干预方案就可能有效。

基因 × 环境交互作用能导致大脑和行为的变化吗？如果能，是如何改变的呢？这两个问题的答案来自最新的研究，这些研究直接检验了表观遗传学。

表观遗传学的作用有多大

从科学的角度看，当某种经历导致基本化合物附着在 DNA 上，就改变了基因表达，以及表达的程度。这些表观遗传的作用非常强大，和基因的作用一样强大。从某种意义上说，表观遗传的作用甚至超过了基因的作用。例如，在杜克大学 2007 年的一项经典实验中，兰迪·杰托（Randy Jirtle）及其同事克隆了基因完全相同的刺豚鼠（本质上是同卵双胞胎），然后由两只基因完全相同的母鼠分别抚养至孕期。这些母鼠的生活条件完全相同，但是有一组经常接触双酚 A（bisphenol A，BPA），在那个年代，双酚 A 是一种常见于食物容器中的塑料化学物质（更多讨论见第六章）。出生之后，这些基因完全相同的动物的养育条件、饮食、环境都完全相同。但是接触 BPA 的一组动物又大又肥，呈黄色，而另一组又小又瘦，呈棕色。前者的 DNA 甲基化发生了改变，导致刺豚鼠基因的表达出现变化，因而导致其发育改变。它们在行为上也产生了变化。和两类基因不同的老鼠相比，由于过早接触化学制品，它们之间的差异更大。这些差异体现在皮肤（导致颜色变化）和大脑发育上

（造成饮食行为和饱腹感的变化，进而导致肥胖）。

在怀孕期间，通过抵消环境的影响可以阻止这类消极的表观遗传作用。关于这一概念的证据出现于杰托（Jirtle）及其同事2007年的研究中，他们的研究表明，孕期内的特定膳食补充剂，如叶酸和维生素B_{12}，足以阻止由BPA导致的表观遗传标记的生成。这类补充剂提供了额外的甲基分子，弥补了由于接触BPA而失去的甲基化。这类补充剂还能降低老鼠后期的疾病发生率，对于那些没有接触过BPA的老鼠亦是如此。

从那以后，关于不同环境产生的积极、消极表观遗传变化的数据迅速积累，既有孕期的，也有童年期的。虽然大多数研究是关于动物的，但在人类身上也出现了类似的效应。（人类更难研究，因为我们很难研究大脑的表观遗传变化，所以科学家不得不依赖于人类唾液或血液的间接证明，并结合动物大脑的直接研究，以及极少的尸检研究。）在后面的章节中，你将会看到，在儿童成长过程中，运动、营养等因素能产生积极的表观遗传变化，扭转消极的表观遗传变化。通过避免接触BPA化学制品等生活经历可以避免消极的表观遗传变化。虽然出现在动物身上的这些效应不一定和人类的完全一样，但至少暗示着，越来越多的人类证据开始浮出水面。

诸如运动或饮食等不同生活经历为什么能够抵消压力或化学接触的影响呢？一个新兴模型认为，对发育产生的很多早期"伤害"都是通过复杂的内分泌系统中的变化起作用，这个内分泌系统包括炎症、皮质类固醇激素、氧化压力，以及相关加工过程，不良饮食、化学接触、持续的情绪压力或创伤等挑战中都涉及这些加工过程。所以，当人们越来越了解基因和环境如何作用于那些内部交流系统时，就开始了解改变大脑发育轨道的发育过程概貌，也就能提供一些工具和方法助其回到正轨。

> 一些环境因素所导致的表观遗传变化可以通过接触不一样的环境因素而抵消，比如在怀孕期间服用膳食补充剂能够避免某些有毒化学制品的影响，运动能抵消压力的作用，等等。这些发现有助于预防或治疗多动症。

幸好，不同物种通过表观遗传对生活经历做出的化学反应是守恒的。这意味着当我们进行跨物种研究时，就会发现存在相同的化学变化过程，这些化学变化过程影响大脑发育。我们只需要确认这种守恒原则，就能应用这些关于动物的研究发现。虽然人类行为比动物行为受更多因素影响，如人们对未来的期待和想象，但如果我们已经有一些证据，就能沿着已知的方向走得更远。

我们其实并不知道多动症的遗传性在多大程度上来自表观遗传而非基因遗传，但我打赌这个力度会很大。我认为多动症并不是命中注定的，有很大希望可以治愈。我们只需要了解该如何干预。我认为怀孕期间的多动症或多或少与基因组成有关，但是无论在子宫内，还是在整个儿童青少年期，基因表达确实能够改变后期的发展。

> 许多相同的化学反应对不同物种的大脑产生的影响是相同的，这意味着动物研究为我们提供了大量可探索的干预措施。

🔍 **了解更多**：怀孕期间服用膳食补充剂抵消 BPA 接触的影响

Dolinov, D. C., Huang, D., & Jirtle, R. L. (2007). Maternal nutrient supplementation counteracts bisphenol A-induced DNA hypomethylation in early development. *Proceedings of the National Academy of Science, 104*(32), 13056–13061.

表观遗传会产生跨代的影响吗

最重要的一点是，表观遗传变化既发生在出生前，也贯穿童年期（也有可能是成年期）。这些变化对健康的影响可能是积极的，也可能是消极的。这些变化是相对稳定的，但很多变化（即使不是全部）可能会被后面的生活经历所抵消、颠覆。在某个年龄段，这些效应能被抵消到何种程度，还是未知的。例如，人们还不知道，儿童早期之后，表观遗传变化能够稳定到何种程度。但是，动物研究表明，童年晚期或成年早期的发展经历至少能够抵消一些表观遗传作用。后面的章节特别强调低风险的、健康的生活节奏，也有些证据表明这些生活节奏能够抵消或者扭转表观遗传的消极影响。此外，努力扭转消极变化能让你的孩子受益，甚至有证据表明还能让你的孙辈受益。这是因为在有些情况下，如果表观遗传变化不被扭转，就会遗传给下一代。它们通过卵细胞或精子传递给后代。实际上，它们是伴随 DAN 遗传的。DNA 能够携带父母经历过的化学记忆，然后将其传递给孩子。

> 由于表观遗传变化是附着在孩子的 DNA 上的，所以它们不仅能影响孩子的生活，还能影响未来子孙的生活。

因此，多动症的基因输入是这个难题的重要环节，并且仍然是一个令人着迷的、重要的研究领域。事实上，我的实验室投入了大量精力研究与多动症有关的 DNA 变化，帮助人们理解多动症的生物系统以及多动症遗传的脆弱性和易感性。可以肯定的是，世界范围内的基因研究不断发展，将会产生更令人兴奋的发现。但前提是，需要弄清楚多动症的不利因素，而且需要了解环境的作用。所以，我的实验室也致力于研究与多动症有关的表观遗传作用。因为早期及后续的生活经历所产生的表观遗传变化很可能带来新的干预措施，以及可以用于日常生活的洞见，所以本书主要关注以下新发现的价值：生活经历如何改变基因组、大脑发育和行为及发展，人们该如何将其应用于多动症，以及如何在未来做更多。

这对大脑意味着什么

已有的研究填补了关于大脑发育过程的空白，这些发现是惊人的。例如，现在人们知道，大脑不只是在出生前和婴儿期发育迅速，而是一直持续到二十多岁——尤其是大脑中对于成熟的自我调节来说必备的部分。大脑发育不单单是增长，还包括修剪、磨砺大脑机能，使其越来越有效地满足不断增长的认知需求：

- 神经元和神经连接的"扩建"很早就出现了，2岁是神经连接的高峰期。这种神经"过度发育"使人类大脑在婴儿期和学步期具备非凡的多功能性。你可能听说过，一个1岁的孩子能毫不费力地学会任何一个地方的语言，只要他生活于其中。你可能也意识到，这对于成年人来说是不可能的。

- 从学步期开始，大脑开始了长期的社会化过程：修剪较少使用或无效的神经连接，巩固那些经常被使用、让我们更高效的神经连接。这就是儿童根据他所在的生态、文化或环境进行社会化的过程。

- 发育还包括髓磷脂的扩展，髓磷脂是指神经轴突（连接线）外侧的脂质，使神经轴突能够传播信息。髓磷脂的发育代表着信息容量和传播速度的升级，相当于从铜线水平升级到光纤水平。这种升级一直持续到成年早期。

- 这种沟通线路的扩建一直贯穿于生命的前20年，甚至更久。在青春期，有些脑区在容量上发育到顶峰，然后开始收缩，从而变得最高效。

- 同样在青春期，大脑开启了降低危险情境信号强度的模式，从而鼓励青少年把握一切机会探索世界。这种模式不只出现在人类身上，其他哺乳动物也有。这也是青少年在其他时候能够反思而似乎又很冲动的部分原因。

- 最后，神经网络通过共享的电化学活动的频繁"振荡"来传达、巩固它们的关系，通过这些电化学活动熟悉彼此的启动模式，进而为适应成年生活发展实践技能。从根本上说，神经网络建立了一个定期沟通的渠道，当大脑的A区域启动时，B区域就开始准备了——A区域的信号以前有用，现在也可能有用。这就是大脑学习的方式，例如处理强烈情绪——当A区域（大脑的其他区域）开始调节兴奋或恐惧的信号时，B区域

（额叶皮层）同时启动。

我们也知道所有这些重要的发展过程主要受以下四个因素的影响：

1. 基因信号。
2. 产前环境信号，主要是食物和孕妇的激素，如压力激素，但也有化学接触，所有这些都涉及表观遗传信号。
3. 持续的童年学习、生活经历或压力，带有它自身的表观遗传记录。
4. 发生在一生当中特别是童年期的挫折、创伤或微小伤害。

由于生活经历和学习的作用及其在塑造大脑过程中的表观遗传记录，人类大脑发育对环境是非常敏感的，会对环境做出反应。这里的环境包括学习、生活经历、压力，以及食物、化学毒素，还有所有物质的、社会的输入。

本书的主要目标是解释这些小因素对大脑健康发育的重要影响，以及你如何利用这些影响来抵消多动症的遗传倾向，进而将已经确诊为多动症儿童的严重程度降到最低，甚至减少子孙的遗传性。

前路在何方

幼稚的遗传范式是存在的，就和之前的环境范式一样幼稚。我们需要用遗传学来理解易感性和脆弱性。但是我们最好把多动症看成遗传和环境易感性与环境诱发共同作用的结果。这一概念已经从空洞的、笼统的"以上所有"断言慢慢转变成非常具体的提议，涉及特定环境（及相关的特定基因）和它们与多动症的不同关系，以及重叠条件。这项工作汇聚了关于特定环境的动物和人类研究，推翻了之前的一些普遍看法。化学接触一度被认为是多动症的非重要影响因素，这一论点已经不准确了。同样，产前及童年期的饮食也曾被认为是不重要的。这些观点正在发生变化。社会不利因素、创伤、压力对多动症（或者类似多动症的障碍）的影响长期被忽视，这一点也正在被纠正。所有这些效应的力度不一定像你所坚信的那些因素一样大，但它们也非常有意义，有时甚至是决定性的。本书的目的是帮助你获得正确的平衡和理解，看到令人兴奋的可能性，以冷静的方式利用它们，帮助你判断什么能对你的特殊情况起作用。我希望，你读完整本书后能够明白，除了专业的帮助，还有很多选择可以帮助你的孩子——足以让你选择一些既有利于孩子，对家人来说又不难的方式。下面举几个例子：

在做多动症评估时，8岁的艾迪生显得易怒、散漫、焦躁。他的父母说，尽管他可以玩得很开心，但当他无所事事时，就无法安静下来。咨询过朋友、儿科医生等人后，他们开始考虑食疗。他们才知道艾迪生很挑食，还伴有持续的便秘等消化问题。他们听从营养师的建议，改变了一些关键饮食，这在第三章有讨论。几个月后，艾迪生渐渐平静下来，不那么急躁了，也更专注了。他也越来越喜欢自己的食物，更容易饥饿，消化更好。虽然与饮食有关的问题并非都如此，多动症也并不都伴有明显的消化问题，虽然改变饮食只能改变一小部分多动症儿童，但这种模式是值得注意的，而且与新研究结果是一致的。

8岁的真知子经常和其他孩子争吵、打架，因为专横失去了朋友，在家里经常发脾气，被她的单亲妈妈托丽描述为反应过度的"戏剧女王"。真知子在一年级时因为烦躁、过度活跃、无法长时间专注于功课而被诊断为多动症。她已经开始了药物治疗，但效果并不明显。在和她的护理师进行咨询时，托丽承认他们生活困难。当真知子上学前班时，托丽的男朋友对托丽实施过身体虐待，这被真知子看到了。接着她们不断地搬家，先是去了托丽的父母家，之后搬去了一间公寓。真知子的睡眠不是很好。护理师提出，持续的运动有助于缓解情绪创伤的一些影响。托丽认为运动对她自己的创伤也有好处。托丽改变了工作日程，让真知子每天放学后和她骑很长时间的自行车。天气不好的时候，她们就一起去体育馆，比赛看谁在楼梯机上爬得更多。开始的时候真知子并不喜欢这样做，托丽总是通过告诉她已经骑行了多远，或者已经爬了多少台阶来激励她，使其变成两个人一起玩的游戏。几星期之后，这种行为习惯就养成了，变成了日常生活的一部分。几个月之后，托丽注意到真知子发脾气的时候越来越少。她读完了三年级，四年级的学业也变得更容易。真知子的睡眠越来越好，很少极度活跃，越来越专注，药物治疗越来越起作用，而且药物用量减少。虽然运动不会一直发挥这么重要的作用，但确实抵消了一些发脾气的表观遗传作用，而且有助于大脑"执行功能"网络的发展，进而有助于自我调节。虽然托丽和真知子的例子不是普遍现象，但是与研究中的发现一致。这是科学领域所展现出来的平均受益——有些孩子获得的更大受益可能被隐藏了。真知子的额外收获是，睡眠改善是良性循环的一部分，逐渐取代了糟糕生活、糟糕睡眠的恶性循环。

此外，还出现了更多令人兴奋的可能性，可以帮助患有多动症或者自我调节有问题的儿童。未来几年里，人们会用基因研究，去理解生活经历和基因如何在更大的生物系统中通过特定方式共同发挥作用。表观遗传工具将变得非常重要。人们将解开很多难题，多动症就是其中一个。这些信息反过来又会告诉人们如何修改基因的作用，进而治愈疾病、障碍，帮助儿童发挥潜能。今天的工具、措施可能不能实现这些目标，未来甚至是遥远的未来人们会发明新的工具。但是我们现在可以利用这些发现，重新理解包括日常生活事件在内的环境是如何塑造表观遗传变化、大脑发育以及儿童成长的。在接下来的五章里，你将会看到目前有哪些能改善多动症症状的低技术含量的方法。

第三章
饮食与多动症
旧争议与新解释

第二章提到大脑发育迅速，极其依赖于早期发育环境，且会对早期发育环境做出反应。所以营养对每个人来说都很重要——但是，作为多动症儿童的家长，你可能更不容许自己犯错误，也想知道是否应该在这点上更加注意。不过这很难判断，因为史上关于多动症最激烈的争议一直是，饮食会导致多动症，还是有助于治疗多动症。而且，对于有些人来说，饮食变成了一种风尚，对其有着近乎宗教般的狂热。就在过去的 5 年里，关于多动症最重要的一点是，关于这一争议的科学观点已经发生改变，从"不会——饮食仅仅是一种风尚，不能影响多动症"转变为"等等，饮食或许能影响多动症"。虽然这一观点还有很多局限性，但是足以给你正确的指导，让你去粗取精、披沙拣金。

最值得一提的是，2012 年、2013 年和 2014 年最新的元分析结果确认了两点：

- 补充 Ω-3 脂肪酸（鱼油）有助于治疗多动症。
- 食品添加剂和过敏原会以类似多动症的方式影响某些儿童——而且在某些情况下，消除食品添加剂和过敏原有助于治疗多动症。

第二个结论似乎是老生常谈——尽管添加糖会对儿童健康有其他破坏性的影响，但并不是导致儿童注意力不集中的主要原因，这一结论让很多家长感到惊讶。相反，更有可能是含糖食品中的其他添加剂引起某些儿童的反应。关于饮食的争论还有，有多少多动症孩子有饮食障碍，如何提前预测哪个孩子会对饮食变化做出反应，改变饮食能产生多大的作用。

此外，如果你的孩子没有缺铁、锌、维生素 D 的迹象，其他单一营养添加剂或复合添加剂的作用就有待商榷了。但是，人们正在积极探索复合维生素和矿物质添加剂对多动症的作用。最终可能会证明这些添加剂几乎和更全面的饮食结构改变一样有用。关于炎症在疾病中的新作用以及肠-脑轴的重要性也激发了新的探索：多动症等神经发育障碍与食物引起的炎症消化反应有关。这引发了人们对消炎食品、益生菌添加剂及其他新想法的兴趣。本章将向你介绍，我们做了什么（还未做什么）及其价值。此外，人们越来越清楚，产妇的饮食还有孕期的肥胖，对儿童行为的影响非常大，可能会影响多动症。本章将帮助你了解最新情况。

总之，在人们等待各方就这些次要问题达成共识时，近些年又已经出现足够多的新发现，是时候帮助大家重新审视通过饮食来治疗多动症儿童了。

本章的内容会让一些家长感到困惑。我们生活在一个奇妙的双重世界。即使在美国，也有很多营养不良的孩子。全世界有6亿多人以及三分之一的学校缺少安全的饮用水，20多亿人（整个星球人口的30%）没有厕所。每20秒就有一个孩子死于恶劣的卫生环境；1亿多儿童忍饥挨饿、发育不良。但传统意义上存在于第一世界的非传染性疾病，如肥胖、糖尿病、心脏病、癌症，还有精神分裂症、抑郁症、多动症、自闭症等精神疾病，迅速成为导致世界各地人痛苦的主要来源，这些来源都与健康有关。饮食是导致这些问题的一部分原因。在第一世界，很多人"营养过剩"，或者通过大量食物获得过多的"空热量"，但营养又不够。为了保存食物或者让食物看起来更有食欲，人们通常通过添加非食用化学物的方式对食物进行加工。在一定层面上的加工是可以理解的，这样人们就能低价吃到世界各地的食物，就能省下更多的钱用来付房租。但是这对健康来说，代价很高。

与多动症有关的发现是，很多导致肥胖、糖尿病的饮食问题也会影响大脑发育。换句话说，好消息是，你可以以同样的逻辑注意饮食，从而让孩子的大脑和身体保持健康。有几个关键步骤与多动症有关。

家长以及我们所有人面临的挑战仅仅是为孩子找到健康的食物。学校午餐通常含糖，或者是含添加剂的加工食品。在杂货店里，很多低廉的食物都是过度处理的、最不健康的。那些新鲜的有机食品，无添加剂或无农药残留的食物，往往成本更高。你可能经常被大量的、貌似有用的饮食建议轰炸。含更多脂肪？更多蛋白质？吃补充剂？我们来整理一下这些困惑。

重要的是，一场巨变正在发生。不同于过去，如果你认为孩子的多动症与饮食有关，有科学证据支持你的观点。

让我们快速回顾一下关于饮食和大脑的最新科学进展，包括与饮食健康有关的"基本知识"，很多读者可能已经很熟悉这些知识。接下来的科学进展与治疗多动症的饮食策略有关，这些策略有些已被证明有效，有些还未被证明。这些内容从简单到困难不等，你可以根据自己的情况为多动症孩子的饮食或营养健康寻找合适的方法。

当包括我在内的很多科学家怀疑饮食对多动症的作用时，2011—2015年间的新研究已经改变了这一格局。现在我们来看看这些观点的科学证据：

- 食品添加剂、食品过敏原和食品营养，特别是适当的脂肪比例，会广泛地影响儿童的注意力、气质、行为。
- 产前的饮食对儿童后期的气质和大脑发育非常重要。
- 改变饮食有时候能够促进多动症症状的改善。
- 补充 Ω-3 脂肪酸虽然还不像标准治疗方案那么有效，但也是降低多动症症状的一个可靠办法。
- 虽然这些效果通常很微弱，但对有些儿童来说意义重大。

到底有多少多动症儿童能够因饮食变化而受益，这一点还不清楚。但可以明确的是，密切关注孩子的"燃料"——食物——给你提供了一个机会，促进孩子的大脑发育、自我调节，改善与多动症有关的问题。

饮食对大脑健康的重要性：来自科学的证据

过去几年里，由于微生物组（microbiome）及其与被称为肠-脑轴的通信通道之间的关系被发现，饮食对大脑健康和功能的重要性不断得到强调。现在我们知道了肠道经由一组复杂的神经与大脑联系在一起。这条通道包括脑化学物质，或神经递质。已有研究证明肠道中也有某些脑化学物质。肠-脑轴依赖于微生物组，或肠道中的微生物。肠道中有很多种微生物，有一种叫作益生菌。这一发现最近使"益生菌添加剂"在热衷健康饮食的群体中风靡一时。

科学家正在研究人类微生物组从而理解其对大脑健康和发育的作用。这些微生物遍布于我们的身体，但大多数存在于消化道中。最近有一项惊人的发现，人类身体中包含的细菌 DNA 比人类 DNA 还要多，而且包含的细菌细胞也比人类细胞多。（还发现人体内有很多友好的病毒，但我们对细菌了解得更多，所以此处只讨论细菌。）

> 人体内一半以上的 DNA 和细胞不是人类的，而是细菌的。这些微生物组对消化非常重要，对大脑健康也非常重要。

友好的细菌遍布人类全身，帮助我们在这个被称为地球的特殊环境中生存、进化。过去的百万年间，细菌和人类作为一个共生的联合有机体一起进化。如果没有这些细菌，现在也不会有人类。如果没有人类，也不会有当下这种形态的细菌。人类离不开细菌，细菌也离不开人类。它们为人类做了很多事，帮助我们消化食物，给身体的其他部位传递信号进行能源分配。

肠道和大脑通过特殊的神经通路"交谈"，人们正在弄明白这些通路，包括迷走神经系统（研究自我调节和多动症的科学家一直对迷走神经系统感兴趣），肠道神经系统，内分泌系统（该系统与压力反应及其他功能有关），以及免疫系统。打个比方，肠道中的炎症能"游走"到大脑，影响大脑的功能，接着影响情绪、注意力和行为。

最让人信服的关于肠道和大脑、行为关系的研究出现于 2004 年，来自动物实验，而且主要是模仿人类焦虑情绪的动物行为。几乎可以肯定类似的作用也适用于注意力和其他行为。虽然微生物组当下是一个"热门话题"，因此被过分吹嘘，但它还是有助于我们理解饮食和营养对大脑健康是多么重要。

需要注意的是，大脑发育与健康不单依赖于微生物组。大脑活动主要依赖于脂肪中的大量元素，特别是长链脂肪酸 Ω-3、碳水化合物以及蛋白质（氨基酸）。大脑活动还依赖于维生素、微量元素，如铁、锌、钙，这些对神经递质和大脑健康非常重要。

孕期和儿童早期的饮食：
饮食如何改变患多动症的风险，我们能做什么

饮食通过供应（或不供应）必要的营养物质直接影响大脑发育。但是营养也会通过引发怀孕前后的表观遗传变化而影响发育。这些变化通过强化大脑发育改变行为，尽管营养与多动症的直接关系仍在研究中。还有很多疑问等待解答：

- 孕妇在怀孕期间的饮食在多大程度上影响其孩子患多动症的可能性？
- 孕前父亲的饮食有多大影响？
- 饮食是导致消极的表观遗传变化（提高多动症风险）的直接因素吗？还是其他与特定饮食习惯有关的因素呢？
- 孕妇可以采取哪些饮食策略来弥补导致多动症（或其他健康风险）的其他损害？
- 儿童早期的饮食能否弥补产前的饮食风险，让儿童不患多动症呢？

孕期的脂肪摄入与肥胖

一些关于产妇饮食与孩子患多动症之间关系的最佳证据来自脂肪摄入和产妇代谢状态——特别是炎症增加——的研究，脂肪摄入和产妇代谢状态不仅与后代的肥胖症风险有关，还与后代的行为、气质、多动症等神经发育障碍有关。根据调查，如果产妇过度肥胖，她的孩子患多动症的概率就变成三倍。未来更多的研究可能会降低这个惊人的估计值，但最终我们会得到一个确定的关系。孕期母体肥胖或孕期摄入过多"坏"脂肪（在我们的生活中很常见）会导致儿童的"代谢综合征"，让儿童有患肥胖症及其他疾病的风险，多动症、易怒就是其中一个风险，至少对于易感儿童来说是这样。

但是，需要注意的是，很多关于饮食和疾病关系的科学证据并不一定能证明饮食成分是直接原因。科学家观察到的仅仅是相关关系，例如，生活压力更大、经济更困难的女性更容易过度肥胖，他们的后代也更容易有注意力问题。这看起来好像是母亲的肥胖提高了孩子患多动症的风险，但实际上，母亲承受的压力是关键因素。

最近有一项关于猴子的研究证明了因果关系，这项研究表明，如果母猴食用高脂肪的食物（也就是典型美国人的饮食），他们的孩子更易怒、身体健康情况更糟糕。研究还表明，这些效应与表观遗传变化有关，首先是胚胎，其次是儿童的大脑，进而影响调节注意力和情绪的神经递质，如血清素。（这是通过解剖死后的动物大脑发现的。）

很遗憾，我们对父亲饮食或肥胖的作用知之甚少，但是我推测，基于已有文献，父亲承受压力和化学接触的影响也会被证明很重要。敬请关注相关研究。

微量元素与大脑发育

Ω-3 脂肪酸不是唯一会对大脑发育产生影响的营养物质。事实证明，大多数营养物质对大脑发育产生的积极影响都是表观遗传的，特别是在怀孕期间，这些影响物质包括微量元素锌、叶酸、维生素 B_{12}、维生素 A、铁，还

有 Ω-3 脂肪酸等大量元素。这些营养物质的变化不只影响婴儿的大脑发育，还会影响其气质。例如，印度的一个营养研究组在萨达纳·乔希（Sadhana Joshi）的主持下进行了一系列研究，研究发现孕妇摄入维生素 B_{12} 和叶酸会导致表观遗传变化，进而导致后代一些神经递质发育的变化。目前尚不清楚这些特定效应到底会对实际的行为（多动症）产生多大影响，但很明显，我们还需要继续探索这一研究方向，而且多少会有些影响。

好消息：用"好"饮食战胜"坏"饮食

孕妇经常承受着巨大的压力，她们想让孩子远离伤害，试图控制那些不可控的情况。但是，好消息是，孕妇确实可以通过做一些事情来防止孩子患多动症，由于基因、遗传的作用，这些孩子具有易感性。更好的消息是，大多数保护性饮食因素已经被推荐给每个人，很多产科医生也为孕妇提供了以下建议。

增加 Ω-3 脂肪酸

一项试点研究表明，如果给母猴喂食充足的 Ω-3 脂肪酸，其后代就会受到保护。由于这些实验是把动物随机安排到不同的条件下，所以在解释这些结果时可以排除遗传的作用。啮齿动物和猴子研究表明，母体在孕期摄入充足的"好脂肪"，如 Ω-3 脂肪酸，就能够恢复必要的营养、保持表观遗传平衡，防止典型的高脂肪饮食或怀孕前后母体过度肥胖对后代产生的表观遗传和健康的影响。如果这一点得以证实，将给其他不利情境带来希望。

减少饱和脂肪酸和反式脂肪酸

当然，减少摄入"坏脂肪"更好。这些坏脂肪会导致肥胖及其他健康问题。所有人都要留意，减少这类食品的摄入。

服用孕期维生素

产科医生给孕妇的第一条建议：服用孕期维生素。这些维生素中包含的叶酸非常重要。（注意：在服用大量叶酸之前要遵医嘱，最近有数据表明有些孕妇服用大量叶酸是有风险的。）鉴于孕期维生素对大脑发育的积极影响，它们就像黄金一样珍贵。

儿童早期的饮食

如果你已经生完孩子了，但是之前过度肥胖，或者认为自己吃了很多高脂肪食物，想要抵消炎症可能产生的影响，还为时不晚。抵消产前饮食的消极表观遗传影响的大多数数据都与肥胖和体重增加有关，但是由于这些产前经历也与气质和注意力变化有关，所以我们还是有希望的。在这方面，动物研究提供了非常有前景的建议，使瘦素激素在儿童早期达到适当的平衡能够阻断炎症对儿童发展的影响（瘦素失衡与肥胖有关）。对于一个有代谢综合征风险的孩子来说，虽然有很多方式能使其达到这种平衡，但是要谨慎行事：补充瘦素的药物治疗会损害正常儿童的健康。大多数卫生组织提供了以下这些更好的建议。

母乳喂养

对于年轻母亲来说，抵抗孕期消极影响的最安全、最简单的方式就是母乳喂养。标准建议是，母乳喂养至少要坚持 6 个月。但是，美国儿科学会建议要母乳喂养 12 个月（6 个月之后可以添加其他食物，但不能替代母乳）。有一些文献，包括我们自己的研究，表明母乳喂养的时间越长（特别是超过 6 个月），孩子患多动症的可能性越小，但我们不确定这是否为因果关系。世界卫生组织研究表明，经母乳喂养的婴儿比食用配方奶粉的婴儿体重增长更平缓、更健康，世界卫生组织鼓励母乳喂养 24 个月。

补充 Ω-3 脂肪酸

儿童的饮食中添加 Ω-3 脂肪酸，至少也能部分抵消孕期饮食的消极表观遗传作用。我们知道 Ω-3 脂肪酸对多动症有帮助，但是我们不知道这种作用对于家族史不好的孩子来说是否更重要。幸运的是，母乳喂养能够给婴儿补充大量的 Ω-3 脂肪酸。

饮食到底如何通过创造积极的表观遗传变化对大脑发育产生影响，如果对此感兴趣，请阅读下面的专栏。

 要点

孕期和儿童早期的饮食与大脑发育

大脑的发育和功能与营养有关。大量的科学研究表明，营养、肠道健康、食物质量可能会影响：

- 多动症等神经发育障碍。
- 注意力等认知能力。
- 情绪、心境，以及焦虑等问题。

 我们能从饮食影响其他大脑问题的研究中学到什么

饮食可以逆转导致大脑发育问题（如多动症）的表观遗传变化，或者克服早期表观遗传变化的影响，虽然这些证据仍是新兴的，但是 2015 年末发表的两个研究给了我们很大的鼓舞。

高蛋白、低脂肪的饮食能控制癫痫发作。第一项研究考察了成年啮齿动物的癫痫（一种明显的大脑发育问题）。如果给老鼠喂生酮食物（高蛋白、低脂肪），它们的癫痫发作问题就会在很大程度上得到控制。这比癫痫药物的效果还好，通过解剖这些啮齿动物的大脑，科学家发现饮食通过改变DNA甲基化起作用——也就是表观遗传上的作用。

低热量饮食能加速脑震荡的恢复。第二项研究考察的是脑震荡，也是采用的啮齿动物，不过是幼鼠。这些动物分别食用热量限制饮食、高脂肪饮食或常规饮食。那些食用热量限制饮食的动物的脑震荡恢复得更好，这再一次通过解剖大脑关键区域的表观遗传变化得到解释。对于临床应用至关重要的是，在血液测试中也发现了表观遗传效应。

如果这些由饮食导致的表观遗传变化能够治愈成年啮齿动物的癫痫，加速幼鼠脑震荡的恢复，那么原则上，饮食也可以对其他大脑问题（不像癫痫或脑震荡那么严重）起到同样的作用。虽然这还有待证明，但这一原则的证据是存在的。此外，本章即将讨论的饮食对多动症的影响表明，这是在实践中是可行的：饮食变化可以改变多动症儿童的表观遗传程序，也能改善他们的大脑功能、健康、执行功能、注意力和自我调节。

几乎所有大脑发育和气质的发展都依赖于基因与环境的共同作用，环境因素通过表观遗传起作用。虽然人们还在研究这些作用机制在多大程度上影响多动症，但是我们知道，至少有些过程会影响多动症。

表观遗传的作用就像收音机音量刻度盘。它们的变化是稳定的，但不是不可逆转的。下一次转动刻度盘时，音乐音量也会发生变化。未来的生活经历能够逆转某些表观遗传过程。问题是，需要什么样的特定生活经历来逆转表观遗传对多动症的特殊影响。

虽然大多数积极的营养作用，包括表观遗传作用，是健康饮食的自然结果，但它们也能抵消早期产生的损害。不管是产前还是产后的饮食，都值得特别关注，以维持孩子的神经发育（以及整体的）健康，抵消之前可能造成的损害。

> 除了能够抵消不良饮食所导致的早期损害，我们在第六章还将看到营养也能抵消其他因素所导致的损害，同样也是通过改变表观遗传信号。

从孕期到生命早期再到童年期，在每个阶段你都有机会保护你的孩子。请看下面的行动步骤。

> ✓ **一览表**
>
> ### 孕期和生命早期的饮食行动步骤
>
> **如果你已经怀孕或正打算怀孕：**
> - 尽最大努力使你的体重增加到医生建议的范围内。
> - 通过饮食或补充剂提高 Ω-3 脂肪酸的摄入（具体参看 64 页）。
>
> **如果你的孩子患有多动症：**
> - 考虑前 12 个月进行母乳喂养（或者喂食挤出来的母乳），这有助于抵消孕期饮食或肥胖导致的消极表观遗传作用，虽然这在预防多动症方面的益处还没得到很好的研究。
> - 考虑补充 Ω-3 脂肪酸。虽然我们还不知道这能否缓解母亲饮食造成的特定表观遗传作用，但是这非常有可能起作用。在不久的将来，就会有研究澄清哪些多动症儿童受益于 Ω-3 脂肪酸的补充，以及这是否与孕期饮食有关。

> 母亲的饮食可能有助于防止儿童患多动症，关注多动症儿童的饮食可能会降低多动症的影响。

饮食与多动症儿童

正如前文所述，大脑在出生前就开始发育了，贯穿整个童年期，一直到成年早期。因此，无论何时为孩子的大脑"供给"健康的营养都不算晚。也已经有证据表明这样做能够改善多动症症状、提高自我调节能力。所以，如果你的孩子已经被诊断为多动症，或者表现出相关症状，关注他的饮食是非常明智的。

让我们从常识开始：如果某个孩子体重超重，吃了大量空热量食物，或者没有摄入足够的营养，他就可能更容易感到疲惫、无精打采、毫无动力，他感觉不好，不想集中注意力做作业。你可能在自己的孩子或别的孩子身上见过这种情况。如果你的孩子吃了太多垃圾食品——过度加工、富含添加剂、含糖量高——那么他的精力可能就会不那么稳定、情绪不那么平和。仅凭这些影响就能使自我调节变得不那么容易。这还不包括饮食对多动症，特别是自我调节的直接作用。

你可能得到过很多通过饮食或营养物质治疗多动症的建议。其中既包括已经被充分证明的、可取的建议，也包括还未被证明，甚至有害的建议。面对各种各样的建议，家长需要找到正确的方向：

- 补充单一营养（如锌、铁、镁、氨基酸、维生素D、钙、肉碱、二甲氨基乙醇或二甲基乙醇胺）。
- 补充Ω-3脂肪酸。
- 补充综合营养物或超级营养物。
- 避免特定的添加剂（如食用色素或糖）。
- 限制饮食（"少量饮食法""生酮饮食法""法因戈尔德饮食法"）。
- 补充益生菌。

显然，选择哪种饮食方式取决于成本-效益比：做出改变会带来多少麻烦，孩子又能获得多少改善。可以按照这个安排来操作，开始时选择最简单的方式（添加饮食），然后选择稍微难一些的（消除饮食），最后再尝试更加棘手的选择。你孩子的问题有多严重，科学证据有多有力，这些都会影响你的决策。我们还是要遵循一个原则：如果方法是安全、容易、明智的，那么我们采用这种方法所需要的证据就少于有风险、困难、昂贵的方法所需要的证据。

应该补充什么

Ω-3 脂肪酸

大多数鱼类、蛋类、橄榄油、牛油果及其他食物都富含 Ω-3 脂肪酸。在人类进化过程中，人们的饮食中曾包含更富含 Ω-3 脂肪酸的食物，所以过去人类血液中不同种类脂肪（如 Ω-3 脂肪酸，Ω-6，及其他）的比例与今天的有所不同。过去的几百年来，至少在西方国家，日常饮食已经转为 Ω-3 脂肪酸含量更少的食物。我们的研究，数据来自十余个控制组研究，表明多动症儿童血液中 Ω-3 脂肪酸含量很低。研究中来自美国儿童的数据较少。

> 通过对十几项对照试验的数据分析显示，Ω-3 补充剂能使多动症症状降低 20%。

我们还收集了十几个对照试验的结果，在这些试验中，多动症儿童和正常发育的儿童都补充了 Ω-3 脂肪酸。结果发现了很小却很可靠的成效。其中一个主要总结在 2014 年发表于《北美儿童和青少年临床医学》（*Child And Adolescent Psychiatric Clinics Of North America*），结论为：给多动症儿童补充 Ω-3 脂肪酸已经成为一个有效的干预措施。其他研究也得出了相同的结论。当更精细的研究确定了 Ω-3 脂肪酸和其他脂肪酸（如 Ω-6）如何组合、各占多大比例才起作用时，干预的效果会更好。

虽然这些干预措施是有效果的，但是成效太小，还达不到治愈的效果。这意味着对于大多数儿童来说，这些成效本身还不足以"治愈"多动症，或者说尚不足以成为一项独立的治疗措施。然而，这些结论仍有很大的价值，因为这意味着你的孩子可以少进行一些药物治疗。虽然迄今为止，有限的元分析并不能说明这些干预措施对其他行为的效果更好，但对有些儿童来说，这种干预措施在改善情绪、减少易怒方面的益处可能比对集中注意力的影响要大。

　　风险和副作用。对儿童来说，补充 Ω-3 脂肪酸的风险是鱼油片可能会导致肠胃不适、头痛、失眠、暂时腹泻，或者血液中的某些脂肪指数升高。有一项实验表明 5% 的儿童出现了一项或多项副作用。为防止这些副作用，如果出现消化问题，那就饭后再服用这些药片，并减少剂量。对于孕妇来说，风险更微妙——在服用大剂量药片之前，先和医生商量。

　　事实上，到底服用哪种类型的 Ω-3 脂肪酸，以及剂量多少，尚未有定论。Ω-3 脂肪酸包含一些化合物，例如 EPA* 和 DHA**。我们的研究表明 EPA 是最重要的，而且 1 000 毫克的剂量比低剂量更有效，但是这个结果还不够牢靠，随着更多研究的出现可能会有改变，而且其他研究也提出了不同的建议。好消息是，除了非常大的剂量会导致肠胃不适或腹泻外，在孩子的饮食中多补充一些这类脂肪酸几乎没什么风险。

　　如何添加 Ω-3。除了橄榄油、鳄梨、冷水鱼等健康食物，你还可以服用高质量的补充剂来得到额外的 Ω-3 脂肪酸。质量好非常重要，建议服用标签上带有"USP 认证"的补充剂，这表明该产品通过美国药典（U. S. Pharmacopeia）认证。另一个办法是去当地的保健品商店，和采购员聊聊补品。这些人经常在店里检查库存，而且他们很乐意根据自己对供应链和产品来源的了解，给你推荐一些他们认为质量最好的品牌。最好的办法是让孩子爱上金枪鱼、三文鱼、沙丁鱼、鲭鱼，以及富含 Ω-3 的蛋类。这些食物和最好补品一样能提供 Ω-3，而且还可以通过饮食这种最好的方式实现。根据最

---

* EPA 是 eicosapentaenoic acid，即二十碳五烯酸的英文缩写。它是鱼油的主要成分，属于 Ω-3 系列多不饱和脂肪酸，是人体自身不能合成但又不可缺少的营养素，因此称"人体必需脂肪酸"。——译者注

** DHA 是 docosahexaenoic acid，即二十二碳六烯酸（俗称脑黄金）的英文缩写，是一种对人体非常重要的不饱和脂肪酸。它是神经系统细胞生长及维持的一种主要成分，也是大脑和视网膜的重要构成成分。——译者注

近的一篇针对巴克利（Barkley）的《注意缺陷/多动障碍》(Attention-Deficit/Hyperactivity Disorder）第4版的专家评论，每周食用3次这些食物就足以达标（参看参考资料）。

补充铁、锌、镁、维生素D：前提是孩子缺少这些微量元素

铁和锌对于细胞信号传导和有效的神经系统功能至关重要。儿童需要适量的营养物质。虽然动物研究表明，这些营养物质不足会导致发育上的表观遗传效应，但人类研究还没有充分的证据表明，盲目地给所有多动症儿童补充铁或锌都能起作用。而且，补充过多的铁或锌是很危险的。如果你的孩子表现出多动症症状，特别是他不吃有营养的食物，那么就有必要对他的血液进行检查。令人惊讶的是，有相当多的儿童缺铁，尤其是在生长发育的快速期。如果血液检查结果表明缺铁，就有必要补铁，但要和医生商量。另外，服用补充剂要谨慎，避免补充过度，因为过量服用可能会很危险。

补充维生素D没那么有风险，但道理是一样的。很多儿童，特别是在北纬地区，包括美国北部三分之一的地区，体内维生素D含量很低。但是即使在阳光充足的气候条件下，儿童经常待在户内，也没有得到足够的光照。检查孩子的维生素D水平，如果检查结果显示维生素D含量低，那么补充维生素D是有意义的。然而，如果检查结果表明维生素D含量适中，没有证据表明维生素D越多对多动症越好。

益生菌：逻辑上对多动症有用且低风险，但尚未被证实

由于对肠道微生物群了解的增多，人们对益生菌的兴趣也大增。微生物影响GABA（氨基丁酸）和血清素等脑化学物的活动，血清素与情绪、应对、压力有关，可能还与多动症有关。关于人类的少量研究确实证明益生菌这种干预手段能够改善情绪和应对方式。益生菌能改善情绪这一事实可能对多动症儿童很有价值。逻辑虽如此，但目前还没有针对多动症的益生菌补充剂进

行恰当的实验。我们的结论是，补充益生菌有机会改善情绪和应对方式，可能有助于消化，但还没有证据让我们将其推及多动症治疗。如果你打算给孩子补充益生菌，向营养师或医生咨询合适的品牌和剂量。其实你可以从很多食物中获取益生菌，如新鲜的酸奶，或者从补充剂中获取。虽然益生菌的风险很低，但也会导致肠胃不适、腹泻。所以，如果你愿意，可以尝试补充益生菌，但要谨慎。将其视为"未经证实"的治疗多动症的辅助手段。

其他单一营养补充剂

其他大部分单一营养素的价值尚未被证实，研究还不够透彻，在某些情况下，涉及多动症时还有风险。所以，除非医生确诊孩子缺少某种营养素或有代谢缺陷，我认为没有令人信服的证据支持要补充锌、铁、维生素 D、钙，或者其他单一补充剂。唯一的例外可能是肉碱。最近一篇专家评论得出结论，肉碱足够安全，值得一试，但仅限于注意力不集中、不活跃的儿童。

应该排除什么

每个孩子有一小推车糖

2010 年，著名厨师杰米·奥利弗（Jamie Oliver）做了一个经典的 TED 演讲，题目是"教给每个孩子关于食物的知识"，该演讲已被观看六百多万次。这次演讲专注于人们缺乏关于食物的知识，以及社会中的肥胖。有一次，为了说明每个孩子平均摄入多少糖，他把一小推车的糖块倒在台上。毫无疑问，孩子对糖的摄入量已经失控——包括那么多罐装、盒装食物中的玉米糖浆、果汁、饮料，以及含糖的零食。这显然是导致儿童健康问题的一个严重因素，会提高肥胖、糖尿病以及未来心脏病的风险。消费者努力倡导在食品标签上标明食物中"添加糖"的含量，这显然是非常明智的。此外，也建议大家减少孩子摄入任何含有添加糖的食物、饮品（成分表中有高果糖玉米糖浆和其他成分，参看下面的专栏），而且要意识到很多被认为是健康的果汁、汤和谷物中含有的添加糖或果糖量也很多。不仅多动症患者要注意这些，一般人也要注意。

> **避免添加糖**
>
> 美国食品药品监督管理局于 2016 年 5 月实施了新的标签标准，并于 2018 年生效，这将使人们更容易避免添加糖。这些标准要求在加工食品包装上明确标明"添加糖"的含量。但是由于很多食物就含有天然糖分，相对于食物自身的含糖量，要弄清楚人们从包装食品中到底摄入了多少糖分还是很困难的。2014 年《哈佛健康通讯》(*Harvard Health Letter*)发表了一篇文章，列出了一些糖分名称，你可能在食品包装标签上见到过：
>
> 龙舌兰蜜　高果糖谷物糖浆　红糖　蜂蜜　甘蔗晶体　转化糖　蔗糖
>
> 乳糖　淀粉糖　饴糖　玉米糖浆　麦芽糖浆　结晶果糖　麦芽糖
>
> 葡萄糖　枫糖浆　浓缩甘蔗汁　糖蜜　果糖　白糖　浓缩液

尽管如此，对很多家长来说，真正的问题是，每天摄入的糖是否会让孩子变得多动。是这样吗？很多家长肯定是这么想的。很多家长报告说，他们认为孩子吃糖，变得多动，然后糖超标。科学研究结果是什么呢？当前，我们必须区分急性糖摄入和慢性糖摄入。

多动症与急性糖摄入。二十世纪八九十年代，大量的实验研究让科学家确信，急性糖摄入量不是多动的原因。在这些研究中，随机安排一些儿童食用含糖的食物，随机安排另外一些儿童食用含人工甜味剂（天冬甜素）的食物，持续 3 个星期。这些研究并没有发现日常多动的显著变化。在一项研究中，以为孩子吃了含糖食品的家长认为孩子更多动——即使他们的孩子并没有食用含糖食品，而是吃了带有甜味剂的食品。1995 年的 23 项此类研究表明，糖和儿童多动之间并没有可靠的联系，即使研究中有些孩子表现出糖反应。因此，糖虽然不健康，但与短期多动无关。

多动症与慢性糖摄入。就在最近几年，我们发现多动症与肥胖有关。多动症儿童更可能变胖，通常要到青春期或成年后才会变胖。这是为什么呢？

一种可能是，过多的空热量导致肥胖和注意力问题。另一种解释是，早期生活中接触到的毒素，如污染暴露（见第六章），会导致这两个问题。还有一种可能是，共同的神经生物学基础。例如，饮食渴求和多动症都涉及的一种关键脑化学物——多巴胺。大脑中的多巴胺不足与多动症有关，也与药物成瘾以及对食物的过分渴求有关。第四种解释，也是最简单的，与多动症有关的行为（如冲动饮食）提高了肥胖的风险。

记住这一点，慢性糖摄入会导致脑化学物发生永久的代谢变化，这些脑化学物与食物和奖赏有关。曾经有些科学家怀疑慢性糖摄入会导致多动症。他们指出了多动症和肥胖之间的关系，糖分摄入量的增加伴随着多动症临床诊断比例的增加，而且慢性糖摄入改变了与奖赏有关的脑化学物（刚刚提到的多巴胺），该生物过程与我们在多动症中看到的类似。虽然这是一个有趣的想法，但它依赖于律师常说的间接论证。同时，这也是科学家所说的有趣假说。

要点

虽然我们不能把多动症和糖联系在一起，但考虑到对整体健康的风险-收益比，控制孩子总的糖摄入量是一个不错的想法。要做到这一点，最好的办法就是严格控制苏打水、果汁及其他人工饮料的摄入量，因为很多人摄入的糖分都来自这些饮料。看看标签，试着在其他方面尽可能减少添加糖，这是值得的。

避免咖啡因和能量饮料

糖不是饮料中唯一的添加剂，家长不得不考虑这一点。儿童饮用的能量饮料和酒水中普遍含有咖啡因。如今的孩子每天都会摄入咖啡因——即使家长没有注意到这一点。美国最近的一项全国调查显示，约75%儿童和青少年每天都摄入咖啡因。咖啡因来自碳酸饮料（比如山露、可口可乐）、能量饮料，以及青少年饮用的茶和咖啡，还有巧克力、糖果等。孩子摄入了多少咖啡因，这是很有迷惑性的。下一页的专栏展示了2~3杯苏打水或1杯能量饮料相当于1杯355毫升的咖啡。这么多咖啡因对于一个幼儿来说实在太多了。

美国儿科学会建议发育中的儿童应该避免摄入咖啡因。（加拿大的指南建议每天最多摄入45毫克的咖啡因，相当于一瓶355毫升的含咖啡因的苏打水，或者118~177毫升的普通咖啡。）过量的咖啡因对儿童健康的危害是巨大的。如果儿童正在服用多动症药物，危害就更大了，因为咖啡因对心率和血压的综合影响不可预测。更严重的是，对于易感人群来说，癫痫发作的概率虽然很小但仍在增加。摄入过量咖啡因的副作用和喝了太多咖啡的副作用相似——紧张、胃痛、头痛、睡眠问题、血压升高。对于年幼儿童来说，即使摄入非常小的剂量，也可能出现上述反应。对于青春期前期的儿童，出于健康的考虑，也要让他们避免饮用含咖啡因的饮料。

咖啡因会导致多动症吗？最新的科学研究发现：

- 患多动症的成人比未患多动症的成人更容易摄入咖啡因。
- 多动症青少年摄入咖啡因的量是同龄人的两倍。
- 抑郁症、药物滥用及其他问题的个体也是如此。
- 中低剂量的咖啡因可以提高注意力和警觉性。
- 高剂量的咖啡因会导致过度兴奋和亢奋。
- 咖啡因对个体的作用取决于基因组成。腺嘌呤-2a基因是一个重要的基因。

孩子摄入了多少咖啡因

普通产品中咖啡因的平均含量：

355 毫升的滴流咖啡	140 毫克
355 毫升的低因咖啡	3 毫克
355 毫升的茶	96 毫克
355 毫升的苏打水	40~100 毫克
355 毫升的红牛能量饮料	140 毫克

建议每天摄入的最大量：

成人，"警觉性剂量"（每天）	50~300 毫克
成人，"建议的最大量"（加拿大）	360 毫克
儿童，最大量（加拿大）	45 毫克
儿童，最大量（美国）	0 毫克

美国实际每天平均摄入量 *：

成人	300 毫克
儿童和青少年	100 毫克

* 来源：U.S. Food and Drug Administration

对于饮用过多能量饮料的年轻人来说，咖啡因过量是一种风险，会导致紧张、亢奋，还会因为唤醒过度导致注意力不集中。

咖啡因能治疗多动症吗？ 多动症个体过度使用咖啡因可能属于自行用药的情况。我曾经遇到过一些多动症患者，甚至有些家长，认为可以通过喝咖啡治疗多动症。

治疗原理如下：咖啡因影响警觉性的部分原因可能是大脑中多巴胺的二次释放——这种影响与兴奋剂药物的作用重叠，后者通过不同的化学途径使大脑释放多巴胺。二十世纪七八十年代，一小部分研究探索了每天摄入

150~200 毫克的咖啡因（无论是片剂还是咖啡）是否确实能缓解多动症症状。二十世纪九十年代末，对该文献的分析得出结论，这个剂量范围内的咖啡因至少在短期内能够改善多动症症状（也就是说，忽略了快速产生的耐受性），但不如兴奋剂药物那么有效。后来的以及近期的动物研究发现，咖啡因对学习和认知有积极影响。在 21 世纪的前 10 年，这导致了一些专家再次呼吁重新审视咖啡因的潜在益处。

鉴于咖啡因对警觉性和认知的积极作用，它是否也能帮助多动症儿童呢？或许吧，但不要指望它。在这一点上，该领域的研究太有限，我们不能从中得出任何结论。我不建议你把咖啡因作为一种治疗手段，因为这样很冒险，还缺少可靠的用药频率、剂量的指南，也不知道定期使用咖啡因（无论何种剂量）会对孩子产生什么样的副作用。

人工食品添加剂

尽量减少人工添加剂，做到这一点很难、很复杂，所以在下一章改变膳食结构中将再次讨论这个话题。

更复杂的补充、减少和替换

有机食品

虽然杀虫剂对儿童的大脑发育到底会产生多大的影响还没有定论（见第六章），但是，安全起见，还是要避免有杀虫剂的食物。问题是：有机食品通常更贵。但即使在饮食中加入一些有机食品，就能降低孩子体内杀虫剂的含量。研究表明，在改用全有机饮食后的几周内，儿童尿液中杀虫剂代谢物含量急剧下降。这不需要额外的工作量，但可能需要额外的花费。尽管如此，相对于其他帮助孩子的办法，这笔投资还是值得的。

多营养素或"超级营养素"补充剂

一个很有前景的新方向涉及多营养素添加剂（multinutrient supplements）——一种富含多种维生素和矿物质的药片。这种补充剂能实现精心搭配新鲜食物才能实现的多种益处，而且更容易处理。当多种营养物质自然协调地工作时，这种方法才有意义，所以只补充一种营养素不可能起多大作用。关于多动症的初步研究很有前景，而且有更多研究正在开展。未来使用这种方法的研究必将吸引更多人的兴趣，但是目前这方面的文献还太少，不足以证实效果。可以认为这种方法是"有希望的，可能有效的"，但还没有被确认。

限制饮食与食品添加剂

限制饮食以消除食物过敏原和合成的食品添加剂，这是最费力、最早被推荐，也是最具争议的饮食干预疗法。这些干预疗法的饮食各不相同，每项研究实际采用的限制饮食方法也略有不同。然而，总的来说，有些控制良好的研究报告说，基于这样的饮食疗法，多动症症状减少了10%~100%。其他研究报告说，虽然多动症症状没有明显缓解，但是情绪和易怒问题确实有所改善。在这几个已经完成的研究中，几乎每一项研究中都至少有一部分家长报告他们的孩子有很大改善。有些研究采用了安慰剂作为对照组——虽然影响程度从零到中等不等，但所有研究都有一部分"响应者"。有人对近些年（2012—2016年）这些少量但重要的文献进行了元分析，结果更新了人们的认知。接下来，我们就来看看这一复杂的议题。

定义。限制或消除饮食可以有多种形式。强度最大的方法是消除各种可能引起过敏的食品和食品添加剂，然后慢慢地逐一添加，搭配成一种不会引起过敏反应的饮食。这些过敏原和添加剂并不是针对多动症的，但是对于敏感的孩子来说，多动症可能是众多消极反应中的一种。

常用食品添加剂

证明添加剂和健康或行为反应之间关系的充分程度是变化的。
- 人工色素。
- 人工香料和风味增强剂（味精或谷氨酸单钾）。
- 人造甜味剂（阿斯巴甜、安赛蜜、糖精、蔗糖素）。
- 防腐剂和稳定剂（苯甲酸钠、丁羧基苯甲醚、丁羟基甲苯、卡拉胶）。
- 蛋白质填充剂（如水解蛋白、变性蛋白）。

关于食品和多动症的争议很混乱，但追溯这段历史很有价值。关于儿童行为问题的相关观点可以追溯到 20 世纪 20 年代，当时一个叫阿尔伯特·罗（Albert Rowe）的临床医生特别支持这个观点。20 世纪 70 年代，奥克兰的过敏症专科医生本杰明·法因戈尔德（Benjamin Feingold）将这一观点与多动症联系在一起并将其推广给大众。他所创立的基金会仍在推广这种饮食方法，在网上很容易找到。他们认为食品添加剂，尤其是合成色素，会引发儿童的身体反应，导致多动。他建议采用限制饮食法，将所有致敏性食物和食用色素从孩子的饮食中去除。让我们来分析一下。

根据过敏症专科医生的说法，对食物或食物成分的反应有两种形式：

- 食物过敏（food allergy）是一种进食后的免疫反应，会导致头痛、流鼻涕、肠胃不适或其他问题、刺激皮肤等症状。这些反应发生在食用过敏食物后不久，通常是在进食的当天。

- 食物敏感症（food sensitivity）是对食物的一种非免疫性反应。理论上，这种反应是由于酶缺乏（如乳糖不耐受）或其他直接的中毒反应。食物敏感症很难确定，因为这种反应更加微妙，可能在食用食物几天甚至几周后才会发生。至少在多动症病例中，很难证明食物不耐受的具体生物学机制。

虽然法因戈尔德认为多动症是由食物过敏引起的，但其他支持者认为多动症与食物或食品添加剂的敏感性有关。食物过敏比食物敏感症更容易被发现，因为食物过敏通常在食用食物之后不久就引起某种反应，而食物敏感症可能需要几天或几周的时间才会表现出来。

限制或消除饮食法试图通过消除所有有问题的食物，然后逐一替换直到确诊、治疗，从而解决食物过敏或食物敏感症的问题。该饮食法的范围从消除单一食物（如不含小麦的饮食），到消除多种特定食物，如消除六种常见过敏性食物（大豆、小麦、鸡蛋、海鲜、牛奶蛋白、花生），再到"少食"法，只食用少数被认为低过敏性的限制性食物。

常见问题：哪些食物会致敏？

消除饮食法一般会除去以下六种常见致敏食物：
- 蛋类
- 小麦
- 大豆
- 牛奶蛋白
- 花生
- 海鲜

有些食物清单还包括坚果（核桃、腰果），把贝类和其他海鲜区分开。

二十世纪七八十年代的几项研究（在今天看来规模比较小）调查了食用色素的影响，以及基于法因戈尔德的建议而采取的限制饮食法或少食法的益处。有些研究非常费事，需要排除所有食物，确保儿童及其家人只食用研究者准备的食物。还有些研究用伪装的果汁或饼干来测试儿童食用或不食用人工色素或其他"食物诱发"成分时的反应。然后研究者观察了家长的评分、教师的评分，有时候还观察了孩子在实验室中的注意力测试成绩。有些研究观察了当天的过敏反应，另一些研究则进行了几个星期的观察，以评估食物过敏症。

显然，结果喜忧参半。1983 年，第一项主要综述得出结论，食用色素对行为的影响微乎其微，限制饮食的作用也非常小。多年来，这一直是科学家的共识。但是在 20 世纪 90 年代晚期、21 世纪初期，出现了更多的研究和综述，包括在英国进行的第一项大型随机人口研究。（前言中界定了不同的研究类型，但是下面专栏中的内容对此进行了更细致深入的描述，这项随机的双盲控制研究遵循了黄金法则。）

这些研究已经开始展现一幅更加细致入微的图景。2012 年，我和同事使用新的元分析统计方法重新对这些文献进行了仔细的分析，汇集了过去 35 年来所有双盲、随机研究的结果。我们的研究结果与当时及后来的综述结果相似。下面是我们和其他研究者所得出的主要结论：

- 人工食用色素或防腐剂会导致多动症症状的轻微增加，包括少数多动症儿童和一些非多动症儿童表现出来的短期（可能是过敏性的）反应。
- 限制或消除饮食，或几周的少食饮食对多动症症状的整体改善作用较小，对一小部分儿童的整体改善作用较大。
- 虽然食用色素或防腐剂总体上会恶化多动症症状，但限制饮食的好处并不主要在于食用色素，还在于其他添加剂，因此最有可能是由于人群中一系列食物过敏和食物敏感症，这又因人而异。
- 我们没有好办法来提前识别，哪些孩子会因为饮食方式改变而表现出较少的多动症症状或情绪症状。
- 食物敏感症比食物过敏更容易引起多动症。
- 结论"不够坚定"，因为已经开展的控制良好的实验非常少。一两项大型研究可能会削弱某些结论。

常见问题：我如何知道关于多动症病因的研究是可靠的？

以下是一个科学的研究设计主要考虑的因素：

1. 方法是否有效——例如，多动症的界定是否严谨？饮食是否经过仔细的测量？临床研究的测量方法可能比全国性调查更好。
2. 样本的可推广程度如何？例如，一项关于转诊到诊所的儿童的研究可能是有偏颇的，因为只有那些有保险或者有多重问题的儿童才会来诊所治疗。全国性调查的可推广性可能比临床研究更好。
3. 这项研究是因果研究还是相关研究？正如我所解释的，相关并不代表因果。不同研究的可信度不同。

    a. 一项横断的相关研究发现，患有多动症的儿童还具有其他特征，比如血液中维生素 D 的含量低。但这并不能证明其中一个症状导致了另外一个症状。有可能是多动症孩子经常待在室内，因此维生素 D 含量低，或者还有第三个因素没有被测量出来，比如生活在气候阴暗、医疗条件有限的地区，也能解释上述两个症状。

    b. 前瞻性研究控制了先出现的变量。儿童在患有多动症或接触（某种物质）之前就被招募，然后观察结果。例如，儿童一出生就被登记，并测量他们现有的铅水平。然后测量随后的铅接触程度，再测量多动症症状。这种操作要比简单的横断研究更有说服力。

    c. "自然实验法"能够提供更多因果关系的线索。例如，研究人员可以借助代孕母亲（他们与孩子没有遗传关系），检验母亲吸烟之后是否更可能导致儿童患有多动症。

    d. 因果关系的黄金标准是双盲、随机对照试验。它包含以下几个元素：
    - 至少有两个条件（如干预组和非干预组）。
    - 参与者被随机安排到某一条件下（如用抛硬币或随机数字表）。
    - 参与者不知道自己被安排到哪种条件下——条件受到伪装（单盲）。这需要仔细设计一个安慰剂或非干预条件。例如，在饮食研究中，孩子们会得到两种外观相同、味道相同、成分不同的食物。
    - 实验员不知道孩子被安排到哪种条件下（双盲）。这可以通过让第三方随机分配参与者来实现。

- 实验员诚实地执行对比，这些对比在研究开始前就计划好了，而不是在实验结束后创设新的对比方法（这可能会导致偶然性发现）。
- 所有这些步骤都被严格执行，并且证实双盲是有效的，对于研究结果，除了干预条件的作用之外，没有其他解释。未测量的因素被随机化了，因此也不能解释这种结果。

食用色素与过敏：实际情况如何？ 你可以关注非加工食品（新鲜农产品、新鲜肉类、全麦面包、意大利面），从而避免或减少食品添加剂。营养学家给了一些经验法则：

- 阅读食物标签，如果看到不熟悉的成分，厨房里没有、自己做饭也不会用到该成分，就不要购买这种食物。
- 去超市以外的地方寻找新鲜的食材。
- 用非致敏性食物代替致敏性食物。
- 在实施全面限制/消除饮食法之前，先咨询营养师（否则，可能会导致孩子营养不良）。
- 在做重大的饮食改变之前，确保孩子会遵守新的饮食习惯，这需要提前解决亲子关系的问题（见第八章）。

虽然我们的文献较少，但基于这些文献分析做出最好的猜测：孩子对重大饮食改变做出积极反应的概率有30%，只要坚持这种饮食法，至少在注意力和行为上会有些改善。

需要注意的是：这并不容易。这种方法的难点是，很难做到——很多孩子不喜欢这些替代品。所以你必须循序渐进地做出改变，必须找到一种方法，用奖励计划或行为计划来激励孩子（见第八章）。此外，如果你消除的食物太多，你必须咨询营养师，否则很有可能导致孩子营养不良。

要点

饮食与多动症的关系

本章中的大部分饮食建议都适用于所有孩子。如果你的孩子患有多动症,那么遵循这些建议后,你犯错的概率就会更低。对于大多数孩子来说,典型的现代饮食虽然有不足,但可能相对无害,因为他们有幸运的基因,身体能进行弥补,他们能挺过去。但是对于多动症孩子来说,身体和大脑一样,很容易受到环境的影响。如果孩子患有多动症,利用一切可能的优势都是有意义的。现在看来,关注饮食是值得的,至少在一定程度上是值得的。

所以,如果你认为食物会对孩子的问题起作用,你可能是对的。以前的人们会质疑营养或饮食在多动症上的价值,最近的研究已经推翻了这些质疑。现在我们已经知道Ω-3脂肪酸对多动症儿童有好处——虽然大多数情况下,它还不足以取代其他治疗方法。

> 对于多动症儿童来说,身体和大脑一样,很容易受到环境的影响。

一览表

食物与多动症行动步骤

基本原则

你以前可能听说过这些内容,但是现在你对肠-脑轴的理解可能会强调关注营养物质(宏观和微观)的重要作用:

1. 尽量少吃快餐:在家做饭(尽量简单,避免让自己抓狂),或者在其他地方吃高质量的现成食物。

2. 有足够的新鲜水果和蔬菜。
3. 尽量少吃加工食品。
   a. 用全谷物代替加工过的或精制的谷物。
   b. 尽量减少垃圾食品、苏打水或标签上有任何糖的果汁。

具体事项

- 保证新鲜。让家人多吃新鲜水果和蔬菜，尽量减少食用盒装的或包装食品。
- 在外购物。在商店以外的地方购买食物，避免食用加工食品。
- 选择有机食品。购买有机食品，避免接触残留的农药、补充剂和添加剂。
- 食用沙丁鱼。多吃冷水鱼可以获取 Ω-3 脂肪酸，或者选择含有 1~2 克 Ω-3 的高质量纯鱼油（带有 USP 标签的）。（不幸的是，互联网上充斥着各种各样听起来很有科学依据的 Ω-3 脂肪酸产品。去保健食品店让店员给你推荐高质量的产品。）
- 监控过敏原。如果孩子对某种食物有过敏反应，就不要再食用这种食物。
- 验血。在常规体检过程中，让医生检查孩子血液中铁、锌、维生素 D 及矿物质，还有 Ω-3 的含量。
- 糖。糖不是多动症特有的风险因素，而是一种主要的健康风险因素。要严格限制添加糖和含糖饮料。
- 咖啡因。对于青春期前期或正在发育的儿童，不要摄入咖啡因。
- 益生菌。还没有证据证明益生菌能够治疗多动症，但总体上是有益的：先咨询医生的意见，再循序渐进。
- 其余的事不要着急。忽略其他关于多动症的饮食建议。

好消息是，让家人养成健康的饮食习惯是一个好主意，虽然你不确定这些习惯是否能够治疗多动症。我们不需要多动症研究来验证这些建议，这些建议对每个人的健康都有益。新的认识是多动症本身是可以改善的。

让家人养成健康的饮食习惯：尽可能多地食用新鲜食物、戒掉含糖饮料和加工过的食物、食用有机水果和蔬菜（为了避免接触残留的农药，因为它们更新鲜），你就能收获很多。这种饮食法能够提高摄入食物的营养价值，避免食用色素等添加剂（这些会导致多动症），减少孩子的糖摄入量。如果你在食谱中添加大量的冷水鱼，你的孩子也会补充很多 Ω-3 脂肪酸。针对多动症的饮食法的原则是，主要补充 Ω-3 脂肪酸。如果对孩子体内的营养物质含量有所怀疑，让医生检查孩子血液中铁、锌、维生素 D 的含量。

> 很多改善（或缓解）多动症的饮食原则上对孩子、对家人都是有好处的。

 如何让你的孩子吃健康食物？

最有害的谬论之一就是，必须给不吃健康食物的孩子提供他们想吃的东西。科学并没有证明这一点。实验表明，如果给孩子的所有选择都是健康的，孩子会选择其中一种并吃掉它。零食可以是胡萝卜、苹果片、坚果或奶酪。饮料的选择可以是水或牛奶（不含糖饮料）。孩子可能会在新选项生效的第一天抱怨，但最终孩子会吃，他不会饿死自己。你可以实事求是地提供合适的选项。当不健康食物就在眼前时，你不能依靠孩子选择健康食物或获得他们所需营养的"本能"。他们的身体很聪明，但在加工食品之前就进化了。如果不健康食物很美味，他们的本能不知道如何从不健康的食物中筛选出健康食物。即使是老鼠，如果给它们提供健康食物的同时提供糖，也会营养不良。要点：

- 提供选择。
- 只提供健康食物的选项。
- 如果所有选项都是健康的，孩子就可以想吃什么就吃什么。

第四章
锻炼、睡眠与多动症
关于大脑发育的新观点

科学界现在已经承认大脑具有可塑性这一事实。也就是说，大脑会随着学习、经历或者合适的外界刺激，惊人地表现出一定程度的"自我改造"。我们现在也已经知道，大脑中的表观遗传变化有助于其实现这种可塑性。目前，关于大脑可塑性的范围及其敏感性依然是科学研究的前沿问题。因此，诸如人类能否通过改变大脑中的基因表达来增强注意力与执行功能，甚至是自我调节与行为控制等科学研究正在"轰炸"我们的眼球。那么我们应该如何改变那些能够导致表观遗传变化的生活方式呢？其实除了营养与膳食之外，还有两项与个体总体健康状况相关的活动，可以极大程度上促进负责自我调节能力的大脑区域的发育，进而帮助抵抗或改善多动症。它们就是**锻炼**和**睡眠**。显然，适当的锻炼以及充足的睡眠对于个体的总体健康水平是有好处的，对于所有的儿童都同样有益。但是对于多动症儿童来说，这种获益尤为特殊，这值得你花时间去了解一下。

锻炼

锻炼对于个体的总体健康水平、良好的情绪状态以及压力管理来说，都是必不可少的。媒体也开始越来越多地宣传锻炼的好处。例如，2016年9月《时代周刊》（*Time*）封面故事的主题就是就将锻炼视为药品——强调了一些专业医生的观点，即锻炼比治疗多种疾病的大部分药物都有效。但是，运动对于儿童，尤其是多动症儿童来说，究竟起到什么样的效果呢？这一特定的生活方式究竟有多重要？随着将锻炼和脑影像技术相结合的研究的出现，我们确切地知道了什么样的锻炼能够对大脑发育产生影响。最近的临床试验也已经开始考察锻炼在多大程度上能够帮助多动症儿童。虽然这才刚刚开始，但未来的科学研究将带来更多的积极证据。

近些年对于多动症特别有趣的发现是，一系列科学研究表明，儿童进行有氧锻炼能够促进大脑连通性、额叶皮层以及脑内化学物质（比如 5-羟色胺和多巴胺）的发育与增长，进而支持自我调节以及执行功能。这些针对正处于发育阶段儿童的神奇的科学发现，使我们产生一些令人兴奋的猜想，比如正确的锻炼方式能够帮助多动症儿童。我们将基于过去 5 年的科学研究发现的针对这方面的证据，进行评估，然后搞清楚哪种锻炼对于多动症来说是最有益的。

锻炼、运动以及自由玩耍

我们首先要考虑一些初级概念。我们需要把锻炼与"自由玩耍"和"运动"区分开来。自由玩耍是必要的，锻炼是有益的，而运动是可选的。自由玩耍本身有特有的优势，不同于任何锻炼方式。最近的研究证实，自由玩耍能够帮助儿童提高问题解决能力、合作技巧、想象力以及自我指导的学习能力。对于学龄前儿童来说，大部分自由玩耍涉及较大的活动量，这对于他们的发展是有益的。但是，对于学龄儿童而言，自由玩耍通常涉及较少的活动量。当然，由于一些其他的原因，自由玩耍对于他们来说依然重要。然而，我们不知道自由玩耍对于多动症儿童是否有独特的价值。

同样，运动也会带来一些不同的益处。它们可能会涉及锻炼，但这与运动不同。它们可以提升自律能力，增进友谊以及社会经验；对于善于竞技的多动症儿童来说还是一种保护自尊的方式。对于一些多动症儿童来说，运动竞赛是一种补偿力量，也是让他们树立积极自我形象的舞台，从而弥补他们在学业上的挣扎。对于那些不具有运动天赋或不愿意参加运动的多动症儿童，运动则是一种极其令人沮丧和不安的体验。

不管怎样，需要长时间等待的运动可能对于大脑或健康来说是不够的。有一些运动对健康极为重要，比如，一对一的壁球、篮球、足球、高强度的舞蹈、骑行、长跑——这些运动都涉及大量的剧烈活动。相反，仅仅是打九对九的棒球、高尔夫球或十一对十一的美式足球，对于健身来说远远不够，除非伴随其他促进健康的实践方案。

> 剧烈锻炼对于大脑发育来说极其关键——尤其是当多动症正在阻碍着大脑发育的时候——但是不要认为团队运动是儿童的唯一或最佳选择。

需要记住的是，儿童的健康习惯可以伴随其进入成年期。如果你在整个儿童期和青少年期踢足球，你将来也很有可能在成人足球队里面踢球。但是对于大多数成人来说，团体运动在逻辑上是有挑战性的。这就是为什么社会上的大部分成人主要通过个人锻炼来保持健康的原因。锻炼是一个适合在生命早期慢慢培养的好习惯。这不仅仅是因为有氧运动和力量/灵活性训练对于成人健康非常关键，而且因为认知发展与动作发展在儿童期是相辅相成的。在大脑中，运动中心（比如小脑和运动皮层）与负责注意和执行功能的区域（比如前额叶和基底节）之间存在错综复杂的联系。有些生理学家认为，要想对儿童的认知和自我调节产生最佳影响，锻炼应该包含复杂的动作学习和动作协调，即在结合有氧挑战的情况下提高动作技巧。对于学前儿童来说，在奔跑、攀爬以及摔打等自由玩耍时，这就自然而然地发生了。但是对于年长儿童来说，就需要进行一些有组织的、个人的或者与搭档和团体一起进行的活动。这类活动包括攀岩、跳舞、篮球、武术等。这里需要再次强调一下，家长必须花精力对自由玩耍和有组织的活动进行一定程度的平衡。如果一个青少年正在为自己选择周六下午的活动，然后他决定和有资质的导师去攀岩，那么其自由玩耍和理想锻炼就是结合在一起的。相反，如果一个10岁的儿童选择在其自由玩耍的时间里拼乐高模型，或者阅读、画画，或者与朋友在户外玩一些简单的游戏，那么他可能还需要去骑车或者参加一项体育运动。

在我们关注与多动症有关的锻炼益处前，我们需要参考以下准则。

> ✓ 一览表

选择最佳锻炼方式的行动步骤

1. 团体运动只是备选项,决定是否让你的孩子参与一项特定的运动课程,应该基于以下考虑:
   - 锻炼的剧烈水平(呼吸较难,心率提升)。
   - 你的孩子是否享受这项运动。如果你的孩子正努力参与某项活动,那么就鼓励他去做;如果他讨厌这项活动,就让他参加别的活动。
2. 永远允许你的患有多动症的孩子进行足够的自由玩耍(动态的或静态的)。如果有必要,在自由玩耍之外加入锻炼。
3. 最主要的事情是得到锻炼,很多不同方法都能实现这个目的。保持开放的心态。

锻炼、表观遗传以及大脑

锻炼是明确能够带来表观遗传学效应的生活方式之一。一项持续的健身方案,在任何年纪,都可以导致身体发生显著的表观遗传变化(比如心脏和肌肉基因),而且这种变化也发生在大脑中。基于过去若干年的研究,关于大脑发育效应,当前已经获得了足够多的、比较确定的文献支持。这在发表于2013年和2014年的综合全面的科学评论文章中得到证实。

虽然关于大脑的表观遗传效应仍在研究当中,但是当前已有的证据还是比较乐观的。动物研究表明,锻炼能够激发表观遗传变化,比如组蛋白修饰、DNA甲基化等,能够特异性地改变那些可以影响新神经元生长以及拓展神经元树突连接的基因的活动。用直白的语言来说,就是锻炼能使大脑发育得更好,运转得更有效率。对于多动症来说,更鼓舞人心的是,这些效应似乎发生在某些直接负责自我调节和执行功能的特定脑区,比如海马、基底节以及前额叶。在这些动物研究中,科学家先让小鼠做一些剧烈或非剧烈的锻炼,然后检测其大脑发育，基因表达以及表观遗传变化。那么，这些动物研究能够证明进行锻炼的儿童也能获得相同的益处吗？可能有点牵强，但是，我们能够在动物模型中观察到一些积极效应，实际上就已经很不错了。所以这些研究结果还只是初步的，却依然是极其鼓舞人心的。接下来让我们看一下锻炼在与多动症最相关的三个方面（学习、注意以及多动症症状）上，如何对儿童产生影响。

> 积极锻炼能够准确地影响大脑中控制自我调节和执行功能（与多动症直接相关的功能）的脑区。

锻炼与学业/学习

注意涣散导致的一个最重大的问题是学业问题。实际上，我和同事以及其他科学家已经发现，注意控制、自我调节以及执行功能是比智商或行为问题更能够预测学业成果的最重要指标。对于多动症儿童，学业问题和行为问题是最令人头疼的问题。因此，我们所要关注的最重要的领域之一就是，锻炼是否能够帮助儿童提升学业，尤其是学业成功中的执行功能环节。

幸运的是，关于儿童锻炼的发展性研究已经将学业成绩作为主要的考察对象（部分原因是学校的体育项目有利于开展安全、可控的实验研究）。尽管如此，需要谨慎对待的是，这类文献中还缺少使用高质量的随机化实验对锻炼的益处进行严格测试的研究。然而，在2014年，由儿童发展研究协会发表的一项专题论文认为，总体上，锻炼比同等程度的其他课堂或学习时间更能够改善儿童的学业成绩。换句话说，将体育课砍掉的学校政策是错误的。科学研究指出，学校应该将体育课转化为体育健康课，并持续下去。

> 为了学业成绩而取消体育课对儿童的学习极其不利。

锻炼与注意/执行功能

这一研究领域近年来受到了科学界的广泛关注。2013—2015年，每一年都能看到更新的科学综述文章，这些文章将现有的所有研究聚集到一起，考察锻炼究竟能否改善自我调节所需的心理能力，而这种能力在多动症患者中通常是受损的。其中一项于 2014 年发表在《心理学年鉴》上的研究认为，正常发育的儿童在其锻炼的那一天表现出更好的注意力和执行功能——说明在上学之前进行锻炼或许是有好处的。综合这些权威的综述，可以得到以下结论：

- 健身与更好的工作记忆、反应抑制以及学习能力相关。
- 这一观点得到大型相关研究的明确支持，也在信息更丰富的前瞻性和随机对照研究中得到支持。

现在，我们当然还需要更多的随机实验研究，以获取更重要的证据支持。但是如果我们着眼于未来，最有可能的情况就是，锻炼能够改善正常发育儿童的注意力，甚至是执行功能，因而可以通过增强自我调节功能来直接抵消多动症的影响。实际上，在 2010 年以前，我们还没有直接的证据表明锻炼能够改善多动症。而现在，这样的证据已经开始慢慢浮现，尽管速度很慢。

锻炼与多动症

当前已经有大量研究考察了多动症儿童能否从锻炼中获益。然而，这些研究的规模都很小，而且研究结果不一致，方法上也有局限性。所以现在还没有"成熟的"文献让我们得到确定的结论。但是，用格雷茨基的话说，就是这些研究能够让我们开始"沿冰球的走向前进"，然后看到未来最有可能发生的情况。在 2014—2016 年之间，有 3 项科学综述文章试图纳入所有研究中的锻炼项目，然后量化其对多动症的实际效果；还有一项研究总结了更多研究的结果，由于这些研究的手段不尽相同，所以没有归类到一起。其中一项发表于 2015 年的元分析研究（对所有研究进行统计归纳）囊括了 7 项关于多动症患者有氧健身的小型研究。这些研究均在某些方面有缺陷（例如，均没有清晰地区分被试所处的实验条件；可能存在预期效应或服从效应），且规模较小（儿童数量小于50；增加了偶然性发现或者效应夸大的风险）。换句话说，这些研究可能高估了实验效果。尤其是，由于缺乏对观察者进行单盲操纵，导致观察者自身的信念和预期可能会对结果产生影响。另外，所有研究都是短期的（其中有3项研究持续1周，有3项研究持续5~6周，还有1项持续1周）——然而，实验效应可能需要更长的时间才会出现。但是，持谨慎态度的同时，将所有的结果合并到一起还是可以获得令人鼓舞的结果：对于多动症儿童，锻炼在改善多动、注意力、执行功能以及认知功能方面的效果大约是服药的一半，且比饮食的效果更大。也就是说，这些效果大到让你可以在日常生活中观察到。基于已有的饮食研究的历史，后续更大型的研究很有可能证实锻炼效果的真实性，虽然最终可能会发现该效果要小于2015年的文章中报告的效果。2016年的一篇更大规模的研究综述，虽然没有将已有结果合并到一起，但是依然能得出结论：有氧锻炼对多动症儿童的症状及总体健康都产生了令人信服的益处。塑形锻炼等运动方式（比如，瑜伽、太极、负重训练、混合健身或其他）尚没有得到足够的研究，以获得其对多动症是否有益的结论。

> 当前的研究，虽然是初步的，但确实表明有氧锻炼能够明显改善多动症症状——效果大约是服药的一半，但可能比饮食改变的效果好一些。未来更大型的研究可能会确认实际效应量，但也可能会表明，效果并不如我们目前看到的那么强。

注意事项：我们还不知道的事情

哪类锻炼方式对大脑没有帮助？以往的大部分研究都聚焦在有氧锻炼上。力量训练或其他锻炼方式是否对大脑有影响？这方面的研究工作才刚刚开始。对儿童的益处会持续多久？以往大部分研究都集中在成人上，而且大部分以儿童为研究对象的实验都具有一定的局限性。长期的健身项目（与持续数天或数周相比）对于多动症儿童的好处是什么？这个问题还没有被研究过。个体差异有多大？携带不同基因型的儿童是否应该进行不同类型的锻炼，以最大限度地促进他们的大脑发育和注意力？这一新领域非常重要。与本书其他篇章类似，我们不会以千篇一律的方式作为结尾。一个极为特别的问题是，男孩和女孩是否会从相同的活动中获益；目前大部分研究都集中在男孩身上。

> 就像肌肉一样，坚持锻炼才能对大脑产生影响。

对于多动症儿童来说，健身项目要持续多久才会有帮助？这个问题的答案还不得而知。即便是锻炼一星期，也可能起作用，但仅仅是暂时的作用。虽然锻炼会导致表观遗传变化，但是要想对大脑发育产生显而易见的影响就需要持久的锻炼。提升大脑功能就应该像增强肌肉一样，需要持久的健身，因此你需要坚持几周甚至几个月。

要点

锻炼与多动症

如果你的孩子患有多动症，锻炼带给他的益处比带给其他孩子的更重要。锻炼对负责自我调节发育成熟的大脑网络和基因表达模式有独特影响，这需要你认真关注以下信息。

- 锻炼和健身可以使你的孩子避免出现严重的疾病（比如肥胖和糖尿病），改善皮肤、肌肉和骨骼的健康，改善协调性，同时可以促进负责自我调节能力的大脑系统的发育，并有助于抵抗多动症。
- 有了表观遗传效应的参与，即使有时候没有持续坚持锻炼，发育效应也会持续——我们仍在研究短期锻炼和长期锻炼在这方面会产生多大效果。
- 科学研究所获得的最后一项重要发现是，锻炼是导致表观遗传变化的有力途径，用于克服生命早期的消极事件。例如，动物研究已经发现，锻炼可以避免或逆转在生命早期发生的应激和创伤所造成的表观遗传变化，这是下一章我们所关注的话题。
- 良好的饮食为锻炼提供了更多的能量。
- 锻炼可以是愉快的——应该以正确的方式激发孩子的兴趣。对于有些家庭，与孩子一起锻炼（比如，一起骑车、徒步、跑步或游戏）是有帮助的。

锻炼与多动症行动步骤

在过去的几十年里，大多数情况下科学家考察的都是正常发育的儿童。缺少特别针对多动症儿童的指南，最好的办法是参照一般性指南，但强调其与多动症儿童的额外关联，这些儿童需要在学习、注意力、执行功能和自我调节方面得到尽可能多的帮助。下面是一般性的且最常见的建议。

保证孩子每天至少进行一个小时的中度，或中到高强度的锻炼（心率上升，呼吸略微急促）。没必要一次性完成。可以进行一次 60 分钟的锻炼，两次 30 分钟的锻炼，或者 4 次 15 分钟的锻炼。（这些建议来自美国心脏协会。）某些儿童比其他儿童需要更多的锻炼。有些儿童如果每天锻炼两小时，就会更高兴、更平静，但是即便是少量的锻炼也会对他们的健康和情绪有帮助。

如果有可能，尽量在一天开始的时候进行主要锻炼，接下来你的孩子会准备好迎接学校的生活。虽然安排起来可能有些困难，但是一些学校和家庭是有能力做到这一点的。当然，这是一种理想状态！很明显这一做法并非适合所有人。大部分儿童必须先去上学，然后在放学后，在休息时间之外，才能开始锻炼。

确保锻炼包含中度活动（走路、平路骑行、滑旱冰、跳绳、操场上玩耍）以及能够使儿童气喘吁吁或汗流浃背的中到高强度的活动（跑步、坡道骑行、游泳、节奏强烈的舞蹈、武术、足球、篮球、追逐、体操、健美操）。（这些建议来自英国国家卫生署。）这些运动应该是持续性的——不要将涉及长时间站立或等待的活动算在内。

运动应该涉及动作技巧学习以及协调性——也就是说，包含一些认知上的挑战。虽然这一做法的额外益处还不明确，但是很有可能促进大脑发育。大部分球类运动都至少涉及一些动作学习；而跳舞、武术、攀岩、体操、混合健身，或者一些像跳绳这样的健身操可能涉及更多的整体性的全身肌肉的学习。

混合活动也是可以的；你不必每天把所有活动都进行一遍。例如，你的孩子有时候可能喜欢跑步，有时候喜欢踢足球或打篮球，也有可能在一周内的某几天更喜欢去跳舞，而在其他时间喜欢骑自行车。

如果运动是有组织性的，要把自由玩耍包含在内。学龄儿童应该有一小时的自由玩耍时间，还要进行一小时的充分锻炼——总共是两小时，除非自由玩耍本身就是中到高强度的锻炼。

作为家长，即使没有达到理想状态，也不要对自己太苛刻——对于孩子来说，运动聊胜于无。下面的专栏里列出了一些有经验的家长的想法。

解决锻炼挑战的办法

对于许多家庭来说，锻炼真的是一个挑战，因为这与气候、天气、成本和邻居都有一定的关系。夏天和冬天有必要进行不同的活动。虽然对于许多家庭来说，放学后会有有组织的学校或社区活动，但并非所有家庭都有这个条件。下面是一些家庭找到的其他办法，例如：

- 天气不错到时候，艾莉森会和她的儿子一起进行长距离骑行。
- 亚力山卓会为他的女儿报一个专门针对多动症儿童的特殊武术班。
- 麦克在地下室安装了一个很重的沙包，然后教他十几岁的儿子如何用它来健身。
- 吉尔每周让她的两个孩子和一些邻居朋友们，在户外进行数次的跳绳、跳格子、捉迷藏以及其他活动。这些活动足以对他们的情绪产生积极影响。
- 塔妮娅让女儿上一些她喜欢的舞蹈课。
- 鲍勃喜欢跑步，他让他的十几岁的孩子对和他一起跑步产生了兴趣，而且还设置了一些有趣的比赛。这让孩子在上高中的时候将跑步运动作为主要业余爱好。

睡眠与多动症

睡眠与多动症是相互影响的。现在，这方面的知识正在迅速拓展。与锻炼和饮食相似，睡眠作为一项重要的生活活动而备受关注。关于睡眠与大脑发育以及多动症的科学知识有很多。研究表明，很多儿童有这样或那样的睡眠问题；睡眠的重要性很容易被低估；当前可以使用多种手段改善睡眠，进而提升儿童的自我调节能力并促进其大脑发育。

> 你和你的孩子很可能睡眠不足。美国国家调查表明70%的青少年和70%的成年人睡眠不足。

首先，如果你担心孩子的睡眠，那么请注意，实际上并非只有你这样。睡眠问题对于儿童来说非常普遍。最近的一项调查显示，超过一半以上的家长报告其子女存在一些睡眠问题；四分之一的家长报告其子女没有得到充足的睡眠。睡眠问题的流行率数据显示，多动症与睡眠问题之间只是以随机的方式重叠在一起。但是我们不妨深入挖掘一下。这两者之间可能存在因果联系。

在睡眠过程中，大脑会发展新的连接，存储记忆，并修复细胞。有一项惊人的科学发现，被称为依赖于睡眠的记忆巩固，或者依赖于睡眠的学习，意思是学习过的知识在睡眠过程中得到巩固。你可能非常熟悉多动症的一些常见症状：儿童在头一天学习到的东西，第二天还需要再学一遍。这就是一个记忆巩固失败的例子。事实是，儿童如果不睡觉就不能学习新知识。另外，正如在第一章讨论过的，以及在后面的第七章讲应激的时候也将会讨论到，睡眠对于应对应激、管理情绪以及集中注意力也很关键。

> 儿童通过睡眠来巩固白天学习到的知识。

随着大脑的发育，它会在生命早期以多种不同的方式来利用睡眠。婴幼儿通过睡眠将一种经验迁移到另一种情况下。他们的午睡对于学习起着至关重要的作用。最近的研究发现，学习了新知识的婴儿，如果在测试之前睡觉，相对于不睡觉而言，学习成绩会更好。学前儿童可以通过睡眠记住他在白天学习到的特定知识。儿童、青少年以及成人都可以继续利用睡眠来巩固新知识。

> 睡眠似乎是促进儿童大脑发育的最佳方式。

近年来，和上述提到的结论一样，研究已经证明：对于动物和人类来说，儿童和成人在睡眠中学到的知识和清醒状态一样多。和婴儿一样，当他们学习新信息时，如果在记忆测试之前睡觉，与不睡觉相比，其记忆成绩会更好。使用磁共振成像技术的脑影像研究发现，大脑激活模式能显示出一些有价值的信息：在清醒状态下观看新信息时的大脑激活模式，会在睡眠过程中重新出现。这意味着，在睡眠过程中，大脑会巩固并存储白天所学到的知识。

当前，睡眠科学家不再认为睡眠仅仅对儿童学习有帮助——他们把睡眠视为必需品。实际上，一些最近的研究发现，睡眠较多的儿童具有更高的智力，以及更好的注意力和自控力——如果孩子患有多动症，睡眠和所有方面都非常相关。

 谬误：睡眠过程中没有重要的事情发生

依赖于睡眠的学习涉及大脑中的海马体，这一脑区把不同时期学到的知识进行精细化的组织，然后将这些知识存储。它与前额叶相互连接，捕捉新的学习内容，并在紧急情况下找到需要检索的信息。在儿童期，这些脑区之间相互对话，并建立了大量的联系——这些工作大部分在睡眠过程中完成。在睡眠过程中，它们之间的联系变得更加灵活，尤其是在深度睡眠时，大脑通过相互联系来存储新知识。仅仅是在过去的几年里，科学家就已经发现，学习和记忆巩固过程在不同的发育阶段（婴幼儿、儿童以及青少年）会以不同的方式起作用。

睡眠与表观遗传

到目前为止，你应该不会对此感到惊讶：和其他功能一样，睡眠调节不仅依赖于基因，还依赖于表观遗传信号。例如，在2015年的一项研究中，同卵双胞胎中其中的一位喜欢在晚上早点睡觉，而另外一位喜欢晚点睡觉。该研究发现，双胞胎在某些生理节奏基因上具有不同的表观遗传标记——这意味着这些基因在大脑中的功能发生了变化。这一发现与我们研究组在2015年发表的首个针对多动症儿童完整的表现基因组研究不谋而合。这是一项预实验，即设计它是为了测试未来研究的实验程序的可行性，在此基础上，我们现在正在进行一项更大型的研究。与此同时，该初步研究确定了少数几个基因能够显示出，相对于正在发育的年轻人，多动症儿童表现出表观遗传学变化。其中有一个最重要的基因是VIPR2，它参与调节生物钟。虽然还没有得到进一步的证实，但这一发现确实引发了一些有意思的联想。

有些睡眠问题可能是由早期经历造成的，这些经历通过表观遗传变化破坏了大脑生物钟的设置。大量研究告诉我们，昼夜循环在婴儿大脑正常发育的关键区域激发了光敏反应，因此婴儿可以适应他们所处环境的明暗循环。表观遗传变化在年幼的大脑里进行这种编码操作。如果在儿童生命早期的表观遗传变化能够影响其睡眠方式，我们能否通过训练或其他方式来影响当前的睡眠问题呢？虽然还不能给出确定的答案，但是目前我们所知道的关于表观遗传学的知识表明，这是有可能的。接下来让我们看一下解决睡眠问题的最佳方式。

睡眠、注意以及自我调节

我们不需要科学研究来告诉我们，缺乏高质量的睡眠会使我们难以集中注意力。但是科学研究补充了一些重要的细节信息：即使在睡眠恢复后，注意力问题也会继续存在。根据自身经验你也知道，熬夜之后，自控能力很容易崩溃。在极其疲惫的时候，人们几乎无法应对压力，处理情绪问题。当然，这些情况也同样会发生在儿童身上。简而言之，如果孩子睡眠不够，他的注意力和行为表现，看起来会和多动症极为相像。那么孩子患有多动症，你该怎么办呢？下面列举了一些关于睡眠和多动症的事实，需要你记住：

- 睡眠是积极的，而非消极的。它是连接大脑和学习必不可少的部分。多动症儿童通常在大脑发育上存在延迟或损失，还有学习障碍。因此睡眠是他们尝试恢复健康的基础。
- 睡眠缺乏会出现类似多动症的症状，因为睡眠对于保持自我调节能力是必需的。在我们诊断或治疗多动症之前，都需要保证儿童拥有充足的睡眠。
- 多动症儿童只是偶尔存在内在的睡眠障碍（比如阻塞性睡眠呼吸暂停或不安腿综合征）。如果与睡眠相关的行为管理无效时，以及孩子依然表现出不安的信号时，就需要进行专业的评估。

- 多动症儿童经常有一些与睡眠相关的行为问题,进而干扰其获得足够的睡眠。稍后我们会简短地介绍其中的差别。

如果孩子睡眠不够,或者睡眠质量不高,那么你可能会看到他表现出注意力涣散、无组织性、喜怒无常、脾气不好、易激惹以及一些健康问题(如经常感冒或其他问题)。更糟糕的是,孩子的大脑也无法在较好的条件下发育。根据平均法则,如果你和大多数家长一样,你的孩子很有可能睡眠不好——在美国,大部分儿童(和成人)睡眠都不够!我们的生活往往是超负荷运转的。很多儿童可能可以容忍这种状态,而没有表现出明显的不良反应。但是如果孩子患有多动症,你就没有多少犯错的余地了。只要采取行动改变睡眠,就可能会非常有意义。

你的孩子需要多少睡眠

发育中的儿童需要多少睡眠,这个问题可能会让你感到困惑。美国国家睡眠基金会建议,0—2岁的婴幼儿每天需要12小时以上的睡眠。当然,很多儿童会通过小睡来获得一些睡眠。学龄前儿童需要10~13小时的睡眠(中位数为11小时)。学龄儿童每晚通常需要10小时的睡眠(有些指南认为是11小时)。当然,肯定有一些孩子不在这个范围之内,但是在大多数情况下,如果你的孩子需要在早上7点起床去上学,那么他应该在晚上9点入睡,8点30分准备上床睡觉,8点关电视并停止一些刺激性的活动(比如打游戏)。青少年需要的睡眠时间稍微少一点——9~10小时,这取决于参考的标准。如果早上8点或8点30分开始上课,他们就需要早一点就寝。

对于青少年来说,从进化的角度讲,其生物钟的设置要比成人晚一个循环期,因此很难执行上面提到的睡眠时间安排。他们这种身体时钟的变化并不是异常的,而是青春期阶段的一个正常发展期。下面的专栏列举了一些睡眠时间表的样例,这些时间表是根据美国国家睡眠基金会发布的指南制定。

儿童需要多少睡眠时间？

时间表样例

	睡眠时间	中位数	就寝时间	入睡	醒来
学前儿童（3—5岁）	10~13 小时	11.5 小时	晚上 7:00	晚上 7:30	早上 7:00
学龄儿童（6—13岁）	9~11 小时	10 小时	晚上 8:30	晚上 9:00	早上 7:00
青少年（14—17岁）	8~10 小时	9 小时	晚上 9:30	晚上 10:00	早上 7:00
青年人（18岁+）	7~9 小时	8 小时	晚上 10:30	晚上 11:00	早上 7:00

睡眠与青少年

对于今天的父母来说，青少年期是一个特别挑战。青少年比较忙——忙得难以获得充足的睡眠，就像成人一样！但是他们依然需要至少 9 小时的睡眠时间，10 小时会更好。然而实际情况是，只有 30% 的青少年每晚能够睡 8 小时。青少年的生物钟通常较晚——他们并不愿意像成人一样较早地上床睡觉，因此获得充足的睡眠对他们来说是个极大的挑战。进化使然。理想状态下，青少年可以熬得晚，睡得晚，就像大多数人在夏季和周末那样。这对于他们的发展来说是自然状态。但是，如果处于青春期的孩子患有多动症，这会造成一个困难的局面，因为多动症儿童尤其难以应付失眠带来的困扰。对每个人来说，另一个挑战是，上学时间与儿童的自然睡眠周期和生物钟相冲突，对青少年来说更是如此。青少年被困在一个早起的时间表中。我们的教学进程更难让青少年有充足的睡眠。美国儿科学会于 2014 年颁布了一项政策声明，建议初高中不要在早上 8 点 30 分之前开始上课。然而，目前只有不到 20% 的学校遵守了这项建议；美国的平均上课时间是早上 8 点，有一些学校会更早。2015 年，更改上课时间的呼声越来越高。《心理科学展望》于 2015

年 11 月发表了一篇专业述评文章，该文建议尽可能地推迟高中的上课时间。某些城市正在朝这个方向做积极的尝试，某些城市已经将其管辖内的学校上课时间延迟到 8 点 30 分或更晚。

与此同时，不幸的是，对于青少年来说，晚上难以入睡、早晨难以起床是很正常的。对一些青少年来说，这种模式确实超出正常范围，导致其出现睡眠-觉醒周期延迟障碍——但是这需要医生来确诊。根据美国睡眠医学学会的规定，睡眠-觉醒周期延迟障碍的特征包括：（1）难以入睡和醒来，（2）白天无困意。

导致睡眠问题的原因有哪些

如果你知道孩子睡眠不足，而且表现出睡眠不足的副作用，那么很显然，你需要搞清楚为什么会这样。对于多动症儿童，睡眠问题可以归为两类：

- 继发性睡眠问题，如上床时间问题。这里通常是指多动症本身导致的睡眠问题。
- 原发性睡眠问题，如生物性睡眠-觉醒周期问题或者阻塞性睡眠呼吸暂停。这种睡眠问题会导致类似多动症的症状和行为，如注意力差、体能低、易怒等。当然，有些儿童既有这类睡眠问题，又伴有多动症。

研究者用三种基本方法研究儿童睡眠，这些方法列在了下面的专栏中。你可以向专业人士寻求其一，但是如果你认为孩子有睡眠问题，我的建议是从简单的事开始做起，关注就寝时间和睡眠卫生，从行为上解决问题。如果以下针对继发性睡眠问题的补救方法不起作用，就需要进一步进行临床评估和治疗了。

专家如何评估睡眠问题

- 简短的问卷（如儿童睡眠习惯问卷）或睡眠日记。
- 手腕或脚踝上穿戴一个手表大小的运动传感器。它可以追踪夜间或者24小时的活动情况，然后可以粗略地估计儿童入睡的时间。
- 多导睡眠图——实验室的夜间睡眠研究中，儿童会佩戴电极，用以直接监控其睡眠质量（脑波）、呼吸以及其他指标。这是业界的"黄金标准"，但是比较昂贵，只在少数情况下才能够使用。
- 其他一些使用传感器和智能手机监控睡眠的方法正在涌现，但是在临床研究上不太可靠。给儿童使用这些方法的时候要持谨慎态度，因为要考虑蓝屏对其睡眠的影响，我们会在后面简单地讨论这一内容。

继发性睡眠问题：上床时间与睡眠卫生

了解孩子理想的睡眠时间是很容易的。但是对于大多数家长来说，建立一个平静的、成功的就寝时间表，更富有挑战性。如果孩子患有多动症，他可能更不愿意上床睡觉，当你想让这一天安静地结束时，他可能会因为疲惫而脾气不太好——你也很累！你还有其他事情要做。这种情况确实令人非常沮丧。

下面是美国睡眠医学学会所提到的最常见的行为睡眠问题。虽然这些问题不是多动症的预测指标，但它们在多动症儿童身上更为常见。尤其是当你的孩子患有多动症的时候，你可能会觉得某几个问题比较熟悉。

- 入睡是一个漫长的过程，需要特殊条件。
- 去睡觉是极为困难的或要求很高的事情——也就是说，孩子并不喜欢去睡觉。
- 如果没有特殊情况，孩子需要很长时间才能入睡，或者会有其他睡眠障碍。
- 夜间醒来以后，需要照料者对孩子进行干预，他才会重新入睡。

- 出现设限性睡眠问题：
  - 孩子难以开始或保持睡眠。
  - 孩子拖延或拒绝在合适的时间睡觉。
  - 孩子夜间醒来之后拒绝再次入睡。

预防或克服上述问题的第一要务就是建立基本的"睡眠卫生"——使睡眠更容易的行为习惯，包括就寝时间。我们先谈谈这一点。

良好睡眠卫生习惯的核心，就是在上床之前有时间让身体为睡觉做好准备。也就是说在上床之前至少一小时，让孩子避免蓝屏（计算机、电视以及其他设备的屏幕）、大吃大喝以及运动。这涉及时间界限，也涉及空间界限：让床成为睡觉的地方。（对于成人而言，建议只把卧室当成睡觉的地方，但是对于大多数家庭中的儿童，这并非易事，因为他们的卧室往往兼做游戏室和书房。但是，尽量让床成为只用来睡觉的地方。）你可能也知道，在卧室里放电视机绝对是一个糟糕的主意。

重点：蓝屏会影响睡眠质量，睡前至少一小时内应避免使用这些设备。包括手机。

解决睡眠问题的行为方法。上面列出的行为睡眠问题可能会发生在任何一个儿童身上，但是似乎在多动症儿童身上尤其常见。这可能是因为儿童对上床睡觉有消极的心理联想。因此，一个关键的做法是，随着时间的推移，用积极的联系取代消极的联系——让上床睡觉成为儿童的一种奖赏性体验。

常见问题：手机或平板电脑会导致儿童出现睡眠问题吗？

多动症儿童很喜欢他们的电子设备——电子游戏、手机、电脑、平板电脑以及电视。他们喜欢这类东西的一个原因可能是，外在刺激的频繁改变可能有助于维持多巴胺在其大脑中的活跃状态，进而有助于其保持警戒状态。可惜的是，就像我在第五章提到的那样，这些设备还会分散注意力，并且影响社会性发展。在这里，我们主要关注另外一个问题——这些设备释放的"蓝光"会干扰睡眠。

在 2014 年和 2015 年发表的多项研究证实了许多临床医生长期以来的疑虑。在上床之前使用手机、电脑或电视的儿童或成人，睡眠质量更差。当灯光昏暗的时候，机体会自动开始释放褪黑色激素，从而为睡觉做准备。我们现在知道，背光式的电子屏幕发出的蓝光，恰恰会抑制褪黑激素的分泌。儿童和成人研究，通过采集唾液样本，证实当屏幕的光到达眼睛时，会显著抑制褪黑激素的释放。其他使用随机控制设计的研究证实，在上床前一小时接触电子屏幕会导致失眠（更难入睡）、睡眠阶段发生变化（比如快速眼动睡眠），次日的警戒性降低。

例如，波士顿的研究人员在 2015 年报告了一些惊人的发现。研究者将睡前一小时内使用电子阅读器或平板电脑的人与阅读纸质读物的人相比较，发现使用电子阅读器的人不容易困倦，入睡时间长，具有较晚的节律时相（包括褪黑激素的变化和快速眼动睡眠的变化），以及次日早晨警戒程度更低。该研究的被试都是年轻人。在另一项使用简单的相关设计的研究中，研究者在儿童群体观察到了相同的结果。在 2015 年，另外一个研究组（也在波士顿）调查了 2 000 多名四年级及七年级的学生。睡觉时接近小屏幕（包括挨着手机睡觉）、晚上玩游戏或者卧室里有电视的儿童，其睡眠时间更短，感觉休息得更不充分。如果你对这些研究报告感兴趣，请查阅下面的参考文献：

Chang, A. M., Aeschbach, D., Duffy, J. F., & Czeisler, C. A. (2015). Evening use of light-emitting eReaders negatively affects sleep, circadian timing, and next-morning alertness. *Proceedings of the National Academy of Sciences*, 112, 1232–1237.

Falbe, J., Davison, K. K., Franckle, R. L., Ganter, C., Gortmaker, S. L., Smith, L., et al. (2015). Sleep duration, restfulness, and screens in the sleep environment. *Pediatrics*, 135(2). e367–375.

大部分家长非常熟悉各种各样的睡眠训练方案，以及能够让孩子建立规律的睡眠习惯的各种建议。实际上，即便是对于学龄儿童，某种睡眠训练方案也是有帮助的，即使这种方案与婴幼儿的有些许不同。如果你的孩子患有多动症，那么这种方法对于克服其睡眠行为问题尤其有用。

> **当你需要帮助以解决行为睡眠问题的时候**
>
> 行为睡眠障碍通常无法自行解决。当这些问题持续时间较长时，就会产生一个明显的风险，即它们会变得根深蒂固。专业人员可以帮助你选择正式的行为训练方案。这些方案包括：
>
> - 积极的习惯
> - 无改变的消退
> - 渐进式消退
> - 家长陪伴的消退
>
> 这些方案的效果都很好，所以可以让在行为医学领域受过训练的心理学家或咨询师帮你选择一个你愿意尝试的方法，并建立正式的方案。你也可以先按照下一页中提到的行动步骤，建立属于自己的方案；如果方案不起作用，再寻求专业的帮助。

2014年发表的一项随机控制临床实验研究显示，一个正式的"睡眠训练方案"——即由专业人员指导的行为方案——能够显而易见地改善多动症儿童的心境、情绪以及总体的调节能力。相比之下，仅仅告知家长一些睡眠卫生方面的知识，效果并不好。原因很明显，那就是，执行一个新的睡眠时间表并不容易，你可能需要一种持续性的、精心设计的行为管理方案，才能发挥它的作用。请看下一页里列出的基础步骤，但是请注意，需要请一位专业人士全程指导你建立新的睡眠习惯，并及时解决存在的问题。好在你不需要非常密集的专业指导。最近的另一项研究发现，家长仅仅接受两次关于建立行为睡眠方案的专家指导，情况就有所改善。

✓ 一览表

建立良好睡眠卫生习惯的行动步骤

基础步骤

- 卧室内没有电视。
- 在上床前至少 1 小时关闭或移除蓝屏设备（包括手机在内的所有屏幕）；不在床上使用手机。
- 避免在睡觉之前大吃大喝。
- 只将卧室（至少是床）作为睡觉的地方；在其他地方学习。
- 在上床前至少 1 小时避免剧烈运动；让环境变安静，光线变昏暗。
- 建立一个 30~45 分钟左右的睡前常规安排。
- 在常规安排内让孩子逐渐进步；必要的时候可以调整方向。
- 常规安排的最后一件事可以是孩子非常喜欢的，具有仪式感的事情（如讲故事或一起唱歌）。
- 最后以道"晚安"、让孩子独自待在床上、醒着但充满睡意作为常规安排的尾声（这样他就不需要你陪着他入睡了）。

提示

- 如果孩子把你叫了回来或离开了卧室，要尽量减少你的参与，并重新让孩子准备入睡。
- 保持总体上的一致性，每晚执行相同的作息时间和常规活动。
- 最好的奖励是表扬和关爱——保持积极的态度。
- 可以使用积分的方式，让孩子有动力去遵循常规。
- 如果这有助于孩子达到你想要的目标，可以把常规安排写下来。

- 如果需要，专业人员可以帮助你建立一个更有力、更正式的行为计划。

> ### 常见问题：多动症药物会导致孩子产生睡眠问题吗？
>
> 2015年发表的一项系统性的综述文章考察了该问题。虽然只包含少量的高质量研究（9项研究，共包含246名儿童，这意味着一项大型的研究就足以推翻已有结果），但是依然获得了一些重要的暂时性结论。兴奋剂药物似乎会增加以下事项的可能性：
>
> - 晚睡（儿童需要更长时间才能入睡）。事实上，一些综述文章发现25%~50%的多动症儿童在按时睡觉上存在某种问题。
> - 睡眠时间更短——儿童睡眠不足。
> - 睡眠质量下降（通过使用电子传感器测试呼吸、睡眠阶段以及其他变量进行夜间睡眠质量评估）。
>
> 对于必须服用兴奋剂的儿童，某些因素会减少上述问题。首先，儿童服用药物的时间越长，其身体的适应程度越大，睡眠越接近正常水平。因此，可以监控孩子的睡眠情况，留出几个星期的时间观察，看看孩子的身体能否恢复到正常的睡眠状态。
>
> 第二，剂量安排会产生不一样的效果。咨询你的医生，尝试不同的剂量安排，每天在不同的时间服药，或者取消夜间服药，可能会有帮助。另外，不要使用长效或缓释药物，而是使用传统的短效合成药物，观察其是否能够消除睡眠干扰效应。
>
> 如果处方中包含兴奋剂药物，就应该追踪一下睡眠情况。比如，你可以在一段时间内，写一个简单的睡眠日记。

原发性睡眠障碍与多动症

除了养成良好的睡眠习惯，并执行良好的睡眠卫生习惯来解决睡眠行为问题之外，睡眠本身必须是高质量的。较差的睡眠习惯，如睡前看电视，会导致失眠或睡眠质量较差。但是，与生物性因素相关的原发性睡眠问题也会导致失眠或较差的睡眠质量。如果刚才提到的行动步骤不能解决问题，或者你的孩子表现出了下面提到的一些警示信号，那么去咨询睡眠专家是个好办法。

在 2015 年，关注多动症与睡眠的研究者完成了一项元分析，分析了在手腕或脚踝上安装运动传感器评估睡眠的研究。研究者发现了 24 项相关研究，涉及超过 2 100 名儿童。该元分析发现，多动症儿童平均睡眠质量更差，且深度睡眠时间更少。其中一些问题就是原发性睡眠障碍。虽然运动传感器确实能够显示出哪里出了问题，但是行业内的黄金标准依然是之前提到的多导睡眠图（睡眠实验室中的研究）。由于睡眠多导图的成本较高，可推广的研究不多。但是，就我们当前已有的研究来看，依旧有一些值得注意的结果。虽然大部分多动症儿童具有行为睡眠问题，比如不按时上床，但是只有一小部分的儿童具有真正的原发性睡眠障碍。尽管如此，如果你的孩子患有多动症，了解这些信息还是非常重要的。

睡眠-觉醒周期延迟障碍。在原发性睡眠障碍中，最常见的，也是在当前与多动症相关的科学研究中最受关注的，就是睡眠-觉醒周期延迟障碍（之前被称为睡眠周期延迟症）。如果你怀疑孩子存在这一障碍，请咨询一下医生。（医生在大部分情况下可以通过问询和检查做出诊断。）解决办法可能就是简单地改变作息习惯，以帮助孩子的身体根据光照周期或额外的行为方案做出调整。另外，补充褪黑激素也可能有帮助（请看下面的专栏）。如前所述，专业帮助对于诊断这一障碍是非常必要的，特别是对青少年来说，由于进化机制已经使其睡眠-觉醒周期与我们现在的学校作息并不同步，导致诊断更加困难。也就是说，你可以观察以下迹象：

- 晚上不困。

- 就寝时难以睡着。
- 早晨难以起来。
- 有时候在白天会感到疲惫或困倦（或者在白天很容易睡着）。

常见问题：我应该让我的多动症孩子服用褪黑激素吗？

褪黑激素是什么？ 它是一种能够调节昼夜节律（觉醒-睡眠）的激素。天黑的时候，身体会分泌更多的褪黑激素，从而为睡眠做准备；而天亮的时候，则减少褪黑激素的分泌，从而让我们为清醒做准备。褪黑激素被广泛用于帮助患有失眠症的成人。它是一种激素，所以，即便药店有售，也可能存在副作用。

指导。 在行为方案失败之后，可以在医生监督下给孩子服用褪黑激素。基于2014年一个专家会议的会议记录，如果剂量合适，褪黑激素可以安全并有效地帮助儿童入睡（更短的"睡眠潜伏期"），并睡更长时间。但是，它并不能减少夜间醒来的次数——它可以帮助儿童入睡但不能维持睡眠状态。对于某些人来说，代谢褪黑激素的基因变异能在低剂量时产生更好的效果。需要注意的是，很多非处方药为儿童提供的剂量过高。

它对多动症有用吗？ 对于多动症而言，专家会议仅发现三项随机控制试验研究；每一项都显示褪黑激素对入睡时间有帮助，但是对白天时的多动症症状不起作用。

风险。 长期服用褪黑激素对儿童正在发育的内分泌系统有哪些风险，我们还不了解。褪黑激素如何影响孩子的发育，尤其是对婴幼儿（其身体正在学习如何根据当地的光照周期来调整睡眠和褪黑激素）和青少年（其身体正在适应快速变化的激素水平）的影响，尤其得到关注。

副作用。 虽然不常见，但确实有可能出现半夜醒来、早晨"宿醉"（感觉昏昏欲睡、头疼、情绪低落）、白天无精打采、夜间或白天出汗较多，以及尿床等副作用。

底线。褪黑激素可以帮助孩子恢复正常的睡眠周期，尤其是在他被诊断为睡眠-觉醒周期延迟障碍，而行为调整不起作用的时候。但是，较差的睡眠卫生、抑郁或健康问题也会导致类似睡眠-觉醒周期延迟障碍的睡眠问题。所以，首先要改变睡眠卫生，让儿科医生做一个体检。因为褪黑激素是一种激素，人们对它与正处在发育阶段的儿童体内正常的激素变化之间的相互作用还知之甚少，所以要在医生的指导下使用。

更多信息

关于2014年的专家会议的报告，请参考下面的文章：

Bruni, O., Alonso-Alconada, D., Besag, F., Biran, V., Braam, W., Cortese, S., et al. (2015). Current role of melatonin in pediatric neurology: Clinical recommendations. *European Journal of Paediatric Neurology, 19*(2), 122–133.

其他原发性睡眠障碍。其他比较普遍的睡眠障碍包括阻塞性睡眠呼吸暂停和周期性肢体抽动症。阻塞性睡眠呼吸暂停在超重人群中最为常见。周期性肢体抽动症通常在患有不安腿综合征的儿童中出现。缺铁会导致不安腿综合征和周期性肢体抽动症。对于某个儿童而言，识别原发性睡眠障碍唯一确定的方法是睡眠多导图。

原发性睡眠障碍的警示信号。警示信号并非诊断信号，但是它们可以帮助你确定你的孩子是否需要进行专业的睡眠评估。请观察一下你的孩子是否有下列迹象：

- 即便没有生病，也会经常打鼾。
- 即便天气很冷，被子也会经常掉在地上。
- 在睡觉时半挂在床上（说明在睡觉时存在很多不安宁的动作）。
- 多于一次或两次的梦游或夜惊（尖叫着醒来）。
- 尽管有充足的睡眠，却难以醒来或抗拒起床。

> **要点**
>
> ## 睡眠与多动症
>
> - 蓝屏干扰睡眠；限制蓝屏的使用有助于睡眠，为自由玩耍和锻炼创造更多的时间。
> - 首先尝试从行为上改善孩子的睡眠卫生习惯，这可能会对你的孩子起作用。
> - 如果你正努力让孩子的就寝行为变得积极，或者怀疑孩子有睡眠障碍，请寻求专业的评估。

请记住，一种健康的生活方式是多方面协同作用的。它有助于所有孩子的身体和情绪健康。如果你的孩子患有多动症，你犯错的余地很小，这意味着这些做法都值得去尝试。你决定使用的每一个行动步骤都有可能促进其他行动的效果。正如本章的锻炼部分的要点所指出的，良好的饮食能够为锻炼提供更多的能量。而锻炼和睡眠，也组成了良性循环——二者相互促进。当你在阅读这本书的时候，想想哪种方法看起来最有可能帮助你的孩子，以及哪种方法对于你的家庭最实用。本书的最后一章让你有机会回顾所有这些方法，并从中选择能帮助你的孩子且科学合理的方法。

第五章
科技与多动症
对风险与益处的最新认识

关于科技与多动症，有哪些最新进展？这可能是家长最常问的问题。一方面，计算机技术似乎是一个真正的挑战。多动症儿童喜爱电子设备。除了第四章我们提到的蓝屏设备和睡眠相关的内容之外，电脑、电子游戏或电视会导致多动症吗？或者会使多动症更严重吗？答案很复杂。比较重要的发现是，观看暴力内容一定会使攻击性这样的继发性问题更加严重。然而，使用电子设备对多动症症状的直接影响，虽然可能会有，但是比较轻微。当然，多动症儿童上网可能会产生一些继发性风险，这需要家长去了解，进而保护孩子免受影响。

与此同时，近年来，出现了利用计算机诊断和治疗心理健康、神经障碍和认知障碍的高新技术。这些技术在诊断方面的意义重大。新的诊断方法使计算机在几分钟之内只通过几个问题就能从数千个潜在的问题中提取信息，达到与更长时间、更详细的问诊一样的效果。这代表着真正的进步，未来几年内让更多临床医生能更快、更准确地评估和诊断多动症等神经发育问题；这意味着可以更早地处理一些问题，而儿童也会更快地得到所需要的帮助。其他诊断技术（比如脑成像方法）尚未准备好投入使用，下文即将提到。

但是，在治疗方面，情况还不明朗。有些案例中，高新技术疗法为治疗神经和精神疾病提供了强有力的新途径。粗糙的侵入性的大脑改变技术已经成为过去，我们着眼于未来，力图设计广泛的电子产品用以影响和改变大脑功能。然而，这些新技术成本较高，也不会像良好饮食、运动或充足的睡眠那样能够带来内在的普遍性的健康益处；尽管如此，我们在建议家长为其多动症子女使用这些技术之前，必须要努力证明这些技术的有效性。虽然我不建议你现在就使用那些计算机化的或电子化的治疗方法，但是你自己应该去了解这些方法，以及与这些方法相关的科学研究。这些知识能让你批判性地看待这些技术的最新研究进展。接下来我们会提到一些"热门"技术，其中一些你可能已经在电视、报纸上，或者网络检索突破性评估和治疗技术时看到过：

- 针对注意力的计算机化认知训练。
- 神经反馈（也称为生物反馈），包括主动的和被动的。
- 直接的脑刺激技术（经颅磁刺激或直流电刺激）。

但是在了解这些技术之前，先让我们了解一下电子屏幕使用与多动症之间的复杂关系。

屏幕使用与多动症：去伪存真

我在第四章已经提到，长时间使用电子设备，尤其是在晚上，会因为蓝光进入眼睛而导致睡眠问题。但是，电视、游戏或其他设备会在多大程度上导致多动症呢？在这里我们提出两类问题：

1. 直接效应问题：看太多电视会影响注意力的发展或导致与多动症有关的问题吗？
2. 间接效应问题：多动症如何使儿童更容易受到使用电子设备的潜在负面影响？

使用或接触电子设备是否会导致多动症是一个普遍存在的疑虑。再强调一次，下面提到的重要发现与多动症之间的联系是间接的：科学研究表明，游戏和电视中的暴力内容会增加攻击性倾向，而攻击性倾向是多动症儿童的一个主要的问题，因为他们的自我调节能力较弱（请看下一页的专栏）。至于电子设备使用是否会影响多动症、注意力以及自我调节的消息，则没那么夸张：长时间使用电子设备确实会减弱注意力、增强多动症的影响，但只是轻微影响。先不说电子设备对多动症的直接影响，对于多动症儿童的家长来说，最大的忧虑往往是，孩子使用或想要使用电子设备的时长问题。目前有许多关于多动症儿童对电子设备有成瘾趋势的说法，虽然都缺乏科学证据的支持。不管怎样，考虑到互联网的社会危害，很多家长都很担心，因为他们的孩子似乎执着于尽可能多地使用媒体。

机会还是风险

当前的电子设备在提供信息或教育方面的潜能是令人难以置信的。但是其利弊却比较复杂。一方面，使用这些计算机工具可能会帮助儿童学习技术。这一想法让许多家长给刚学步的孩子就配备了平板电脑。该技术被吹捧为一种学习辅助工具，侵入学校教室。平板电脑、屏幕媒体，甚至电子游戏这样的工具，都具有积极的教育价值。一些游戏可以教儿童学习如何阅读；也有一些可以教儿童学习数学。与此同时，我们也必须承认这些游戏也有不好的地方。因为儿童会沉迷其中，这让很多家长非常担忧。有时候，将全部的社会问题都归咎于电子设备，似乎有些过于简单。让电子游戏、电视或者电脑充当保姆的角色确实很吸引人。"我儿子沉迷其中，我就可以做其他事情了！我高兴，他也高兴，这似乎是双赢！"对于一些家庭来说，其实并没有太多选择，因为他们有很多事情需要去做。

> **多动症与攻击行为的风险**
>
> 虽然不是什么新鲜事，但重要的是要意识到，对于那些满足多动症诊断标准的具有多动/冲动行为问题的儿童来说，其主要的风险之一就是出现攻击性的反社会行为。大约 50% 的多动症儿童会在这方面发展出严重的持续性问题——远远高于其他儿童的平均水平（低于 5%，不包括青春期内有时会出现

的短暂反社会行为）。就像多动症的其他方面一样，这只是一部分多动症儿童会表现出的问题。警示信号包括：

- 公然挑衅成年人（公然拒绝服从教师或家长）。
- 对惩罚漠不关心或看起来对将要发生的事情不感兴趣。
- 总把自己的感受和问题归咎于他人（不只是他的兄弟姐妹）。
- 教师或其他家长抱怨他们太霸道、专横或咄咄逼人。
- 在学校打架。
- 大部分时间都极其愤怒。

如果你的孩子表现出一些上述的行为，那么就要提高警惕了。虽然学步的孩子会有一点"攻击性"（比如为了得到玩具而推倒其他孩子），但随着正常的发育，他们长大后就不再表现出这些行为了。年龄大点的孩子表现出的攻击行为可能是一种习得行为，是因为之前的攻击行为以某种方式被模仿或鼓励。这些攻击行为可能是在家里习得（比如，家长与孩子之间不断地相互威胁）或者从同伴（例如，观察其他同伴的表现）和社交媒体（网络和电视）习得。最近的元分析研究已经证实，观看暴力媒体内容可以增加对社会情境的敌意解读和想法。一些多动症儿童很容易走上这条路，因为他们在社会性学习方面存在不足（也就是说，难以像其他儿童那样学习到预期的社会规则）。这意味着他们更容易受到攻击行为的示范性的影响，进而模仿或尝试。

例如，乔和坎迪斯在接受评估的时候和我说，他们有两个需要特殊照顾的学龄期男孩——一个患有严重的多动症，另一个生理上有残疾——和一个婴儿。父母双方都长时间从事低薪工作，孩子们也很难管理。唯一能掌控的办法就是，让他们长时间沉浸于电脑游戏或电影。但乔和坎迪斯自然想知道这么做会如何影响孩子们的发育以及儿子的多动症症状。科技发展瞬息万变，各种各样的电子产品也层出不穷。当前，儿童能够使用的科技设备包括以下几种：

- 电脑。
- 电子游戏机。
- 电视（现在可以联网播放电影和节目）。
- 笔记本电脑和平板电脑。
- 手机。
- 便携式音乐播放器。
- 联网的手表。

当你阅读本书的时候，这个清单里的内容可能已经过时了。你现在和将来需要知道的是，所有这些设备（手表可能除外）都有蓝光屏幕，会干扰褪黑激素分泌和睡眠（正如第四章所提到的）。所有的设备（即使是一些手表）都可以联网。一旦使用者连上网，就可以使用其他工具：社交网站；文件和图片共享网站；交流网站；搜索引擎；购物网站；视频和电视剧；还可以聊天。

如果儿童能够完全掌控这些工具的话，显然他们可以通过这些媒介获得大量的信息，也有机会去学习并接受教育。但是在大多数情况下，这只是一种假设。常见的问题包括：

- 分散注意力、吸引注意力的信息，可能会影响注意力和焦点。
- 让人分心、刺激过度的或引发不良行为的暴力内容。
- 超出儿童成熟水平的色情、露骨或令人不安的性内容。
- 将个人信息公之于众。
- 性侵犯者。
- 网络欺凌和骚扰。
- 思想极端分子（比如恐怖组织）。
- 充满恶意、敌对或贬低言论的，所谓的留言平台。

这些媒介越来越复杂；它们构成了有史以来最强大的教学技术。它们频繁地对用户进行不可预期的反馈，使其具有内在奖励和培养用户习惯的特点。然而，尽管这些新的工具可以有一些教育或娱乐功能（确实也可以给家长腾出一些时间休息），但它们还会对儿童的执行功能、自我控制、亲社会行为以及注意力的健康发展产生一些不利影响。除了干扰睡眠质量，它们还与运动、自由玩耍以及家庭作业形成了竞争。

接下来介绍几个关于这些媒介的重大消极影响的最新科研进展。

电子媒体、暴力内容、攻击行为和多动症

如前所述，多动症儿童最常见的严重并发症就是攻击行为。电子媒体会导致这一风险吗？我们现在持肯定答案。实际上，科学家在很久之前就已经发现，不受限制的电视或电子游戏所包含的暴力内容会伤害儿童。每天观看一小时不受限制的商业电视意味着，儿童会在一星期内目睹数十起极端暴力行为（谋杀、袭击，甚至强奸）。卡通或戏剧也是如此。在这种情况下，艺术并不会反映生活；电子媒体所展示的暴力内容比现实世界要多得多，这让孩子对社会世界产生扭曲的理解。

这不仅会超出孩子的心智水平。科学研究表明，电子媒体上的暴力内容会导致儿童在短期内，甚至整个生命全程中表现出更多的攻击性行为。这是科学心理学中最经得起考验的研究成果之一，也是最鲜为人知的发现之一。十几年前，美国心理学会在其旗下刊物

> 电视上的暴力内容远远超出了现实世界中暴力行为发生的频率。

《公众利益的心理科学》上发表了一篇权威文章。该文章汇聚了上百项观察性和实验性研究，其科学证据是毋庸置疑的。对这上百项研究进行的综合性文献回顾得到了相同的结论。

要点：毫无疑问，电视和游戏暴力会让容易受攻击内容影响的儿童表现出更多攻击行为；多动症儿童更容易受攻击内容的影响。

媒体暴力通过涉及攻击行为的脚本、习惯和图式诱发了人们心智中的自动成分。回忆一下第一章中提到的内容，自动脚本管理着人们的大多数行为，是自我调节的一部分。人们通过施加心理控制来驾驭它们。在头脑发热的时候，更多地观看暴力媒体内容的人们往往更容易激活这些自动的攻击脚本。当然并非所有的儿童都会受到相同的影响；有一些儿童实际上是不受这些内容的影响的。但是，多动症儿童是一群容易受影响的人。

> 在普通人群中，暴力媒体内容与攻击行为增加之间的因果关系，与吸烟和肺癌之间的因果关系，在强度上是相似的。

那么这种影响的程度是否大到让人担忧呢？是的。从公众健康的角度来看，暴力内容与攻击行为之间的关系，如同阿司匹林对心脏病，或吸烟与肺癌之间的关系一样重要。这是我们所知道的在公众健康领域最明确的关系之一。

✓ 一览表

行动步骤

监控你的多动症孩子正在与哪类媒体内容互动是很重要的。如果他在攻击行为或想法上有麻烦，那么必须限制他在电视、电子游戏或其他电子媒体上接触到的内容，直到他证明自己能处理好。

电子媒体、注意力发展与多动症

电视和电子游戏到底是因为其高唤醒本质，还是因为其快节奏的、抓人眼球的呈现方式，导致注意和执行控制功能的发育减缓的，我们对这个问题还不太清楚。另外，社交功能外的电子媒体还有可能抑制其社交和语言技能。然而，虽然这些观点在直觉上很有吸引力，但科学文献数量较少、方法薄弱，因此还没有确定的结论。

然而，我们可以用冰球做比喻，推测一下事情的走向。2015年，科学家将大量考察电子媒体使用与多动症关系的研究进行了元分析。这一权威研究的结果显示，长时间地使用电子媒体与更多的多动症症状之间确实存在一定的关联——包括一些支持因果关系的实验研究。正如人们怀疑的那样，这种关系可能尤其适用于注意力不集中的表现，而不是多动或冲动行为。然而，这种关联程度很低——当然比媒体对攻击性的影响小，也比多动症的其他大多数危险因素小。这种平均效应是否掩盖了某些儿童身上可能存在的较大的效应，还不得而知。而且目前还不清楚是什么导致了这种关联。是电子媒体直接干扰了注意力的发展？还是说，只是间接地干扰了注意力发展，比如电子媒体仅仅是简单地使儿童远离了与其他人的互动或不能参与其他事情，而这些活动恰恰是其大脑全面发育所需要的。

虽然电子媒体与多动症之间的关联效应较小，但是对于多动症儿童来说，只要成功就意味着我们要尽可能多地解决他们在发展过程中遇到的障碍。如果可以的话，除了监控孩子所接触的媒体内容外，你还要限制孩子看屏幕的时间。幸运的是，如果你的孩子有一小时的自由玩耍时间、大量的锻炼时间、做家庭作业的时间，以及能够及早上床睡觉以保证10或11小时的睡眠时间，而且卧室里不允许放电子设备，这样算来，就没有多少时间让他过度使用电子媒体了。

> 电子媒体使用与多动症症状之间的关联很小，主要体现在注意力不集中上。

✓ 一览表

行动步骤

确保你的孩子有足够多的锻炼和睡眠（见第四章），不要留下过多的时间让其过度使用电子媒体。考虑实施下面的专栏提到的限制。

> **常见问题：对于电子媒体使用，合理的限制是什么？**
>
> 摘自美国儿科学会：
>
> **对于普通的儿童和青少年：每天最多花 1~2 小时高质量地使用电子媒体。**对于多动症儿童来说，要比这个时间短——每天最多 60~90 分钟——才可以。这么做可能有一定的挑战性，因为多动症儿童似乎更容易被电子游戏或其他媒介提供的简单的大脑刺激（以及简单的"多巴胺刺激"）所吸引。但这是一个好的指引。需要注意的是，这里强调的是高质量时间——意味着你知道孩子能看什么、能做什么。
>
> **对于 2 岁以下的刚学步的孩子：禁止接触电子媒体。**"0—3 岁"协会的要求更宽容一些：他们建议要限制学步儿接触屏幕的时间，对其进行严格监控；另外，建议父母加强屏幕与真实事件之间的区别。这意味着，任何 2 岁及以下的儿童只有在家长陪伴下才能使用电子媒体，这样家长可以跟孩子分享体验，解释媒体内容，并实时监控媒体使用情况。

社交媒体与网络安全管理：什么在起作用

多动症儿童在社交上有问题；他们会误读社交线索，并陷入混乱的社会关系中。从这个角度看，许多家长都担心孩子能够借助设备无限制地上网。根据皮尤研究基金会的一项全美调查，在 2013 年，95% 的美国青少年会上网；有手机或其他移动设备的比例占 75%。在你读这本书的时候，这个比例肯定已经更高了。对于青少年而言，作为其上网的主要途径，手机有很多优势。但是，手机也会让孩子的经历更加私人化，也会让家长更难实时监控其子女在网上或者社交媒体上做的事情。

手机具有令人分心的特点，因而使用手机会干扰注意力和聚焦能力。我们在成年人身上也看到过这种情况，他们在开会的时候被一条短信分神，而难以集中精力。我们从科学研究中也可以看到，交通事故的一个主要原因就是司机在驾驶的同时看手机。我们在大学里也可以看到学生在大学课堂上被手机干扰。我们也会看到行人由于低头用手机而走入车流中。

然而，在临床研究中（以及家长群体中），对儿童最大的担忧是网络本身的安全风险：性侵害、网络欺凌、骚扰，甚至是虽然不多但很危险的极端思想网站链接。冲动的儿童自控能力较弱，由于很容易接触到能够吸引其注意力（新颖、能激发多巴胺释放）的设备，因此更容易出现冲动反应，以及错误理解社交信息。

这些问题出现的频率有多高？没有人能确定，但是最好的证据是，虽然严重的问题很常见，足以让人采取预防措施，但远非普遍存在——而且令人欣慰的是，悲剧的结果非常罕见。因此，我们有理由谨慎行事、积极参与，而不是惊慌失措。当出现问题时，网络带来的更严重的风险主要与过度上网有关（远远超出了上一页的专栏中提到的时间范围）。例如，最近的两项大型研究发现，上网时间越多，受到性侵害或其他侵害，以及接触高危险内容（色情、暴露或极端内容）的概率越高。除此之外，文献中提到的风险因素还包括缺少家长监督、儿童缺乏对风险的认识、儿童低自尊，以及儿童违反规定的倾向。

要点：虽然并非所有的风险暴露都会自动产生不良影响，而且最具悲剧性的危害是极其少见的，但是家长仍然需要监控孩子的上网情况，采取下面总结的积极预防措施，尤其是如果有一个冲动或社交不安全的孩子时，更要如此。

减少冲动儿童的网络风险的行动步骤

- 积极参与，与孩子就他们的在线活动进行交流。
- 在线安全教育：监控孩子的安全设置以及公开言论。

- 保护孩子的自尊。
- 解决违规的习惯。
- 将网络游戏分离出来，并认识到它可能对一些青少年的朋辈关系有重要作用。如果是那样，就教给孩子一些安全规则，并就他的游戏时长达成共识，以便不影响其他重要的活动和社交机会。
- 如果你的孩子没有遵守在游戏时长上的规定，甚至有些失控，寻求专业的建议。为孩子制定一项周密计划的行为方案可能是有必要的（有关这些方法的详细信息，请参见第九章）。

要点

电子媒体、游戏和上网

监控。要参与，要管理！无论是电视或游戏暴力，还是网络风险，科学研究已经明确指出父母参与的程度能够对安全产生最大的影响。看电视和视频的时候，花时间看一下你的孩子正在看什么，这样你才知道内容。对于使用电脑或手机上网，要充分参与，去了解你的孩子正在看什么，鼓励他们向你展示这些内容，花时间和他们一起，保持参与和知情。要保持平衡——避免过度干涉，但是要保持开放交流的状态。尽你最大努力，尝试建立伙伴关系；重要的是，不要脱离这种关系。坚持下去。

讨论。要解释。一些数据表明，当家长与孩子谈论并解释电视、视频或网上的内容时，能够帮助孩子正确地理解这些内容。提一些问题，保持好奇心，然后讨论。讨论的时候，不要过度批判孩子的所观看的内容；此外，你还可以用自己的上网情况树立榜样。

讲解安全知识。对于上网这件事，必须要讲解安全信息。就像任何其他强大的工具一样，孩子如果使用不当的话，网络会带来非常严重的危害。和你的孩子讨论并讲解，如何安全上网，如何保护隐私，以及如何查看安全设置；为他们讲解其危害性，以及如何避免这些风险。制定基本的规则：要求孩子让你看他们在网上所观看和发布的内容，让你检查他们的安全设置。

限制。使用电子设备或上网的时间越长，意味着风险越多。接触暴力媒介的时间越多，对自动行为习惯的影响就越大。要限制电子设备的使用时间。使用时间越长越危险，因为上网时间长的孩子，恰恰是那些过度暴露个人隐私（写博客，有公众可见的社交网络账户）的孩子。同样，这尤其适用于那些有冒险或违规倾向的孩子。所以，监控使用时间，确保它不会影响其他必要活动（睡觉、锻炼以及面对面的社交活动）；把在其他地方发生的普通的违规行为看作是网络风险的危险信号。

了解孩子的朋友。如果孩子的朋友较少，或者他被欺负了，或者他的朋友赞成冒险行为，那么风险就会升级。尝试和教师交流，和孩子的朋友沟通。欢迎孩子的朋友去你家做客，以便了解他们。

树立正确使用电子设备的榜样。最近的一项研究观察了 55 个家庭在家吃饭的情况。研究者发现，家长沉迷于手机与孩子的不良行为之间有强相关。监控你自己的手机使用情况，对自己和孩子使用相同的标准。

考虑个体差异。索尼娅·利文斯顿（Sonia Livingston）和彼得·史密斯（Peter Smith）于 2014 年发表的一项权威综述文章中提到，各种网络安全程序都不够个性化，不是非常有效。根据孩子的发育水平，以及对机会和风险的应对情况，为他量身制定一套切实可行的方案。

科技与多动症治疗

在第八章和第九章，我回顾了多动症治疗的现状，对平衡传统的"主流"方法以及新兴的"其他"方法提供了一些建议。在这里，我特别关注一些正在涌现的高科技新方法。即便这些技术还没有成熟到成为你的总体规划的一部分，但是你仍然有必要了解它们。下面是目前我们所知道的一些情况，关于新技术如何帮助有多动症症状或相关问题的孩子。

计算机化认知训练

什么是计算机化认知训练？ 它是指孩子坐在计算机前面，尝试解决计算机呈现的问题。这些问题会对工作记忆、选择性注意或反应抑制等发起挑战，进而增强这些认知技能。新版本的训练程序往往是自适应的，也就是说计算机会根据儿童的学习进度调整问题的难度。问题的复杂度也会增加，一个问题会考察多种认知能力。最新的、更成熟的计算机测验程序还在更新之中，但是已经有大量的文献考察了"第一代"基于计算机的注意训练对多动症儿童的治疗效果。

认知训练治疗多动症的理论依据是，新的神经元生长将会被激发，大脑随之改善其自我调节的总体能力。目前，针对多动症儿童的训练方法中最知名的是Cogmed；Cogmed诞生于瑞典，然后由美国的培生公司推向市场。有大量研究考察了Cogmed对多动症的治疗效果，因此这也是我要重点介绍的内容。另外，其他工具也正在研发之中。比如，加州大学旧金山分校开发了一套游戏，试图通过复杂的游戏形式吸引和激励儿童，激活相关的脑区。该游戏的理论依据是，动机和参与是认知技能增长的重要组成部分。但是这些游戏还没有商业化，也没有进行临床应用。当然，还有一些其他类似的产品已经进入市

> 除了提升训练任务或类似活动的成绩外，当前的数据并不支持计算机训练还可以将训练效果迁移到学校、家庭或者其他任何场景。

场，在全美范围内被积极地应用于治疗多动症。但是除了 Cogmed 之外，大部分产品对多动症的治疗效果都没有得到很好的研究。这些产品通常成本较高，关于效果的数据质量参差不齐或者非常初步——还不足以让我有信心将其推荐给你的孩子。

计算机化认知训练是一种新理念吗？不是。计算机化认知训练的基本理念已经存在几十年了。这种理念有很好的理论基础——毕竟，大脑可以随着训练和学习发生变化，而且表观遗传学告诉我们，适当的刺激可以导致永久性的改变。科学研究已经发现，计算机程序能够帮助人们有效地提升特定的技能（如阅读），也有可能提升记忆能力。2016 年发表的一项元分析研究发现，抑郁人群可以通过以改善情绪为目的的计算机程序获得一些帮助，虽然这些结果具有不确定性，因为研究数量较少，测量指标也不够完善。但是，几十年来，一直困扰科学家的更重要的问题是，训练像工作记忆这样的整体能力（而不是像阅读这样的操作技能）能否改善其他没有训练过的能力。对于多动症而言，重要的问题就是计算机化的工作记忆训练（打个比方）能否改善其在学校或家里的专注程度以及成绩，甚至行为。那些销售这些产品的厂家声称，专业的计算机程序或游戏可以实现这一目的，甚至可以提升智商。但是，总体来说，数据并不支持这样的论断。提高一项技能，如在电脑上集中注意力，似乎并不能提升课堂上的自控能力。

> **常见问题：我听说过一些训练大脑的计算机程序，它们是骗人的吗？**
>
> 优秀的计算机训练程序需要严谨的科学做后盾。我的实验室也参与了一项使用游戏的临床治疗试验。像 Cogmed 的创始人这样的科学家也正在尝试做好这件事；而且，在谈到他们的数据的时候，这些科学家会全面、谨慎并尽力让数据透明化（以 Cogmed 为例，其创始人拒绝从他的工作中获得任何经济利益）。

然而，目前的计算机训练程序的市场还不够成熟，且被过度夸大了效果，远远超出了数据所能说明的问题。多动症是一个相对较新的市场。

要知道，对于那些急于防止认知能力随着年龄增长而不断衰退的老年人来说，计算机训练的历史要长得多，而且错综复杂。这就使得市场营销有过热的风险。

> 用电脑训练多动症儿童最大的问题是：在训练过程中取得的改善能否拓展到儿童的日常生活中。到目前为止，我们还没有确定性的证据。

2014年发表的一项重要的元分析文章发现，对于老年人而言，使用计算机化认知训练对语言记忆和加工速度有较小的帮助，对注意力或执行功能（多动症备受关注的领域）则没有帮助。此外，焦点效应虽然很小，但也只出现在集体培训课程中，而不是在家单独进行的计算机练习——这表明社会背景在一定程度上对于所发现的效应起重要作用。最后，还没有研究考察训练是否影响日常生活功能以及效果的持久性。另外一项针对高风险老年人（已经开始出现认知下降的老年人）的大型系统评述文章则持更乐观的态度，该文章提出，即使是在实验室进行的注意力和执行功能测试，这一群人也会从中受益。但是，研究人员也提到，研究质量较差，样本量较小，日常生活功能是否受影响并不清楚。最后，在2016年发表在《公众利益的心理科学》这一权威杂志上的一篇大型的综述文章，得到的结论是，计算机化认知训练的效果并不能迁移到训练任务之外的任务或相关的功能上。

由于对计算机化认知训练这一整体领域的担忧，在2014年，数十名顶尖神经科学家联名签署了由马克斯·普朗克人类发展研究所和斯坦福长寿研究中心发起的一项声明。他们对计算机训练行业夸大其表达的内容表示批判。对于厂家关于其产品效果的说法，支持性的研究往往样本量较小，控制不够严密，没有考虑动机或预期效应，也没有显示出这些游戏是否优于，或者至少和其他健康的生活方式（比如散步或社交活动）一样好。这项共识声明提到，这些游戏也许能够改善计算机上测试的特定能力（只能证明我们永远不会老到不能学习新知识），但是很难很好地迁移到其他领域或者改善整体的认知和脑健康。他们强调，其他诸如锻炼、社交等健康的生活方式，都比大多数脑力游戏能更有效地利用时间。他们还提出，一种单一的测试或训练模式（比如在计算机上训练）都可以在一定程度上导致认知功能的改善。实际上，任何认知挑战（下国际象棋、做字谜游戏、玩数独），无论是否在计算机上操作，都可以在一定程度上改善注意力和记忆，以及帮助保护老年人的大脑健康。

这一观点让我们在尝试使用计算机化的认知训练帮助多动症儿童时有所警惕。我们必须考虑以下问题：

1. 计算机化训练程序是简单的"应试教育"，还是可以将训练效果迁移到其他认知能力上或其他场景中？
2. 它们是否通过改善自控力、课堂学习或行为，从而有助于日常功能的改善？
3. 最重要的是，它们是否比锻炼等其他活动更有效？

上述三个问题的答案分别是（1）大部分情况下都是应试教育；（2）即便是，也不多；（3）不清楚，但值得怀疑。

计算机化的认知训练与多动症。对于多动症，现在市场有一些主要的计算机化训练程序。关于这些程序，褒贬不一。2014年《北美儿童与青少年精神疾病临床研究》出版了一期特刊，提供了权威性的总结。数月后，相同的一批科学家于2015年在另一个杂志上发表了一项更详细的元分析文章。这些综述文章将十多项随机对照试验（也就是那些能够提供因果证据的研究）整合起来。上述文章得到的结论有一些细微差别，但可以总结如下：

- 家长，可能由于没有对干预进行"盲处理"，在注意力分散这一症状上看到了轻微的改善。

- 在实验室进行的工作记忆测试显示出小的改善。
- 经过明确"盲处理"的评价者(比如教师),并没有观察到多动症症状的稳定改变。
- 学业成绩上没有可靠的提高。
- 挑战多项认知功能(例如,不仅仅是工作记忆)的训练程序要比没有挑战认知功能的训练程序的效果更好,但是仍然没有突破迁移这一障碍。
- 总体上,计算机化认知训练(目前还)不是治疗多动症的有效方法。它对一些特定的领域,比如数学或阅读,可能是有效果的。

 要点

计算机训练

通过一项计算机化认知训练程序,恐怕很难看到对多动症症状或课堂行为的持久的、可迁移的改变——即便这项程序糅合了成熟的多任务成分以及激发个人动机的成分(最好的程序不久之后就能实现这一点,所以我们会找到答案)。

在为你的孩子花钱购买计算机化训练程序之前需要持谨慎态度。这些程序可能很贵,所以所需的证据要很充分。这类程序或许可以作为一种储备方法,帮助一些孩子提高记忆技巧或阅读能力,或者补充其他特定的学习目标,但是它们对多动症症状的效果是值得怀疑的。即便未来的研究确实能够显示出稳定的效应,这种类型的治疗方法很可能是作为其他治疗方法的辅助手段,而不能治愈多动症。

最重要的是,完全可以用其他的健康活动替代,而不是将珍贵的自由时间花费在计算机训练上;正如我们看到的,大量更有力的证据表明,锻炼等活动方式能产生积极的效果。

综上所述,考虑到这些训练程序的成本昂贵,时不时还有充满争议的市场营销，而且专家的述评文章给出的支持性结果也很微弱，所以我不能为你的多动症孩子推荐使用它们。我极其希望未来的几年内，这一前景会更加光明，然而就像之前提到的比喻：在这种情况下，冰球可能不会飞向那里。这些治疗方法值得继续研究，因为其潜在的价值是巨大的；但很有可能它们仍待开发。

脑电生物反馈（神经反馈）与多动症

什么是生物反馈？ 在传统的生物反馈中，机器会显示你的心率或者血压，然后你可以通过改变心理状态来改善心率值或血压值。人们可以学习这样做，它对于缓解压力、高血压以及戒烟等方面是有效的。对于多动症而言，逻辑相似，差别之处在于尝试改变的是脑电波的模式，而非心率值。一台机器记录你的脑电波，你观察计算机屏幕上所展示的内容，通过改变心理状态来学习改变其形态。我在第一章中提到，多动症与大脑皮层唤醒度较低有关，唤醒度低可以通过慢波活动来体现。神经反馈可以使用一套生物反馈系统来矫正这一问题，教儿童将他的大脑唤醒度（脑电波）转变到一个更理想的有效注意的状态。

在一项典型的任务中，儿童坐在电脑前面，电极放置在头皮上（通常电极会安置在类似于游泳帽的电极帽上）；然后试图仅仅利用思想将一个红球控制在一个圆圈的中心，或者做一些其他能够影响脑电波的类似任务。

很显然，包括儿童在内的人很快就学会了该怎么做。当他们执行任务的时候，脑电波的形态确实会发生变化。没人会质疑这一点。问题是，当他们离开治疗场所后，会发生什么？（一种相关的方法是，进行被动的脑电波操纵，通过轻度的刺激将脑电波反馈回大脑。不过这种被动的方法还没有得到充分的研究，所以在这里我主要关注主动反馈的方法。）

如何操作？ 常用的神经反馈方法有两种。第一种方法聚焦在所谓的脑电波频谱上——将慢波与快波活动做对比。这种情况下，儿童要学会改变慢波与快波活动的比率（如果你想回顾一下这一指标与大脑皮层兴奋的概念有什么关系，请看第一章）。这一想法很吸引人，就像第一章中提到的，许多多动症儿童都表现出过多的慢波活动。实际上，在20世纪70年代就有人提出了这种神经反馈方法。然而，在过去几年中，才出现更复杂的研究试图对这种方法进行适当的评价。第二种方法是训练慢波皮层电位，这是另外一种特殊的脑电信号，但原理是相同的。

无论哪一种方法，调节脑电信号都被认为与最佳的注意力和警觉性有关。把安全、无痛的电极放在儿童的头上，记录其脑活动的同时，他可以观看屏幕上的反馈演示。如果儿童没有进入预期状态，演示内容会发生变化。例如，演示的内容可以是一个球或一个卡通人物，当儿童达到了脑电波的目标形态时，这个球或者卡通人物会移动至特定区域。或者，儿童可以观看影片，如果儿童的脑电波没有达到目标形态，电影就会停止放映。因此，反馈内容会不断地告诉儿童，他是否较好地达到了脑电波目标状态。换句话说，这是一种行为改变疗法，但改变的是儿童的心理唤醒状态。通常情况下，这种反馈会进行个性化调整，以帮助儿童获得足够的积极反馈，从而避免沮丧、保持专注。通过多个阶段的练习，儿童逐渐学会调节脑电波，这样他就知道自己何时处于一种"平静或警戒"的状态，然后就可以自主地将自己调节到那个状态，并控制他的注意力症状。

数据说明了什么？ 2013年、2014年以及2015年发表了多篇专业的科学评述文章。结论基本相似。最广泛（2014年）的结论是，这些方法并没有显示出预期的皮层学习类型。与计算机化认知训练一样，没有对干预进行足够的单盲操作的评价者，看到了行为和学业效果，这可能受到了他们的预期的影响。如果进行合理的控制，将评价者进行盲处理，观察到的效应会很小，而且不稳定。

要点。虽然当前有一些喜人的进展以及少量不错的结果，但现在还不是利用这种方法对多动症儿童进行有效治疗的最好时机。再说一次，这些方法背后都应该有严谨的科学支撑，而且对此感兴趣的应该是出于善意的研究者。但是，市场营销再一次超出了研发的节奏。这些产品价格昂贵，推销激进，很容易买到，却没有科学证据做支持。大多数情况下，用于营销目的的数据都不符合控制良好的试验所要求的严格标准。本书所要强调的科学共识是，被动的方法还需要大量的研究；与此同时，神经反馈的主动学习方法是一种有希望的治疗方法，但现在还不能推荐给你的孩子。敬请期待：未来的研究可能会证明这种方法确实有效。但是现在，请捂好你的钱包。

> 目前科学研究尚未表明生物反馈/神经反馈是一种值得为多动症儿童投资的治疗方法。

直接脑刺激

直接脑刺激是什么？ 它指的是用局部磁脉冲或柔和的电流通过头皮直接刺激大脑。这一方法不同于老式的电休克疗法，该方法现在往往是在麻醉的状态下使用。电休克疗法采用强电流刺激大脑诱发抽搐，试图让大脑"重启"并充满积极的神经递质，会在其他治疗方法不起作用的情况下使用。与该方法不同，直接的脑刺激法是在个体清醒的状态下使用柔和的电流刺激大脑，在刺激的时候，不会有任何行为或感觉上的影响。这里我引用了2015年底发表在《儿童神经病学杂志》上的一篇权威综述。

有哪些具体的方法？ 其中一种方法是经颅磁刺激（transcranial magnetic stimulation，TMS）。这种方法是在头部附近放置一个线圈，线圈中的电流会产生电磁脉冲，脉冲穿过头骨进而改变大脑中的电信号。经颅磁刺激产生的效果是可以验证的。例如，如果脉冲刺激的是运动皮层，手上的电极就可以记录传递到手上的运动信号。如果脉冲刺激的是视觉皮层，患者就会报告看到了视觉图像。通过改变脉冲频率,操作者可以激发或抑制所刺激脑区的活动。有人提出,这种方法可以作为一项诊断工具,作为改善服药效果的工具,作为治疗多动症以及其他行为、心理和情绪障碍的直接方法。虽然该方法在成人中普遍被认为是安全的,而且开始对儿童的安全性进行评估,但会出现一些令人担忧的副作用,比如头疼,极少数情况下还会出现癫痫。早在2009年召开的一次专家会议就提出,这种方法对儿童相当安全,但是只有在有充分临床理由的情况下(例如,其他治疗已经失败)才可以使用。

另外一种相关的方法是经颅直流电刺激(transcranial direct current stimulation,TCS)。该方法是在头皮上放置电极,电极间会有电流穿过头皮。虽然这种方法也可以刺激特定位置,但其精确性要比经颅磁刺激差一点。该方法不会导致大量的神经活动,因此风险较低,但也有可能由于定位精度差而产生较弱的效果。

这些内容听起来让人兴奋,有什么证据呢? 多年来,对于精神疾病,涌现出一些非常有趣,且有可能是革命性的治疗方法。目前有一些引人注目的初步发现。因此,美国国家心理健康研究所花了很多精力去研究这些方法的有效性究竟如何。经颅磁刺激和经颅直流电刺激对于治疗抑郁症或偏头痛都有一些不错的效果(还没有研究表观遗传变化等)。对于使用经颅磁刺激治疗多动症,还没有合适的对照试验研究发表,虽然在撰写本书的时候,有一些研究正在进行之中。对于经颅直流电刺激,在我写作的时候,有一项针对多动症成人的研究正在进行,但是还没有公布任何结果。就我所知,目前还没有针对多动症儿童的实验。

要点。 对于多动症,这些方法虽然听起来很有意思,但还是属于实验性的、未经证实的治疗范畴。遗憾的是,可能会有一些不讲道德的人私下给你推销这些产品。最重要的是,这些方法对于儿童的风险还没有得到充分研究。

例如，改善某一区域（如注意力）的刺激是否会导致儿童在其他方面（如记忆力）的损伤，目前还不得而知。在这些风险得到澄清，以及合理的试验完成之前，避免给你的多动症孩子使用这些方法。

> 经颅磁刺激和经颅直流电刺激是治疗精神障碍的有趣的新方法，但是其效果和风险才刚刚开始得到研究。在我们充分了解其风险和益处之前，不要给孩子使用这些方法。

要点

科技与多动症

基于计算机游戏的新兴高科技方法及其他治疗多动症的方法，看起来非常有趣，而且在有些情况下还非常有前景，但现在还不是使用它们的最佳时机。你可以关注这些方法，但不要在它们上面花钱。

计算机、移动设备以及互联网会一直存在，重要的是密切关注儿童在电子媒体和网络方面的使用情况。科技设备为当下的年轻人提供了社会联系以及海量信息，但是它们也会为多动症儿童带来一些独特的风险，尤其是在增加攻击行为以及成为受害者方面。虽然电子媒体对于注意力发展的有害影响看起来很微弱，但是其他风险是切实存在的，这就需要你按照本章中提到的方法去做，让你的多动症儿童免受继发性伤害。

第六章
环境中的化学物质与多动症

保持警惕但不必恐慌

大多数人都担心化学污染与孩子的多动症的关系，但很少有人知道其中涉及的都是哪些化学物质。然而，这个难题非常重要。它影响我们购买什么产品，居住在哪里，以及政策制定者和商人如何制定商业规则和政策。在这里，我们的口号是警惕但不恐慌：与多动症有关的风险确实存在，而且有充分的证据，但是这些事实有时候会被不熟悉最新研究进展的人夸大其词，也有时候会被错误地最小化。一些基本的预防措施可以有效控制化学物质给儿童带来的风险。但是想要控制所有风险，政策制定者也需要加大力度。

很明显，2015年和2016年在美国出现的一些围绕铅及其他污染物相关的公共卫生危机中，许多政府官员、学校官员及其他人都不了解其中所涉及的科学知识。这让我相信，让你知道我们在多动症和化学污染这个问题上的立场是很重要的。遗憾的是，有些解决办法需要政策制定者采取行动。放眼未来，这个问题很有可能会在好转之前变得更糟糕，所以我们的目标是保持领先。

化学污染会影响大脑是有道理的。毕竟，大脑中基本的交流方式依赖于化学物质——神经递质、激素、微量金属以及其他化合物。因而，当化学物质通过外界进入身体时，神经系统试图从中提取信息。比如，那些在进化时期不存在的化学物质，人类身体不需要的化学物质（铅、合成塑料、化学农药），或者当微量元素的剂量远远超出了身体的需求时（比如镉、砷），这种"信息"就能而且确实会对大脑产生影响。

当我在2016年写这本书的时候，化学污染再次成为有关儿童健康的头条新闻。在俄勒冈州的波特兰市，当地玻璃工厂被怀疑向空气中释放了超标含量的镉及其他化学物质；彼时，作为一个繁荣、管理良好的现代化城市，由于柴油卡车造成的污染集中在市中心，其整体的空气质量差得惊人。但是，

2016年最大的头条新闻可能来自铅——铅可能是影响儿童大脑发育的最早得到充分研究的，也是与多动症以及其他神经发育障碍关系最为紧密的污染物。在密歇根州弗林特市，铅水不幸流入社区饮用水供应系统，随后在一个又一个社区中发现饮用水中的铅含量超标———旦污染进入了我们的环境，所有人都面临着结束污染的挑战。毕竟，从上一代开始，美国就开始对铅进行了严格的监管。所以，我们首先略微详细地从铅开始讲起，因为它为我们提供了优秀案例，关于科学研究是如何推进以及毒性污染是如何进入大众讨论的。然后我们会稍微简单地介绍一下其他化学物质，将与铅有关的事情记在心里，有助于我们评价来自科学、政府和行业的各种说法。

铅

铅与多动症有关，即便剂量非常低。这已经被美国、加拿大以及其他国家的代表性调查所证实，而且其影响独立于多个相关变量而存在。因此，要采取一切预防措施限制或避免你的孩子接触铅。这种接触可能来自水管表面脱落的铅、烟囱排放的空气污染、飞机尾气、家里或学校剥落的油漆，或者位于之前使用过铅制品地区的被污染的土壤。在国外制造的一些玩具中也发现了含铅涂料。

所以先让我们回顾一下铅的历史。在十几年前，美国心理学会旗下《公众利益的心理科学》杂志就对有毒物质接触（及其与微量营养素的相互作用）的背景信息有过权威介绍。我使用了其中的内容做了一些背景介绍，但是随后会更多地介绍与多动症相关的近期研究。

铅，当然是地球上自然存在的物质。它是一种稳定的惰性物质，这意味着它不会对其他化学物质做出反应，或者与其他化学物质相结合。所以，地球上铅的总量没有发生变化。在进化时期，从一百万年前直到一万年前，人类对铅的接触很少。实际上，基于对史前人类骨骼的研究，人类血液中的铅的平均水平在进化时期推测是十亿分之零点一六左右。我们可以暂时认为，这是人类含铅量的"正常"水平。

在过去的 6 000 年里，人们从土地中挖掘出约 3 亿吨的铅。在古代，人们使用它制作陶器（事实证明，这么做非常不明智）、武器、农业工具和机械零件；在近代，则用它制作各种各样的商业和工业产品。现在，其中一半已经回到了地球或海洋中无害的地方，但是剩下的 1.5 亿吨铅依然以某种形式存在于人类环境中。由于气流和水流的作用，它们被广泛地分散到地球上最偏远的地区。

> 美国和加拿大儿童以及其他国家的儿童，体内铅的平均水平是根据人类大脑和身体在进化时期所预期的"正常"水平的 100 倍。

铅与大脑：历史回顾

常见问题：十亿分之几意味着什么？

我知道，我之前并没有说书中会出现数学……但是了解铅（和其他污染物）含量的测量指标的真正含义是很有用的：

铅是以每分升（dL）血液中含有多少微克（mcg）来测量的（mcg/dL）。1 微克是 1 千克的十亿分之一。1 分升是十分之一升。在血液中，1 克大约等于 1 毫升（1 千克水等于 1 升水；血液和水密度相同）。1 毫升等于千分之一升。所以 1 克是千分之一升或百分之一分升。因此，1 微克是百万分之一克，或者十亿分之一升，亿分之一分升。因此，每分升 1 微克（mcg/dL）指的是一亿分之一个单位。将这个值乘以 10 的话，1 mcg/dL 就是十亿分之十个单位。在科学文献中会使用 mcg/dL 这个单位，但是为了容易理解，我将其转化为 ppb（parts per billion）。从远古人的骨骼中计算出的铅的进化数量，在血液水平上可以转化成 0.016 mcg/dL，我将其乘以 10，就可以得到 0.16 ppb。如果从血液中测量铅的含量，我们可以看到儿童的平均值是 1 mcg/dL（或 10 ppb）——这个值约为进化时期测得的正常水平的 100 倍。这还是在调控汽油和油漆中铅的使用以后的结果。

科学家现在可以非常详细地描述铅如何影响大脑，这些影响反过来可以预测儿童的行为、注意力以及智商的变化。铅含量在 1 000～1 500 ppb 这个范围内 (100～150 mcg/dL) 时，对儿童是致命的。在 19 世纪到 20 世纪期间，美国儿童体内的平均铅含量飙升到 300 ppb，成千上万的儿童死于铅中毒，许多儿童因铅中毒而患病且受到了永久性的伤害。这是那个时代在汽油、油漆、水管和其他商业产品中不受限制地使用铅的直接结果。一些行业和政界人士应该感到羞愧，尽管有证据显示铅有害儿童健康，他们却坚决抵制限制使用铅。

从 20 世纪 70 年代到 90 年代，美国、加拿大和欧洲终于开始限制铅的使用，后来逐步停止在汽油和油漆中使用铅。到了 21 世纪，美国儿童体内铅含量的平均水平从 20 世纪 70 年代的 200 ppb 显著下降到 10 ppb。这一平均数掩盖了很大的差异。低收入和少数民族儿童体内铅含量的平均水平要高得多；其他没有限制铅使用的国家的儿童体内的铅含量依然远远高于美国儿童。

如果你正在为孩子进行临床测试，那么你要意识到，许多地方的临床测试通常都没有我们研究中所用到的测试那么灵敏，这很重要。在我们的研究中，我们能在测试的 99% 儿童身上检测到铅——但是我们的测试的灵敏度会下降到 0.3 mcg/dL 或 3 ppd。许多临床测试只有这种灵敏度的十分之一，也就是只有 3 mcg/dL 或 30 ppd，这样几乎每一个儿童的测试结果都是"无铅"或"没有检测到铅"。技术人员会告诉你，你的孩子体内的铅含量是零或安全的，因为没有检测到。这是常见的情况。这样好吗？不。

"安全的"铅含量与多动症

在 20 世纪，铅含量非常高的时候，铅含量与多动症以及低智商之间的关系在文献中是非常清晰的。关于实际能够导致多动症和低智商的铅含量的争议，出现在 1990–2010 年之间，这时人群中铅的水平已经下降了：低水平的铅与神经发育障碍之间的关系还存在吗？然而，在 2000 年发表的一系列研究，包括代表性的全美大样本调查以及我们课题组使用案例对照法的研究（将仔细评估的多动症儿童和无多动症的儿童做对照）在内，均显示铅对多动症的影响依然存在。即便平均的铅含量低于 10ppb（当时美国的平均水平是 1 mcg/dL），铅含量的轻微变化（血液中的含量从 6ppb 升至 12ppb，或者从 0.6 mcg/dL 升至 1.2 mcg/dL）依旧与智商的下降以及患多动症风险的增加有关。这表明，如果存在对儿童比较"安全的"铅含量，那么这个值应该低于最先进的质谱分析仪器的检测极限。在动物研究中，同样观察到了更低剂量的铅的消极影响。因而，我们基本上已经有了答案，美国有关部门在 21 世纪头 10 年第三次将官方的铅"安全"含量降低到 50 ppb（5 mcg/dL）；但是"安全"水平有可能只是其中的一小部分。然而，这一较低的铅含量对许多儿童产生的影响看似微乎其微，现在对弱势群体的影响却比其他群体更大。请允许我解释一下。

> **常见问题：我们如何确保孩子的铅测试结果是准确的？**
>
> 你可以问一下，孩子所接受的测试中，最低的可觉察阈值是多少。如果仪器可以探测到低于 1 mcg/dL 的铅，那你就可以安心地接受阴性或"纯净"的测试结果了。但是如果你发现最低的可觉察阈值是 2 或 3 mcg/dL，你就应该担心一下孩子的注意力或智力发育问题，或者你有理由担心孩子所处的环境，甚至使用更敏感的方法（比如，电感耦合等离子体质谱法）再测一次。这种方法成本昂贵，需要建立特殊的实验环境，所以不能用于许多机构的常规测试。但是这种方法是可以获取的。另外，不要依赖于手指采血；手臂静脉采血获得的结果要更准确。
>
> 许多标准的临床铅含量检测的下限只有 30 ppb，体内铅含量低于这个数值就会被宣称为"没有检测到铅"，但是实际上孩子体内仍然可能有足够高含量的铅，进而影响其大脑发育。

铅真的是导致多动症的诱因吗？是否存在很多其他的解释？这是一个

关键问题。相关分析令人感到担忧，采用随机分配法的动物研究表明，铅会导致大鼠或小鼠过度活动。但是人类行为似乎要更复杂——人类生活在不受控制的环境中，所以很多无法想象的可能的替代解释，也就是科学家所谓的"没有测量的混淆变量"，也能够解释铅含量与多动症之间的相关。例如，铅含量高的儿童可能也饮食更差或者经受了更多的压力；这里面存在着数不清的可能性。为了确定这种影响是否为因果关系，我们使用了一种叫作"基因组分层"的方法。这是一个"自然实验"，大自然对这种基因的随机分配可以帮助我们。人体内的铅是一种金属——它会与其他金属相互作用，尤其是铁（铁是一种营养物质，但铅不是）。因为身体依赖铁，所以人类有负责处理铁、对其进行新陈代谢以及排泄的基因。当它们遇到铅时，这些基因也开始直接或间接地影响铅，因为铅与铁会发生相互作用。

你体内携带的这些基因会影响你的身体如何快速或有效地处理铁，因而也会影响你的身体如何处理铅。人体内携带的不同形式的基因（称为突变）是大自然随机分配给群体的。因此，我们就有了一个"自然实验"，在这个实验中，人们被随机分配到代谢铅和铁的高效组或低效组。如果铅与多动症之间的关系受到这种随机基因分配的影响，那么就难以否认二者的因果关系。

这正是我们在研究这个问题时所发现的（研究结果发表在 2016 年的《心理科学》上）。铅与多动症之间的关系，哪怕在仅有 10 ppb 的水平上，也极大地取决于儿童所携带的代谢铁的基因型。这也说明，对于某些儿童而言，当铅含量只有 1 ppb 时，铅含量与多动症之间的关系极小；但是对于其他儿童而言，由于受基因型的影响，这种关系仍然很大。

铅与表观遗传学。铅对大脑的影响可能是表观遗传的——也就是说，由于脑中 DNA 的化学变化，而导致基因表达、大脑功能和行为产生了稳定变化。许多研究已经考察了该问题。在 2014 年发表的一项研究中，中国合肥工业大学的研究者给大鼠的饮用水中加入了不同剂量的铅，将这些大鼠随机分配到无铅组、低剂量组（模拟人类当前的普遍水平）以及高剂量组（类似过去几十年人类的水平）。研究者通过观察动物在探索新空间时表现出的过多的运动来测量"过度活动"。"正常"的大鼠表现出对空间的高效探索，几乎没有浪费活动。"低剂量"组的大鼠表现出大量的、低效的探索，暗示存在"过度活动"。"高剂量"组也表现出大量活动，但是没有低剂量组的大鼠那么多，表明它们过度活跃，但也因铅中毒而患病。这两组接触铅的大鼠的大脑化学成分都发生了变化，其脑组织随后被用于分析，以确定是否存在表观遗传变化。在该研究中，研究者观察了一种被称为"组蛋白修饰"的表观遗传变化。

> 血液中铅含量高于正常水平所产生的影响，正是大脑表观遗传变化如何影响多动症的经典案例。

实际上，该研究团队在海马体观察到了这种明显的变化，海马体是对于学习和自我调控非常重要的一个脑区。该效应在动物死后依然存在，所以虽然我们不知道这种效应是否永久存在，但至少会持续一段时间。统计分析结果显示，这些变化能够在统计上解释铅的剂量对行为改变产生的影响。

警告：我们尚不知道的知识。 我们还不知道以下内容：

- 极低的铅含量是否无害。
- 在发育过程中，铅的损伤发生在何时（是否存在关键期？）。然而，就铅这一金属来说，产后接触似乎至少和产前接触一样重要（并非所有化学物质都是如此）。
- 关键影响因素是总体累积接触量还是峰值接触量。

要点： 大量证据表明，即便在当前美国儿童体内的典型水平上（记住，依然可能是进化时期正常水平的 100 倍），铅也会导致多动症；而且有可能是通过影响大脑的表观遗传变化造成的。随着科学的进步，科学家已经发现，曾经被认为是安全水平的铅，而且看起来微量的，仍然不利于早期发育。对于环境中的有毒物质与多动症之间可能存在关系这个普遍问题，铅是一个很好的例子。

 科学研究中的细节信息

如果你有兴趣读一下发表在《公众利益的心理科学》杂志上的文章，你可以查找这篇文章：

Hubbs-Tait, L., Nation, J. R., Krebs, N. F., & Bellinger, D. C.. (2005). Neurotoxicants, micronutrients, and social environments: individual and combined effects on children's development. *Psychological Science in the Public Interest*, 6(3), 57-121.

如果你有兴趣了解铅接触如何导致表观遗传变化，进而导致类似多动症症状的大鼠研究，请根据以下信息查找原文：

Luo, M., Xu, Y., Cai, R., Tang, Y., Ge, M. M., Liu, Z. H., et al. (2014). Epigenetic histone modification regulates developmental lead exposure induced hyperactivity in rats. *Toxicology Letters*, 225(1), 78–85.

其他化学物质

如果铅是我们唯一需要担心的化学物质，那我们就大可放心了。然而，困扰家长的是，有太多的化学物质无法掌控。家长有这样的抱怨也是正常的。20世纪的化学革命使大量的化学产品进入儿童的生活环境。超过8万种化学物质被用于商业用途。几乎所有的这些化学物质的神经毒性（即它们对儿童的脑功能的影响程度）都是未知的。在这些化学物质中，仅有不到1 000种有详细明确的神经毒性说明，即便如此，也少有研究考察其对幼儿的影响。但是，有一些经过详细研究，神经毒性效应已知的化学物质，即便剂量很低，由于在环境中很常见，因此大多数儿童都有一定程度的接触。这些化学物质是令政客头疼的主要政策问题，构成了商业的主要挑战，也是家长最为担忧的事情。很多宣传组织已经敲响警钟，试图对化学物质进行更好的监管。在多年的不作为之后，美国国会于2016年更新了一项已有30年历史的法律，试图改善对消费品和商业使用中的化学物质的监管。这让很多倡议者在一定程度上松了口气，但是总体上来说，保护力度还不够。

> 当前商业使用的8万种化学物质中，我们能很好了解其对儿童脑功能影响的化学物质还不到1 000种。

还有哪些化学物质最值得关注？近年来，公共新闻媒体对塑料（比如双酚A）进行了大量的报道，双酚A是一种能够通过消费品中进入人体的合成物。几十年来，人们一直担心烟囱排放的汞、镉、铅和其他化合物会造成持续的空气污染——空气以及水污染物中的汞会对儿童和成人的健康产生不利影响，这已经得到证实。此外，来自机动车的污染物，比如细颗粒物、氮氧化物和多环芳烃*，也正受到越来越多的关注。

遗憾的是，很难让孩子远离这些具有潜在神经毒性的化学物质。孩子可能通过咬玩具或其他东西、吃有农药的食物、喝有毒素的水、呼吸被污染的空气以及通过皮肤吸收化学物质等途径，将有毒的化学物质摄入体内。化学物质的摄入途径取决于所接触的特定污染物。与此同时，这些化学物质如何影响儿童发育，是一个非常难以研究的问题，因为很显然我们不能像研究饮食或锻炼那样，做一个黄金标准的随机分配实验。在当前的这种复杂情况下，家长最常问我的问题是："我应该保持什么样的心态？"特别是："我能怎么办？"我们不想吓到家长，但同时也要保持谨慎；在此，我们会强调现在已知的事实，为保护多动症孩子提供一些基本建议，并在这两者之间做一个

---

* 最近的一项综述文章推断，这些来自汽油和柴油机动车的排放物，极有可能与孤独症和低智商有关系；但是它们与多动症之间的关系，尚无可靠证据，目前还没有以人类为研究对象的因果研究。有一项大样本研究发现这些污染物是多动症的风险因素，而另一项研究却没有发现其中的关联。请查阅 Suades-Gonzalez, E., Gascon, M., Guxens, M., & Sunye, J. (2016). Air pollution and neuropsychological development: A review of latest evidence. *Endocrinology*, 156, 3473–3482.

权衡。

当前所关注的一些主要类别的化学物质清单，在下面的专栏内可以看到。

已知的常见神经毒性化学物质示例

污染物	与儿童发育障碍的关联
金属	
铅	确定
汞	确定
镉	很有可能
锰	有嫌疑
有机污染物	
过氧化氢苯甲酰（BHP）	有嫌疑
双酚A（BPA）	很有可能
多氯联苯（PCBs）	确定
多溴联苯（PBBs）	很有可能
有机磷酸酯杀虫剂	很有可能

对于不同种类的化学物质，已有的证据水平是不同的；不过，对于某些化学物质，我们已经有了得出结论所需要的所有证据。

有机污染物与内分泌干扰物

这些化学物质中，有许多被称为持久性的有机污染物，因为它们会在体内停留很长时间，并由有机分子（比如碳）组成。许多化学物质被称为"内分泌干扰物"，因为它们可以通过模仿体内激素的作用方式而施加影响。例如，一些化学物质会占据雌激素受体。在动物身上，这些化学物质可以欺骗身体，从而改变性发育，并对大脑神经传递模式产生自上而下的影响。这导致人们担心，这些化学物质可能会导致儿童早熟或产生其他影响，也可能影响个体的认知发展。

对于那些已知能够对大脑产生有害影响的化学物质，被称为神经毒剂。诸如杀虫剂的神经毒剂，是人为设计的具有神经毒性的物质。还有一些通过研究偶然发现的具有神经毒性的物质。当前关注的许多化学物质都是已知的神经毒剂。

持久性的有机污染物包括诸如多氯联苯（简称PCBs）这样在过去受到广泛宣传的化学物质，也包括像双酚A（简称BPA）以及邻苯二甲酸盐这样在最近受到更多宣传的相关化学物质。当然，科学家通常会花更多时间来研究那些已经被长期使用的化学品，而研究新近关注的化学品的时间更少。所以，我们对那些长期被使用的化学物质的了解要更确定一些，而且一些陈旧的知识也会因为新研究结果的出现而被淘汰。下一页的专栏中列举了很多种这样的化学物质，包括一些令人眼花缭乱的塑料型和内分泌干扰型化学物质。这些物质在工业、电子产品和制造业，还有许多家用产品中得到广泛使用。通常，至少有一些可以在家居灰尘、食品、水以及包括玩具、洗发水和食品容器在内的家用产品中找到。

化学物质接触在世界各地都非常普遍，因为这些化学物质储存在人体脂肪中，然后通过食物链传播。世界上几乎每个人的身体组织（如尿液、血液或母乳）中都能检测到一定含量的化学物质。在2015年，内分泌学会的第二份年度共识科学声明指出，大量数据表明，这类化学物质与肥胖和糖尿病、女性生殖、男性生殖、女性激素敏感性癌症、前列腺癌、甲状腺癌以及神经发育和神经内分泌系统（即大脑健康）有关。性别特异性的影响可能是相关的，因为由于胎儿期睾丸激素的变化，女孩和男孩的大脑在早期的发育是不同的。因此，男孩和女孩对这些早期、广泛存在的化学物质接触，可能会有不同的行为反应。一项小型调查研究支持了这一假设。然而，当涉及多动症和神经发育时，人类的性别特异性效应还不清楚，所以我不会强调性别差异问题。这些激素活性的化学物质也可能扰乱青春期时的发育——这一可能性已经开始在动物身上进行研究，但也缺乏确凿的数据，我还不能强调这一点。也就是说，早期的神经发育是我在这里强调的重点。我会简要介绍一些关键化学物质的主要发现，以便大家了解这些物质在多动症等问题上的作用。我将从一组较早发现的化学物质开始讲起，因为科学家对它们进行了充分的研究，这有助于我们了解，未来可能会发现那些更新但又非常相似的化学物质。

有机神经毒性化学物质

化学物质分类	化学物质	样本来源
全氟烷基酸化合物	PFOS，PFOA	铁氟龙、防水剂、食物、灰尘
有机氯杀虫剂	HCB，DDE，DDT	农业用途（逐步取消）
有机磷杀虫剂	DAP，毒死蜱（农药）	养料（农业），家居
非二噁英样多氯联苯	PCB-153	工业场地；脂肪食物
溴化阻燃剂	PBDE-47，PBDE-99	家具、床上用品、床垫
邻苯二甲酸盐	DBP	塑料玩具、塑料盘子
有机卤素（OHCs）	4OH-CB-146	黏合剂、塑料、电子产品
其他	BPA，PCE	塑料、食品容器、洗发水

关键词：PFOS, perfluorooctane sulfonate（全氟辛烷磺酰基化合物）；PFOA, perfluorooctanoic acid（全氟辛酸）；HCB, hexachlorobenzene（六氯苯）；DDE, dichlorodiphenyldichloroethylene（二氯二苯二氯乙烯）；DDT, dichlorodiphenyltrichloroethane（二氯二苯三氯乙烷）；DAP, dialkyl phosphate（磷酸二烷基酯）；PCB, polychlorinated biphenyl（多氯联苯）；PBDE, polybrominated diphenyl ether（多溴联苯醚）；DBP, dibutyl phthalate（邻苯二甲酸二丁酯）；OH-CB, hydroxylated polychlorinated biphenyls（羟基化多氯联苯）；BPA, bisphenol A（双酚A）；PCE, perchloroethylene or tetrachloroethylene（全氯乙烯）。

注：数据部分来源于 de Cock, M., Maas, Y.G., & van de Bor, M.（2012）. Does perinatal exposure to endocrine disruptors induce autism spectrum and attention deficit hyperactivity disorders? *Acta Paediatrica*, 101, 811–818.

有机污染物与表观遗传学。2015 年发表的一篇重大科学综述，总结了表观遗传发现与有机污染物的文献。虽然只研究了几种特定的化学物质，但是结果却很明晰。这些污染物在发育过程中会产生表观遗传影响，并可传递给后代（也就是说，这是可遗传的）。这些化学物质包括杀虫剂和其他有机污染物，以及像双酚 A 这样的塑料，其中研究得最多的是多氯联苯，这是一种很早被发现的化学物质（稍后会讨论）。

再说一遍，我们必须考虑因果关系。我们必须高度依赖动物研究，因为我们不能将人类随机分配到化学接触条件下。当然，其实存在各种不同类型的研究（比如下面提到的这些），在考察有机污染物的时候，也以因果关系为研究目标。

- 前瞻性的人类研究（持续观察接触量的变化是否能预测未来的结果）。
- 临床研究（有神经发育障碍的儿童，体内化学物质含量较高）。
- 动物研究中，通过随机分配，可以观察到化学物质对大脑与行为的因果影响。
- 孟德尔随机化研究（与本章前面提到的我们对铅的研究相似）也支持有机污染物在神经发育迟滞方面的因果作用。

例如，我接下来要介绍一项以啮齿类动物为研究对象的最新研究。研究让怀孕的动物接触乙烯菌核利，这是一种常用于蔬菜和水果的杀菌剂。乙烯菌核利是一种内分泌干扰物，可以阻止睾酮的作用，并改变雌激素和黄体酮在发育中的作用。由于有大量研究探讨了它的风险，该物质目前正在逐步被淘汰。在该研究中，将动物随机分配到控制组中，从而研究因果关系。这些动物的后代在大脑中显示出大量的表观遗传变化，这些表观遗传变化是因为接触乙烯菌核利而引起的。动物的"孙子辈"也表现出这些效应，

> 杀虫剂不仅能够对接触过的动物产生影响，还能够对其后代造成伤害。

即便它们从未接触过该物质。因此，这些有机污染物有时候能够导致大脑的表观遗传变化，这种变化可能持续几代人。这是它们对发育产生影响的原因之一。接下来让我们进一步看看这类化学物质的影响。

多氯联苯（PCB）。 研究最深入的持久性有机污染物是多氯联苯。这些物质都是被广泛使用的工业化合物（PCB家族，以及一组被称为多溴联苯和多溴联苯醚的相关物质，其种类都有上百种）。它们都是较新的、研究较少的有机化合物（如取代它们的双酚A）的化学表亲。

早在一代人之前，美国就开始禁止使用多氯联苯，因为经过多年的商业使用后，有大量的研究发现，多氯联苯对人类有害。但是像铅一样，它们在食物链中存在了很长时间。因此，尽管它们在人体中的含量正在下降，但它们尚未消失。关于多氯联苯的研究结果很有指导意义，因为它们的化学作用与许多仍在使用的新产品相似，包括双酚A及其他物质。目前，关于双酚A的有害影响的证据已经开始出现，但还不充分。

多氯联苯和相关化学物质广泛分布于世界各地，在几乎所有人群（从最北边的因纽特人到美国大陆的居民，以及世界各地的其他人）的身体组织中都发现了低水平的多氯联苯。虽然对于大多数人来说，接触的量很少，就像铅一样，但这并不意味着它是安全的。1~10 ppb的含量，类似于人体对激素等自然化学信使做出反应时所需要的含量。20世纪90年代发表的一项研究综述认为，当人群平均水平达到2~10 ppb时，就足以对人体内的化学信号系统产生影响。由于多氯联苯的生产已被禁止，人体内多氯联苯的含量正在稳步下降，但与此同时，其他已进入主流的相关化学物质的含量却毫无疑问地增加了。如下所述，许多其他化学物质也显示出有害影响。此外，还有很多与多氯联苯相关的未被研究的化学物质也可能会产生类似的影响，而且这些化学物质在人体内的含量也在增加。所以，让我们着眼于多氯联苯的研究发现，然后看看这些发现是否也适用于双酚A等新的化学物质。

目前许多人体内的有机化学物质水平与个体在发育过程中经历的激素的自然水平相似。20年前，苏珊·赖斯（Susan Rice）及其同事以猴子为研究对象开展了一系列具有里程碑意义的研究。研究者让猴子接触多氯联苯，多氯联苯的水平与当时（20世纪90年代）美国人群所接触到多氯联苯的水平相同。他们发现，以衡量前额叶发育的实验室任务（比如工作记忆）为考察指标，多氯联苯会导致发育问题。一个关键的细节是：这些问题直到幼猴开始成熟的时候才表现出来，也就是当它们的前额叶开始"在线"处理实验者设置的具有挑战性的认知任务时。当猴子年幼的时候，它们并没有显示出缺陷，因为猴子在早期生活中，还不能使用大脑的前额叶区域处理复杂的记忆任务。由于该项发现与多动症的问题非常相似，所以研究者推断多氯联苯可能会导致多动症。当时以人类为研究对象的很多研究也证实了这一点，这些研究发现，生命早期阶段接触的多氯联苯水平能够预测生命后期出现的注意或认知发育障碍。

这些研究很难设计，认识到这一点很重要。一些化学物质的作用与其他物质相反，使得研究者很难评估物质间的交互作用。关于产前接触和产后接触，哪种影响更大，一直存在争议。在猴子和大鼠身上，被动接触多氯联苯的母亲与其后代在行为上存在差别，这进一步使问题复杂化。

然而，已知的这些化学物质的生物作用、人类的前瞻性研究以及动物实验，都一致地推断出一种合理的可能性，即这些化学物质在干扰前额叶功能以及高级注意功能的正常发育上发挥了作用。

不过，还有一丝希望。即便我们不能总是（立即）将有毒污染物从环境中消除，我们依然能够做很多事情来保护孩子（和我们自己）。例如，至少有两项研究已经提示，母乳喂养具有保护作用。当然，这些只是相关研究，因为我们不能在人类实验中随机分配化学污染物。但是这些研究都测量了婴儿出生时脐带血中有机污染物的含量。然后研究者还记录了这些婴儿的认知和行为发展。脐带血中化学物质的含量预测了儿童的发育水平——但是这种影响在长期接受母乳喂养的儿童身上消失了。虽然我们不知道这种影响是否由于母乳喂养的经历、母乳中的某些物质或者其他的相关因素（也许这些母亲更健康，或者她们与孩子的关系更好）造成的，但是研究结果至少说明，化学物质对发育产生的不良影响可以得到逆转。下面的专栏列举了一些其他关于有效防护化学接触的研究发现。

双酚A。双酚A是一组塑料化合物，存在于许多消费品中，从儿童玩具到塑料器皿和食品容器，再到洗发水。不幸的是，实验室研究已经发现，这些物质可以在消费品的使用过程中被释放出来。如果年幼的儿童咀嚼这些东西的话，很显然会有很大的风险。但是，孕期的物质接触（通过食物容器、卫生用品和其他途径）也同样令人担忧，因为化学物质会在使用过程中渗漏出来，并且有可能穿过胎盘屏障。超过90%的人体内能够检测到双酚A，这表明这种化学物质接触是比较普遍的。由于双酚A影响性激素（比如大脑中的类固醇受体），所以它会影响大脑中与性有关的发育过程。有一些研究再次发现，双酚A对行为的影响存在性别差异。另外，与多动症相比，有更清晰的证据表明双酚A能够影响儿童情绪障碍（如焦虑、抑郁等），也有证据表明双酚A会影响注意力和攻击行为。多项研究还发现了一个共同的趋势，即双酚A会对儿童行为问题的影响，在年龄稍大的儿童中（5岁）要比在婴幼儿中更明确。就像我们在赖斯考察多氯联苯对猴子的不良影响的研究中看到的那样，即在前额叶功能发育成熟之前，年幼的猴子对多氯联苯的影响表现出"静默"效应。

 可能会降低污染物所造成的伤害的生活方式

接触相同剂量和类型的污染物的两个孩子，受到的伤害程度可能不同。如前所述，人类生活在不受控制（与实验室相比）的环境中，许多因素会相互作用，进而对其健康产生影响。这一知识为我们使用一些"解毒剂"来对抗污染物接触提供了可能性。

> 例如，饮食及压力似乎都可以改变污染物对儿童的影响，这为我们保护儿童提供了思路。以人类为研究对象的两项研究发现，母乳喂养消除了孕期接触多氯联苯所产生的不良影响。这就提出了一种可能性，即足够好的早期护理和营养可以保护儿童的大脑发育和注意力，使其至少不受某些污染物的影响。摄入足够的铁可能会在一定程度上预防铅接触带来危害。
>
> 其他研究表明，当动物处于压力状态下，污染物对大脑的影响会被放大。这表明，通过压力管理（可能通过锻炼或冥想实现，请参见第七章）来减少污染物的不良影响，是另一种思路。这些在动物身上观察到的抵消效应，在人类中还处于猜想阶段——但是，这极有可能是问题的解决办法。

动物研究已经发现，早期生活中的化学物质接触（大多数情况下是孕期接触）会干扰后代的脑发育、认知及行为，这种影响可能存在表观遗传机制。大多数人类的研究结果如下所示：

- 一项针对辛辛那提数百名妇女的研究报告称，母亲产前的双酚A水平越高，预示着3—4岁女孩的执行功能越差，以及更严重的多动症；男孩则不存在该现象。
- 加利福尼亚州一项类似的研究追踪调查了9岁以下的儿童（直到现在），报告称，母亲产前接触双酚A的男孩，以及儿童期接触双酚A的女孩，其焦虑、抑郁及其他行为问题增加。
- 一项考察了纽约193名孕妇的研究发现，她们产前的双酚A接触量能够预测其后代的行为问题，尤其是情绪反应，但该结果仅局限在男孩身上，且是产前（而非儿童期）接触双酚A。
- 最近的一项对这一领域所有人类研究的综述，仅仅发现了上面列出的研究结果和其他一些结果。但是这些结果一致地显示出，早期生活（通常是产前）的接触量与后代的行为问题（包括注意力不集中）有关。
- 正如证据显示，化学物质接触来自日常用品（在这一点上，你可以考虑做点什么），最近的一项研究指导十几岁的女孩监测其个人护理产品（洗发水、肥皂、化妆品）中的化学成分。在很短的时间内，她们体内的化学物质含量下降了 30% 以上。

要点：双酚 A 的一系列研究发现逐渐让人联想到多氯联苯的研究发现。

邻苯二甲酸盐。邻苯二甲酸盐是无色无味的液体。它们被称为增塑剂或软化剂。比如，它们可以软化食品包装、管材和玩具等聚氯乙烯 (Polyvinyl Chloride，PVC) 产品以及像指甲油这样的个人护理用品。它们也用于乙烯基地板和墙面涂料。它们很容易从产品中挥发到房屋或汽车的空气中（比如，"新车"的味道）。同样，这种物质的接触也是普遍的；大约 10 年前，美国国家疾病和预防中心的一项全美调查显示，75%~90% 的美国人体内的邻苯二甲酸盐含量都达到了检测水平——自此以后，这类化学物质的使用有所增加。

邻苯二甲酸盐之所以臭名昭著，是因为它们会渗入在塑料容器中加热的食物中，因此一般不建议将塑料容器放在微波炉中进行加热。当孩子咀嚼塑料玩具时，它们也会从塑料玩具中渗出。在美国，至少有三种邻苯二甲酸盐被禁止用于消费品、化妆品和玩具，因为独立研究证据显示这些邻苯二甲酸盐的破坏作用巨大；但其他邻苯二甲酸盐仍在使用中，因为当前还缺乏足够的研究证据来禁止使用它们。不幸的是，对于我们的孩子来说，这些化学物质"在被证明有罪之前是无辜的"，就像过去的铅使用一样，它们得到了其行业商人的有力辩护。但是，我们能够预测这类化学物质的发展方向——它们极有可能伤害儿童的大脑发育。

在过去 5 年里，不同类型的研究用于检验邻苯二甲酸盐是否与多动症或脑发育有关。结果再一次让人感到担忧。我们再次寻找不同类型的研究数据。一项对近 200 名儿童的案例对照研究和一项对近 1 500 名儿童的全美代表性调查研究均显示，儿童体内的邻苯二甲酸盐水平与多动症有关。其中，美国国家调查研究显示，儿童体内的邻苯二甲酸盐平均水平（尿液中的代谢物）是 5~50 ppb；所有的化学物质的累积量约为 100 ppb。年龄、性别、种族、生活贫困程度、铅含量水平或母亲吸烟均不能解释这种联系。一些研究发现，邻苯二甲酸盐对女孩的影响更大，可能是由于它们通过性激素产生作用。

孕妇产前尿液中的邻苯二甲酸盐水平也与后代的注意力不集中、冲动和多动有关。至少有两个动物实验表明，邻苯二甲酸盐接触会导致大鼠的多动症；至少有三项动物研究发现接触邻苯二甲酸盐会导致大脑发育障碍。在人类中，韩国进行的一项案例对照研究考察了将近 200 名儿童，结果显示邻苯二甲酸盐水平与磁共振脑成像中观察到的核心大脑区域的发育水平下降有关。在该项研究中，儿童体内的邻苯二甲酸盐水平约为 50 ppb。

要点：虽然我们还没有对人类进行因果研究，但是目前的研究结果基本上能够说明早期接触邻苯二甲酸盐会导致儿童出现多动症，这与之前考察铅、PCB 及其他化学物质的研究情况类似。

杀虫剂。我最后要提到的是杀虫剂。这个问题对你来说很容易解决。它们与我们的生活息息相关，因为它们也无处不在——比如，喷洒在学校周围以控制杂草，喷洒在粮食作物上，家庭除虫也会使用。早期的杀虫剂质量较差，它们能在食物上存留很长一段时间，所以我们在超市的水果和蔬菜中吃到农药确实是个现实问题。有的时候，这些杀虫剂很难洗掉。目前所使用的农作物杀虫剂（称为有机磷杀虫剂）在水中和阳光下分解得更快，因此对消费者来说更安全（但是它们的即时效应更严重，所以它们会对直接接触的农民带来同等或更大的风险）。尽管如此，与其他污染物相似，监管机构往往只关注杀虫剂对成年动物的总体健康状况的影响，而不去仔细研究低剂量的杀虫剂接触对儿童大脑（尤其是人

> 对于应该如何处理污染物，要保持一种建设性观点，请记住，有很多因素会影响潜在的有毒物质是否会伤害个体。我们可以积极地去控制我们能够掌控的因素。

类以及非人类灵长类动物的敏感的前额叶）发育的潜在影响。在这方面，值得注意的是，有一项特别研究发现，与食用"标准"水果和蔬菜的儿童相比，仅食用有机水果和蔬菜的儿童尿液中有机磷农药的含量可以忽略不计。

要点：虽然研究证据还不充分，但是化学杀虫剂是一种可能会对儿童大脑产生危害，却相对容易避免的化学物质。

压力会增加污染物造成的伤害

我们已经讨论了饮食和污染物在个体发育中如何相互作用，饮食会加强污染物的影响，也可以保护个体不受污染物的影响。我也曾简短地提到了压力，但是需要注意的是，压力的概念确实适用于此处。越来越多的研究表明，不良的饮食以及污染物或有毒物质所产生的影响，会被情绪或心理压力放大。这对于母亲在怀孕期间所经历的心理压力来说尤其重要。当然，年幼的儿童所经历的压力可能也有同样的效果。我会在第七章讲解压力管理。

如果我们仔细想想，这是很有道理的。所有这些因素（不良饮食、污染以及心理压力）对于孩子的身体来说都是一种压力来源。心理与身体是很难分离的。大脑与身体作为一个整体进行工作。身体和大脑能识别的所有信息都是潜在的压力源，这些压力源会让个体的生理应对能力超出负荷。正如第二章提到的那样，这些不同的压力源可能会共享很多生理通路，所以它们可以相互抵消、相互作用。下一章我们会详细探讨心理压力与多动症之间的相互作用。

要点

环境中的化学物质

考虑到任何压力源都可能会增加污染物所造成的危害，处理孩子接触化学物质的最好办法是，尽量减少你所能控制的所有风险因素。这样，你就可以少担心一些你无法控制的因素。例如，我可能不是完全了解周围所有的空气污染，但是我能够确保食用健康的食物，让家庭的压力水平处于可控状态。

许多政府官员依旧没能全面宣传化学污染物通常与儿童的多动症症状以及神经发育有关。在某种程度上，这么做是为了避免引起恐慌；还有一部分原因是受到过去陈旧观念的影响，即错误地认为，如果儿童没有表现出躯体上的疾病，那他就没有受到伤害。现在我们知道，成年动物在接触一定剂量的化学物质时不会患癌，但这一点并不让人感到安慰。致癌剂量的一部分就足以破坏人类儿童的大脑功能和发育。我们已经看到，多动症甚至与之前认为是安全级别的铅水平有关，也可能与很多有机污染物有关。在接触低剂量时，有些儿童有可能不受影响，而另一些儿童则相当敏感，这可能会受到他们的基因组成及其他因素（比如压力）的影响。这种基因与环境的交互作用还没有

> 事实上，有些儿童确实会受到所谓的低剂量的或日常接触的化学物质的影响。其中部分原因可能在于他们的基因构成。未来，我们或许能够充分研究基因与环境的相互作用，以帮助那些处于风险中的儿童。

得到充分的研究，以便使我们测试儿童对这些化学物质的敏感程度。因此，比较谨慎的做法是，尽量减少儿童接触这些化学物质，以帮助他们抵抗或预防多动症。

  一览表

减少化学污染物接触造成的危害的行动步骤

正如我在本章开头所说，这方面的原则应该是保持警惕但不必恐慌。人类儿童的大脑要比其他动物更具"可塑性"，对环境的反应也更灵敏。这就是为什么人类的后代几乎可以学习任何事情——无论好坏。因此，未雨绸缪是有道理的。另一方面，对化学物质风险的恐慌只会让人迷茫、无助——许多

孩子可能不会因为每天接触化学物质而产生明显的后果。下面列举了一些减少化学物质接触及其对孩子产生不良影响的谨慎步骤：

1. 督促政策制定者进一步加强对市场上儿童所接触的新化学品和与现有化学品有关的产品的安全要求。
2. 对潜在的化学物质接触保持警惕，采取你能做到的预防措施，包括：
   - 不要因为一种产品是合法生产的，就假设它是安全的。要关注它的成分。鼓励孩子关注其个人护理产品中所包含的有毒化学成分，考虑替代品。至少有一项研究发现这种做法可以使他们接触有机污染物的量减少 30% 甚至更多。
   - 如果你怀孕了，可能的话，请在孩子出生后至少母乳喂养 12 个月。
   - 如果你的房子是在 1980 年之前建造的，要经常除尘，并立即修复任何破损或剥落的油漆。
   - 考虑反渗透或其他高质量的饮用水过滤器。请选择由美国国家科学基金会、美国水质协会或者美国保险商实验室认证的可过滤铅的过滤器。
   - 清除家里的化学杀虫剂和除草剂，如果可能的话，尽量少使用。研究其他安全的清洁方法。
   - 容忍院子里的杂草或手工除草。
   - 用无毒的方法防治害虫：
     - 使用综合害虫管理方法，使你的家不适合害虫生存。请查询美国环保署的网页。
     - 如果需要的话，请使用硼酸等无毒的方法来杀死或阻止害虫。
   - 购买有机产品以减少食品中的化学杀虫剂（请看第三章）。
   - 为孩子提供健康的饮食（比如足够的铁、锌、蛋白质和 Ω-3 脂肪酸），可以帮助其避免化学污染物。

- 要注意塑料玩具中可能含有的化学物质，儿童可能会咀嚼这些玩具。华盛顿和俄勒冈州已经在网站上列出了面向儿童销售的含有潜在有毒化学物质的产品。
- 管理压力——见第七章。

第七章
逆境、压力、创伤与多动症
寻找庇护所

如果让你从一张含有 10 个形容词的表单中选择一个形容词描述你和孩子的生活，你很有可能会选择"有压力的"。很多专家认为，对于大多数人来说，生活压力越来越大，这有很多原因。孩子患有多动症会使家长和孩子的压力成倍增加。此外，正如第一章和接下来要描述的，多动症孩子的抗压力不如其他孩子。

当凯莎来找我咨询的时候，她对儿子的医生非常不满。"他的医生说他患有多动症。那没有任何意义。看看我们都过的什么日子。我们住在贫民区，帮派暴力无处不在。冬天，因为付不起取暖费，家里的暖气停供了，全家人只能挨冻。3 个孩子挤在一间小卧室里。这到底是怎么了？"

凯莎说得很好。过多的创伤或逆境会让孩子看起来就像患有多动症一样。官方的诊断系统对这种情况的处理与对处于好一点的环境中的多动症儿童的处理没有任何区别——但是如果你正处于逆境，这个标签会让你觉得很不舒服。如果受到较大情绪创伤，那么随之而来的自我调节问题就不能被理解为多动症问题——事实上，处理这些问题的方法与通常治疗多动症的方法非常不同。

尽管如此，在有关多动症的书籍中，压力和逆境在一定程度上是一个"盲点"，也许对于评估、治疗多动症的医生和咨询师来说，也是如此。这很讽刺，也很不幸，根据最近的科学研究进展，有以下几个原因。第一，正如本章将要概述的，逆境会提高患多动症的概率。第二，多动症儿童似乎比其他孩子经历更多的逆境、更大的压力——这不仅仅是运气不好，也是由于他们自身的自我调节能力不足。第三，多动症儿童似乎对逆境的影响更敏感——当出现逆境时，他们更可能受到最大、最坏的影响。

所以，对于多动症儿童来说，压力会使风险成倍增加，这就放大了预防或补救危险经历的重要性，也要关注家庭中的压力，尽可能关注孩子面临的生活中方方面面的压力。本章接下来将讨论该如何做。在其他章节中，我们还探讨了多动症儿童更容易受到影响的特定风险，比如暴力媒体以及互联网的特有风险（见第五章）。从好的方面来看，多动症儿童对事件的敏感性会变成对世界各个方面的敏感性，不只是对于逆境敏感，对有利于健康的境况也很敏感——接下来即将探讨。

> 对于多动症儿童来说，压力会带来三重打击：
> 1. 逆境会提高多动症的风险。
> 2. 排除潜在压力对多动症的影响，多动症儿童似乎比其他人经历更多的压力和逆境。
> 3. 多动症儿童似乎对他们所经历的逆境更敏感。

过去10年来，最引人注目的发现之一就是，详细了解了慢性心理压力对儿童发展的生物学影响。这一发现表明，这些影响与生物学和自我调节行为的干预相吻合。这些影响非常深远，可以从生理（如心率反应）、激素（如血液、唾液、尿液激素分泌）、大脑发育（对儿童大脑进行核磁共振扫描，对动物大脑进行显微镜观察），以及动物和人类的表观遗传和发育变化上表现出来。由于多动症儿童比其他人面临更多的慢性压力，对压力更敏感，所以压力与儿童发展之间的关系成了首要议题。

压力和逆境为什么会增加自我调节问题及多动症的风险

其他章节讨论了不良饮食（第三章）、有毒化学物质（第六章）等生物性压力源。本章将关注常规意义上的压力，也就是社交或情绪压力以及逆境。逆境仅仅指持续或反复的苦难，这些苦难引发持久的、实质性的压力。这是为了把它与日常生活中的常规压力区分开来。

大多数情况下，人们对压力的了解要么来自动物研究（动物在重复的环境中遭受相当大的压力），要么来自人类研究（包括失业、暴力或情绪虐待等压力事件）。从这个意义上说，相对于让孩子和父母疲惫不堪的琐事所产生累积影响，我们更了解逆境的影响。稍后我们将进一步阐明逆境的概念。首先，我们所说的压力是指什么，它对身体有什么影响，和多动症有何关系？

本书不谈论"好压力"（比如恋爱、成人找到一份新工作、令人兴奋的旅行、孩子的新学期），只说"坏压力"，比如损失、失望、威胁。出现压力时，人们的生理、心理会有什么反应呢？一个健康的压力反应意味着，即使是一个糟糕的压力源，我们也可以在心理上处理它。当面对压力源时，人们会经历短暂的生理变化，这有助于人们应对压力，然后很快恢复"正常"（称为基线或体内平衡）。事实上，近期的研究表明，某种程度的日常压力确实能够让人们更强大、抗逆力更强，甚至严重的压力也能产生积极的影响，只要我们能够把控压力。但是，当情绪压力不可控时，就会产生毒性压力，对心理影响极大，或者持续的压力导致身体一直处于活跃的生理应激状态，参见下面的专栏。这才是本章关注的重点。

 进一步了解毒性压力反应

  毒性压力并不是说压力源是有毒的（更不是说这个人是"有毒的"），而是说身体一直处于应激反应或"备战"状态，这不利于人的健康。例如，有过痛苦经历的人就会产生毒性压力。结果就是，当这些有过痛苦经历的人面对轻微的压力、挑战或侮辱时，他们的反应就和面对重大威胁时的反应一样——过度兴奋、情绪强烈、难以控制行为。因为他们的抗压能力比别的儿童差。面对的挫折看似温和，多动症儿童也可能会感到更大的精神创伤，而且有时对急性压力——一种单一压力源，如被教师批评或在操场上发生冲突——反应过度，就好像受到了非常严重的威胁。而且，他们还会因为其反应后果而遭受慢性的"有毒压力"：另一些人会因为注意力不集中而变得更糟，比如，经常感到失衡或被批评，在学校里赶不上进度。这可能会形成一种过度紧张的稳定状态，足以打乱他们的自我调节。当持续存在压力反应，从而导致毒性压力时，身体会发生一些变化，例如：

- 身体分泌更多激素，如皮质醇和肾上腺素。这些激素在紧急威胁情况下非常有用，但如果一直持续分泌，就会导致生理损伤，如细胞死亡。而且如果一直处于激活状态，即使面对很小的威胁时，也会产生强烈的情绪反应。理想状态是，偶尔分泌这些激素，而非持续分泌。
- 交感神经系统和副交感神经系统超速运转。
- 副交感神经系统负责自动维持生命的功能，所以，长期处于应激状态，心率可能会加快，呼吸变得更浅、更快。
- 交感神经系统也调节心率、呼吸和其他反应，以便面对挑战时，争取自主支持。如果不断面对挑战，长期处于毒性压力应激状态，交感神经系统就无法有效应对。这可能会导致人们在遇到非常小的冒犯时，也不能正常反应。
- 这个系统的周期性激活会损害身体和大脑，损害程度可以通过生物学方法测得。慢性情绪压力对身体造成的"损耗"，称为"适应负荷"，在现代研究中是一个非常重要的概念。
- 本章后面会讨论表观遗传变化。有些表观遗传变化发生在生殖细胞系，也就是说，会遗传给后代，从而导致下一代的发育变化。

当生命早期出现毒性压力反应时，如在母亲怀孕期间，母体的激素通过脐带和胎盘传递给胎儿，胎儿就能感觉到这种毒性压力反应。胎儿的大脑和其他器官的发育就会发生变化，进而导致其未来的生长发育、气质和行为都发生变化。当逆境对孩子的发展产生影响时，基因表达和自我调节也会发生变化。所有这些都涉及发育中的儿童大脑的表观遗传变化，使其对威胁更加敏感，对未来压力的反应更强烈。科学家已经通过很多动物研究证实了这一点，我们有充足的理由相信，人类身上也有类似的过程。科学家通过给怀孕的老鼠加压得出上述结论，比如把它们关在一根管子里一段时间，每天都动弹不得。这对它们来说压力很大，它们的身体会产生相应的激素变化及其他生理变化。随后研究它们后代的行为和生长速度，以及大脑发育。这些研究发现高压老鼠的后代生理成熟速度更快，对压力有更大的行为反应，以及稳定的、表观遗传学驱动的基因表达变化。

为什么会这样？这对孩子的成就有何影响？经过进化，身体将自我调节的"恒温器"调整得更弱，这样孩子就能更容易做出反应——这实际上是一种自适应途径。进化过程证明那种自适应有利于人们在危险环境中生存下来。最近的研究似乎证实了，当孩子处于逆境时，他们受到的监管较少，但仍然有机会生存或茁壮成长。例如，在资源丰富的环境中（如舒适的郊区），自我控制、延迟满足都是值得的。但是在资源贫乏的环境中（比如在一个收入极低的社区），抓住眼前的机会要比延迟满足更有利于生存和发展，因为未来充满不确定性。所以，相对于生长在其他环境的孩子，如果你的孩子生长在一个资源非常贫乏或不可预知的环境中，他的失调、冲动可能是大自然试图在他所生活的环境中给予他一点优势的一种方式（见下面的专栏）。

 自我调节能力弱一定不好吗？

进化理论认为，在胎儿或婴儿早期发育过程中，人们的身体会调整各种内部状态，以最大限度地提高人们在"预期的"环境中生存的机会。例如，有一个妈妈在孕期时非常焦虑，这个胎儿就会在生理上调整自己以适应未来不利的环境。科学家很早就知道，来自低收入、贫穷社区的孩子的调节能力比来自富裕、中产阶级家庭的孩子弱。验证这个结论的经典方法是测查延迟满足能力，这种测查可以是实验室测验（"如果你能做到 5 分钟后才吃这块糖，你就可以得到两块糖"），也可以让家长或教师对其行为进行评估。这也可能是来自弱势家庭的孩子更容易被认定为行为有问题（包括多动症）的部分原因。

然而，对他们来说，明显的冲动和情绪化不一定是一种障碍，而是一种适应。在最近的一项研究中，研究者通过测量呼吸性窦性心律失常（一种被称为迷走神经张力的生物功能指标）的方式观察心率调整。科学家认为，当人们做出调节、适应行为时，迷走神经张力上升。在这项实验中，要求儿童在实验室中完成延迟满足实验。来自中、上层阶级背景的儿童表现出这种相似的模式：当让他们进行延迟满足时，迷走神经张力上升。积极的调节意味着积极的适应。正如预期的那样，来自弱势背景的儿童更希望获得即时的奖励，不愿意延迟满足。但是当他们这么做的时候，他们的迷走神经张力也上升，这表明他们的身体正在试图适应，并不是调节失败。其他研究表明，灵长类动物和人类一样，会评估哪种选择将带来最佳的长期收益，根据这种评估调整偏好，是即时满足还是延迟奖励。生态学家在研究鸟类觅食行为时也有同样的发现。最后，有事实证据表明，那些从战场上回来的表现出失调（反应过度、冲动）的特种部队士兵，实际上就是那些多次服役之后自然学会了用这种反应在战场上适应良好的人。如果是儿童面对不利的环境，积极/适应调节的概念还需深思。

当适应出现问题时，记住压力

在过去5年里，人们清楚地认识到，当压力对自我调节能力有问题的儿童产生影响时，心理创伤是一条重要的发展路径。慢性或毒性压力反应所造成的心理损伤，在大脑和身体其他部位以表观遗传标记的方式被记住。产生心理创伤之后，大脑也试图适应、为困难的环境做好准备，但没能进行真正的整合。这些儿童的自我控制能力下降了，但这对他没有帮助。控制自我调节的生物学基础的表观遗传调节器被设置得太低了，或者至少对于儿童的实际环境来说太低了。

这种压力被表观基因组"记住"，表现为大脑连接和组织的发展变化。其中涉及的脑区所涵盖的调节网络与多动症个体发生变化的调节网络相同。所以，关于大脑发育的研究让我们有机会看到毒性应激反应（特别是与早期发展中的逆境有关的）与一种综合征之间的自然联系，这种综合征至少与多动症类似，在某些情况下可能与其他导致多动症的因素难以区分。记住，这些影响并不会发生在所有儿童身上——我们总是要考虑易感性的背景，它本身是基因和早期发展环境中其他方面的产物。

> 每个儿童的易感性不同，所以并不是所有经历过逆境的儿童都会产生毒性应激反应，或一定会表现出类似多动症的症状。

在行为层面上，"毒性应激反应"表现为自我调节的缺失。也就是说，这些孩子情绪反应过度、易怒、发脾气、情绪爆发；简而言之，这些孩子经常不会应对，因为他当下敏感的大脑会把每个新的小压力误认为一个大压力。如果这个孩子仍然处于创伤情境，面临真实的危险，那么他的这种反应可能是保护性的，但一旦创伤情境没有了，或者是处于日常生活中，这种反应很快就会导致问题行为，而且可能会被他人解释为多动症。

这种无效的适应形式会给人们带来什么？关于如何定义儿童在逆境中表现的症状以及由此产生的慢性心理压力，目前仍不确定，但我们知道，它们与多动症一样，情绪调节能力差。对于轻度逆境或压力，或长期挑战和剥夺的情境导致的类似多动症的症状的治疗和帮助，实际上与多动症孩子的治疗方式一致，其中的不同可能在于强调增加心理支持。然而，对于真正的创伤应激（创伤后应激障碍）来说，治疗计划完全不同。本章后文和第八章将进行更详细的介绍。

> 哪怕是面对最小的压力，毒性应激反应也会让一些孩子一触即发，就好像他们必须时刻做好准备，以防情况变糟，尽管实际情况并非如此。

多动症导致更多的压力和逆境

到目前为止，我们一直在讨论早期生活压力如何导致像多动症一样的行为综合征。从另一方面来说，自我调节问题会让这些儿童比其他儿童面对更多压力和逆境：这种过度的、即时的反应，或者冲动型的行为，几千年前可能会让他们从剑齿虎的口中逃脱（或者如果他们生活在战区，也可以躲过袭击），但是现在，这样的行为会让他们在学校惹麻烦，与家人、朋友闹别扭，而且随着他们的成熟，在这个世界上出人头地变得更加困难。

不过，还是要记住一点，这只是多动症的一部分。一种常见的误解是，多动症只适合狩猎-采集型的社会，不适合我们相对静坐的城市/农业社会。有一部分人确实符合这一特征，他们能够有效地从事狩猎、建筑、战场上的活动，但在教室或办公室里就苦苦挣扎。这些人可能有补偿性的力量和支持，也可能是多动症症状相对缓和。但是本文说的是一种更严重的发育超载——要么是有太多微小的神经损伤，要么是逆境，要么是基因突变，要么是这些因素的综合作用，导致儿童的失调，在大多数情况下不能真正适应。结果就是，这些孩子往往无法逃避问题，还为自己和他人制造麻烦，甚至在狩猎-采集社会里也会面临同样的命运。在这种情况下，如果孩子以这种方式长大，他需要在生活中找到合适的位置，但也需要发展一些辅助技能和支持才能应对。

 更多关于压力对大脑造成损伤的研究

Szyf, M., & Bick, J. (2013). DNA methylation: A mechanism for embedding early life experiences in the genome. *Child Development, 84*, 49–57.

Teicher, M. H., & Samson, J. A. (2016). Annual research review: Enduring neurobiological effects of child abuse and neglect. *Journal of Child Psychology and Psychiatry, 57*(3), 241–266.

多动症似乎会使儿童经历更持久的压力，这一观点得到了研究的证实。2015 年发表的一项关于青少年约会暴力的全美调查发现，患有多动症或药物滥用问题的女孩是最危险的群体。2016 年发表的一项元分析包含了近 30 项多动症和创伤研究，该元分析得出了额外的清晰结论，揭示了惊人的发现，这些发现以前未被重视。其中研究的逆境类型包括虐待、忽视、父母死亡、严重的身体伤害、严重贫困。结果表明患有多动症的儿童更容易惹上麻烦：平均来说，多动症儿童有严重不良经历的可能性比正常儿童高出 60%，这是多动症导致的结果，而不是引发多动症的原因。

多动症与压力敏感性

还有一个复杂因素造成了本章开头提到的三重打击：患有多动症的儿童即使没有经历过特别的逆境，似乎也会对压力环境和经历格外敏感。2016年的那项元分析还表明，面对潜在的创伤性经历，多动症患者发展成为创伤后应激障碍的可能性几乎是正常人的4倍。换句话说，大约3%的正常人群患有创伤后应激障碍，但多动症人群患创伤后应激障碍的比例为10%~11%。

> 多动症和压力相互作用形成恶性循环，自我调节困难导致儿童不能很好地应对压力，儿童的反应导致家庭的压力，反过来又增加了儿童的压力和行为问题。

再次回到自我调节能力的话题。自我调节是应对方式的一部分——这正是它的作用。由于多动症儿童自我调节能力降低，他们更难以应对挑战，这与他们如何患上多动症无关。这样的影响会形成恶性循环——一个无法处理问题的孩子表现出更多行为问题，给家人和他人增加压力，这又反过来增加了孩子的压力水平，使其症状恶化。

安娜曾让我对她7岁的儿子进行评估，她的例子说明了为什么评估压力在多动症中的作用是有意义的，也说明了原因有多么复杂。安娜的儿子似乎患有多动症，他们的关系正在恶化。与此同时，她因为自己怀孕期间吸烟而感到内疚。她吸烟是因为和她生活在一起的男友经常威胁要打她，这给她造成严重的精神压力。生活在对自己和孩子安全的恐惧中，没有工作，依靠男友的住房，她感觉陷入了绝境。孩子出生后不久，她摆脱了这种情况，但仍然认为是自己吸烟导致孩子患上多动症。

经过一番探究，我了解到安娜和她的哥哥都患有多动症，她的现任丈夫很支持她，她又生了一个孩子，现在4岁了，没有多动症的迹象——虽然安娜一直没有戒烟。我让她知道，虽然怀孕期间吸烟会给孩子的健康带来很多风险，但对多动症的因果影响很小。这种观点来自最近的一项高明的研究，该研究对吸烟、未吸烟代孕母亲进行比较：多动症女性往往吸烟更多，这种基因传递在吸烟与多动症之间建立了明显的联系（虽然吸烟显然会导致儿童的易怒）。

但是，怀孕期间的严重压力是另一回事。安娜和我讨论她是多么幸运，她有勇气、有智慧、运气好，在怀上第一个孩子时从与伴侣的痛苦处境中解脱出来，和第二个孩子一起找到更稳定的生活。

针对人类的压力研究尚缺乏因果设计，但正如我们前面所回顾的，数据已经指明了方向：孕妇在怀孕期间承受的巨大压力可能会导致孩子患上多动症或表现出类似多动症的症状。此外，患有多动症的安娜本身可能比其他女性对压力更敏感，对压力有更强的生理反应。基于人群的平均影响，我们猜测她的多动症遗传病史和怀孕期间的压力可能影响了她的第一个孩子。

孩子出生之后如何呢？就像子宫里的胎儿受到母亲压力的影响一样，孩子在日常生活中遇到逆境时也会产生生理变化。在安娜从与虐待她的男友的关系中解脱出来之前，安娜的孩子就是这种情况。压力-逆境环境中的哪部分更符合她的情况，对这个问题的探讨可以引导她采取具体步骤，尽量减小压力，抵抗或克服逆境，以帮助她的多动症孩子。甚至有可能"消除"一些储存在表观遗传学信号中的生物"记忆"，这些表观遗传学信号来自安娜孕期或孩子出生后遇到的逆境，以及由此产生的心理和生理反应。在本章的后半部分，我给安娜提供了一些具体实用的建议，你也可以用。但首先，我们先来探讨逆境的影响。

> 你能消除早期生活压力的生物记忆从而帮助你的孩子吗？值得一试。

逆境对多动症的影响

逆境是指中等程度和严重的经历，一次逆境或长期逆境会损耗人们的应对能力。逆境对健康的重要性是近年来的一个主要研究焦点。在描述多动症的书和文章中缺乏逆境的研究是一个明显的疏忽。科学家需要更全面地回答的问题是，逆境是否会导致多动症，与逆境有关的生物变化、气质变化在压力较小的情况下是否也会发生。近些年来，一些关于逆境及其对健康和发展的影响的重大研究对这些问题进行了大量的阐述。

童年不良经历研究

美国疾病控制与预防中心对早期不良经历对健康状况的影响进行了研究，这是有史以来规模最大的研究之一。1995—1997 年，17 000 多位来自南加州的健康维护组织成员参加了关于其童年经历、目前健康状况和行为的保密调查，这些成员在圣地亚哥凯撒医疗评估中心接受体检（70% 的受访者同意参加调查）。然后他们被定期随访以观察健康状况。研究中的不良经历包括以下几类：

- 心理虐待（经常被侮辱、轻视、咒骂或被身体威胁）。
- 身体虐待（经常被推搡、抢夺、推挤或击打）。
- 性虐待（非自愿的性接触、企图或实际性侵）。
- 家人滥用药物（如与酗酒者居住在一起）。
- 家人有心理疾病（如患有严重抑郁症的父母或兄弟姐妹）。
- 家庭暴力（如母亲经常被扇耳光或被殴打）。
- 家人有犯罪行为（如家庭成员入狱）。

接受调查的人群中有一半至少有过其中一种经历，最常见的是与酗酒者生活在一起；25% 的人表示至少有过两种经历。现在，这项研究已经有十几项发现，儿童早期不良经历几乎与所有非传染性健康状况的高发都有关，这些健康状况包括高血压、自杀、意外怀孕、酗酒、抑郁和心理疾病。该模式是剂量-反应的关系。引用主要出版物中的一篇："与没有不良经历的人相比，有过 4 种及以上不良经历的人的健康风险增加了 4~12 倍，如酒精中毒、药物滥用、抑郁和自杀企图；吸烟、自评健康较差、性传播疾病的风险增加了 2~4 倍；缺乏运动、严重肥胖的风险增加了 1.4~1.6 倍。童年不良经历的种类数与成年疾病

（包括缺血性心脏病、癌症、慢性肺病、骨骼骨折、肝病）的发生率呈相关关系。7类童年不良经历间有很强的相关性，有过多种童年不良经历的人在以后的生活中可能有多种健康风险"（the ACE Study, *American Journal of Preventive Medicine*, 1998）。该研究的不足之处在于参与回忆的人的年龄偏大（回忆童年经历的人平均年龄在50岁左右），存在事后诸葛效应，这可能会被当前的问题所影响，而且缺乏具有全美代表性的样本。但是，该研究的优点在于样本大。在这项研究之前，很少人知道多种不良经历（相对于滥用药物等单一事件）对健康的累积影响。这项研究极大地改变了人们的卫生保健和预防观念。研究人员继续跟踪参与者的长期生活和健康状况，这项研究引发了更好的后续研究，那些研究取得了类似的结果，正如正文中所述。

不良童年经历研究及后续研究

早期生活逆境的持久影响以一种全新的方式冲击着科学和医学文献，包括加利福尼亚的重大不良童年经历研究（Adverse Childhood Experience，ACE）（参见176页的专栏对这些经典研究和主要发现的描述）。

第一批重大发现发表于1998年，人们回忆的不良童年经历越多，成年后的健康状况就越差，患有成瘾、抑郁症、焦虑症或创伤后应激障碍等精神疾病的概率就越大。超过一半的受访者至少有过一次不良经历，但只有6%的人有过4次及以上的不良经历。（如果你和你的孩子也属于这个范围，你们一定面对过非凡的挑战。）童年时期这些经历越多，成年期健康状况越差。

从那时起，开始出现大量的研究探讨早期逆境对儿童发展的影响，特别是通过表观遗传变化对心理调节和精神问题产生的影响。美国疾病控制中心全国儿童健康调查最近修正、完善了儿童不良经历清单，这是一项具有全美代表性的调查，每隔5—7年对9万多户家庭进行随机电话抽样，最近一次是在2011—2012年间。下面是美国疾病控制中心开展的这项研究中的不良童年经历清单。

- 严重的经济困难。
- 目睹或经历邻里暴力。
- 家人酗酒。
- 家人滥用药物。
- 家庭暴力。
- 家人心理健康问题。
- 父母离异。
- 父母死亡或监禁。
- 由于种族和民族歧视而遭到社会排斥。

在这项调查中，43%的父母报告说他们的孩子至少经历过一次逆境，19%的父母报告说至少经历过两次逆境，10%的父母报告说至少经历过3次逆境。2014年和2016年发表的两项研究强调了相似的情况。即使只有一次逆境经历，也会增加身体或情绪问题的概率，而且经历的逆境越多，孩子就越可能在情绪和行为的自我调节方面出现问题。如果儿童经历了两次及以上的逆境，出现严重的精神或行为问题（包括抑郁、交流、愤怒问题和行为问题）的概率就会增加一倍（风险增加100%）；经历3次及以上，出问题的概率就是4倍。虽然这些研究设计没有排除遗传影响（有心理问题的父母可能不太能够保护他们的孩子免受不良经历的影响），但研究人员强调的是安全稳定的环境对儿童健康发展的重要性。

这些不良事件在多动症儿童生活中发生的频率尤其惊人。这项全美调查研究发现，7.9%的儿童都患有多动症，这是由一名健康专业人士在征得家长同意的情况下诊断的。在这些人当中，足足有70%的人在家庭生活中至少经历过9种不良事件中的一种。

> 儿童经历的逆境事件越多，患有多动症及其他情绪和行为问题的风险越大。

之前提到的2016年对30项研究的元分析

显示，极端的早期不良经历是多动症的一个风险因素，它使患病概率增加了两倍。

毫无疑问，消极的生活经历会改变身体的应激系统，产生一种有毒的或慢性的应激反应模式——进而导致消极循环，最不能应付逆境的孩子会面临更多的逆境。因此，自我调节系统在发展过程中不能得到正常的巩固。这类逆境可能是导致多动症的一个原因，与其他导致多动症的原因相比，这种原因对孩子的需求来说可能有不同的含义。

 更多关于不良经历对心理健康状况影响的研究

The ACE study: Felitti, V. J., Anda, R. F., Nordenberg, D., Williamson, D. F., Spitz, A. M., Edwards, V., et al. (1998). Relationship of childhood abuse and household dysfunction to many of the leading causes of death in adults: The Adverse Childhood Experiences (ACE) Study. *American Journal of Preventive Medicine, 14*(4), 245–258.

The CDC National Survey of Children's Mental Health: Bethell, C. D., Newacheck, P., Hawes, E., & Halfon, N. (2014). *Health Affairs, 33*(12), 2106–2115.

The Boston study adding children's reports: Finkelhor, D., Shattuck, A., Turner, H., & Hamby, S. (2013). Improving the adverse childhood experiences study scale. *Archives of Pediatric and Adolescent Medicine, 167*(1), 70–75.

The Romanian study: Kennedy, M., Kreppner, J., Knights, N., Kumsta, R., Maughan, B., Golm, D., et al. (2016). Early severe institutional deprivation is associated with a persistent variant of adult attention-deficit/hyperactivity disorder. *Journal of Child Psychology and Psychiatry, 57*(10), 1113–1125.

The ADHD and trauma meta-analysis: Spencer, A. E., Faraone, S. V., Bogucki, O. E., Pope, A. L., Uchida, M., Milad, M. R., et al. (2016). Examining the association between posttraumatic stress disorder and attention-deficit/hyperactivity disorder: A systematic review and meta-analysis. *Journal of Clinical Psychiatry, 77*, 72–83.

> *Likelihood that kids with ADHD experience more stressful events and more PTSD*: Biederman, J., et al. (2013). Examining the nature of the comorbidity between pediatric attention deficit/hyperactivity disorder and post-traumatic stress disorder. *Acta Psychiatrica Scandinavica, 128,* 8.
>
> *Frequency of overlap of ADHD and PTSD*: Kessler, R., et al. (2006). The prevalence and correlates of adult ADHD in the United States: Results from the National Comorbidity Survey Replication. *American Journal of Psychiatry, 163,* 716.
>
> *The dating violence study*: McCauley, H. L., Breslau, J. A., Saito, N., & Miller, E. (2015). Psychiatric disorders prior to dating initiation and physical dating violence before age 21: Findings from the National Comorbidity Survey Replication (NCS-R). *Social Psychiatry and Psychiatric Epidemiology, 50*(9), 1357–1365.

儿童自身的逆境报告补充：波士顿研究

2013年，波士顿的研究者从另一个角度审视了童年不良经历清单，意在拓展这份清单。他们发现，当补充上儿童自己的报告后，不良经历和心理健康问题之间存在关联（童年不良经历研究是一项追溯性研究，也就是说让成年人回顾并报告他们的童年经历）。波士顿的研究团队发现，当补充了儿童对以下事件的报告之后，对儿童心理健康状况的预测力几乎翻了一番：

- 同伴伤害（攻击、身体恐吓或情感伤害）。
- 父母经常吵架（在孩子看来）。
- 财产损失（经历过抢劫、盗窃或财物被故意破坏）。
- 与孩子关系密切的人发生过严重事故或疾病。
- 目睹社区暴力（目击犯罪、谋杀和袭击）。
- 没有好朋友（孩子在被访谈时没有真正的好朋友）。
- 成绩低于平均水平（家长报告说孩子在学校的成绩低于平均水平）。
- 与孩子关系密切的人死于事故或疾病。

- 父母失业（据孩子报告）。
- 父母派驻战区（几个月甚至更长时间）。
- 自然灾害（儿童经历过"非常严重的火灾、水灾、龙卷风、飓风、地震"）。
- 离开家庭（孩子"因为某种原因从家里被送走"）。
- 超重（家长报告说儿童"超重过多"）。
- 身体残疾（父母报告）。
- 经历过严重事故。
- 邻里暴力是一个"大问题"（在家长访谈时被问及）。
- 无家可归（孩子的家人有一段时间"不得不住在街上或避难所里"）。
- 留级。

不良事件的清单越来越长，大多数家长及其孩子不会经历这些事件。但是当你审视什么样的环境可能会影响孩子的行为、注意力和情绪问题时，看看这些清单可以让你想想自己的"压力/逆境清单"。在第九章，我们将讨论根据你对孩子生活（以及你的生活）中的关键压力源和逆境的认识，制定一个帮助孩子的计划，提出帮助孩子提高能力克服多动症的建议。根据多动症孩子本身的经历和性格，他们对失败、焦虑、威胁和伤害特别敏感，你可能会发现这个调查清单上的某些事件似乎比其他事件更重要。请注意，这里说的"敏感"并不意味着你的孩子一定会更担心这些事件（虽然有些多动症孩子会更担心）；孩子可能只是失调、举止失礼、更容易崩溃。注意到这一点，并意识到多动症孩子对事件更敏感、反应更大，这有助于你找到支持他的新途径。

严重不良经历与持续的多动症：罗马尼亚研究及其他研究

关于多动症的另一个关键发现来源于一项特殊研究，该研究中的200名儿童是英国人从罗马尼亚孤儿院领养的。20世纪80年代末，这些儿童在严重剥夺的条件下生活了三年半，当时的情况非常糟糕，很多儿童死亡，所以这是一个非常极端的情况。然而，结果是非常有启发意义的。1989年罗马尼亚的齐奥塞斯库政权倒台后，这些学步儿被英国的家庭收养。现在，他们都是年轻的成年人了。

有很多关于这些罗马尼亚儿童的文章，最新的一篇文章发表于2016年，都表明早期生活中严重的情绪和社会剥夺会导致多动症的一个变种。令人吃惊的是，与低剥夺水平的儿童（他们的多动症发病率与典型普通人群的发病率相同）相比，这些罗马尼亚孤儿院中的青少年患多动症的可能性增加了3倍，他们的多动症持续到成年期的可能性增加了8倍——因为这些经历过极端逆境的孩子，很少能"戒除"多动症。这些孩子的多动症症状并不典型，具有严重的情绪和社会问题和特征，这些问题和特征与自闭症谱系障碍很相似，这使情况变得复杂。虽然他们经历的早期环境、表现出的多动症特殊变种是很不寻常的，但是这组发现确实证实了一个原理：早期严重不良经历会导致多动症。虽然我们不知道这一发现在多大程度上适用于不太严重的逆境，但基于对压力和逆境的生物学了解，在某些情况下，轻度的逆境可能与更常见的多动症症状有关。

最后的确认：在大多数国家中，民族、文化、种族之间甚至内部都存在真正的文化差异，当然，这种情况在美国是复杂多面的。虽然全面考虑种族和文化的影响超出了本书讨论的范围，但我们必须承认，成为少数民族的一员，这种情况会使压力和逆境变得复杂。参见下面的专栏，其中列出了部分会造成影响的问题。

> **常见问题：文化和种族是如何影响逆境和多动症的？**
>
> 本章前面描述的研究表明，多动症和逆境之间存在联系，这是毫无疑问的。遗憾的是，种族和文化是否（以及如何）影响逆境，这个问题是非常复杂的。我们对种族、种族歧视、种族刻板印象、社会弱势、逆境、压力以及创伤之间

的相互作用知之甚少，我们还需要了解更多，这一点很重要。对于在种族或文化上属于少数群体的家长来说，挑战是实实在在的。种族的具体情况因国家而异，因此很难一概而论，还有一些一般性原则似乎在很多情况下都适用。

- 虽然需要更多关于社区、地区和群体之间差异的数据支持，但是不同文化、国家和种族之间多动症的发病率大致相同。
- 和其他处境不利的儿童一样，少数民族的儿童青少年获得适当服务的机会较少。
- 一些社区的种族歧视历史可能会成为他们获得服务的障碍，原因可能是家长不信任或者服务提供者对他们缺乏了解。
- 除了面对很多情况下可衡量的偏见的影响，处于不利地位的少数民族社会还面临其他风险因素，导致少数民族儿童被视为表现不佳，继而导致恶性循环。
- 不同种族和文化对多动症群体行为的认知不同，这会影响对儿童行为及行为意义的评估。
- 最近的研究表明，当儿童和成人面临挑战时，种族刻板印象会直接影响他们的应激和表现。

要点

逆境与多动症

无论是怀孕的妈妈还是婴幼儿，早期经历的创伤或逆境都会影响儿童自我调节的发展，如果严重到一定程度，甚至会导致一种多动症，这种多动症与其他类型的多动症的特征和严重程度不同。这一观点的证据与人们已知的早期生活压力的生物学机制是一致的，而且出现以下情况的概率提高：有些情况下，不那么严重的逆境也能导致更常见的多动症类型。如果孩子真的受到伤害，你必须意识到你是否为孩子寻求了正确的帮助。多动症孩子在这方面需要特别的对待，有以下几方面原因：

  首先，由于多动症孩子冲动、有时社会判断能力差，他们更容易陷入创伤性情境，虽然大多数人会避免这样做，这稍微让人放心一些。

  第二，因为多动症孩子情绪调节能力、应对策略较弱，他们更有可能出现更差的反应——甚至达到创伤后应激障碍的水平。

  如果你所在的环境中，孩子更有可能遭遇创伤，或者经常面临极端的挑战或危险，按照本章的建议采取一些行动步骤可能对你很重要。

  从研究人员列出的不良经历清单可以看出，有些事情是你无法掌控的（如自然灾害）；有些事情是你可以解决的（比如你自己的沮丧，与另一半的冲突、争吵）；有些情况处于二者之间（比如，你生活在一个暴力的、危险的社区，你可能或不可能搬到更安全的社区）。这些影响并不是通用的——有些儿童更容易受到影响或更敏感，部分原因在于他们的基因组成。即使在那项罗马尼亚研究中，20%的儿童患有严重的多动症，另一些孩子患有自闭症或其他神经发育问题，但也有一些孩子基本上很健康——他们的韧性很强。

  这种易感性部分来源于身体应激系统的生物学特性，而且会因基因及孕期和出生后早期经历的不同而不同。这就是在另一方面保护孩子很重要的原因：提高孩子的能力，以更好地应对不可避免的逆境。可以通过一些一般性的行动步骤提高这些能力。

✓  一览表

帮助孩子应对逆境和压力的一般性行动步骤

  提高应对技巧：包括自我对话、计划、策略、转移注意力、休息、寻求帮助，以及放松的策略。

将压力重新定义为挑战*：有些研究表明，如果我们在心理上认为正在面对一个可以应付的挑战，而不是可能会伤害我们的压力源，那么我们的身体就会进入一个不同的、更健康的生理过程。

将压力重新定义为积极的：最新的一些研究虽然还是初步的，但也表明，人们对压力作用的信念会影响它对生理的实际作用。如果我们认为压力能让我们变得更强大，或者我们能从中学到有价值的东西，在某种程度上就可能会自我实现。

锻炼孩子的韧性：当孩子健康、放松的时候，他的身体会在轻微压力下自然地保持平衡，因为人类本身就能承受相当程度的压力，这是在地球上日常生活的一部分，人类本身也能从挫折中恢复过来。

提供社会支持：如果有父母、其他家人、朋友，还有专业帮助时，孩子就能从他们那里得到鼓励和安慰。

培养孩子的储备力量：健康的自我认同、自尊、关于过去成功经历的记忆、了解如何从目前的问题中解脱出来，以及心理和生理能力，都有助于孩子应对日常生活中的逆境。

用相同的应对技巧处理你自己的压力：这既能为你的孩子树立应对压力的榜样，也使你能够满足孩子对支持的需要。

---

* 关于这一有趣想法的更多内容，参见 Kelly McGonigal 的《压力的好处》（*The Upside of Stress*, Avery Publishers, 2015）。虽然这些想法仍存在争议，还需要更多验证，但有初步证据表明它们是有帮助的。

多动症：遭遇挫折之后很难恢复到基线水平

很遗憾，由于多动症的特性，使儿童在遇到挑战或挫折后更难恢复正常（基线或体内平衡）。部分原因可能在于压力造成的累积损耗。关于"非稳态负荷"这个概念的大量研究旨在测量累积的、慢性压力的物理标记。每次身体要想回到偏好的基线状态时，就会产生一定的损耗。虽然有些压力可以提高能力，但长期的压力过大会对身体恢复到最佳功能的能力造成损耗。多动症儿童在遭遇挫折后的恢复过程中表现出来的困难是否与非稳态负荷有关，这一点尚无定论。

除了自我调节能力较弱外，对于多动症儿童来说，上面列举的每一项支持策略的效果都会缩减。然而，我们还是能做点什么的。

多动症儿童的应对技巧下降是因为他们缺少积极自我对话的能力（"我能搞定；没什么大不了的"），缺少重新解释情境的能力（"总的来说，没有人会因此丢掉一条腿"；"也许那个人不是他说的那个意思"），不能调用有用的策略（"我今天最好好好休息，因为明天是个大日子"），他们的思维过程缺乏组织性，因为他们的执行能力较弱，所以内部计划和策略也同样缺乏组织性、有效性。多动症儿童韧性低，是因为他们心理反应过度，可能因为冲动饮食或睡眠不足而变得不那么健康，或者可能更频繁地与他人发生压力冲突。多动症儿童社会支持减少，是因为他们的朋友很少，与家人和朋友很疏远。又因为低自尊、自我认同发展得不好，过去很少有成功的经历，对未来缺少自信，所以多动症儿童的储备力量不足。总的来说，多动症儿童承受日常压力并从中恢复过来的能力较差。但正如190页的专栏所说的，你可以帮助他们应对很多压力。

虽然这部分文献很少，但我们能在生理上发现这一点，多动症儿童面对轻微压力挑战时，生理反应有所改变（让孩子在实验室中观看一个卡通片，卡通片中的角色很悲伤或很焦虑，或者在别人注视的情况下进行心算，此时测量他们的生理反应指标会发现变化）。科学家还可以测量他们对压力的主观感受（自我报告），以及身体对压力的反应（例如，在压力挑战过程中，血液或唾液中的激素皮质醇含量的变化）。我们也可以通过测量心率来检测交感神经系统的反应。心率受交感神经信号和副交感神经信号的共同控制，但鉴于今天的技术，我们很容易将其进行区分。

我们自己的研究表明，多动症患者有两类生理反应。大多数群体在看情绪卡通片时会被过度唤醒，生理"平衡"不足，也就是保持身体内稳态的能力不足。一小部分群体似乎对情绪挑战不敏感——他们的生理唤醒不足。（在第一章时提到了多动症的唤醒过度和唤醒不足的变化。）唤醒不足的孩子可能是那些被家长抱怨不关心他人感受的孩子。他们可能需要额外的帮助来学习共情。但是，本书关注的是大多数群体，他们在处理很小的挑战时都存在困难。我们将着眼于逆境和韧性，并基于此进一步采取一系列切实可行的行动步骤。

对抗逆境的韧性

半个世纪前，我们就知道，有些孩子似乎对逆境免疫，而另一些孩子则会被逆境严重打击。如果我们能找出韧性的要素是什么，也许我们就可以应用它们来保护更多的孩子。不必惊讶，有些要素是天生的，你不能轻易改变，比如外表的吸引力、精力水平，以及与生俱来的智力。遗传因素显然是我们无法控制的。但是，表观遗传效应再一次发挥重要作用。因此，关于基因 ×环境交互作用研究（第二章已经讨论过）的新见解，也适用于基因 × 压力的作用。这些新研究着眼于儿童的特定基因型。例如，一个强大的基因是血清素受体基因。它会影响血清素的活动，血清素是大脑中的一种神经递质，对于大脑自我调节系统非常重要。这些研究发现，根据基因型的不同，儿童可以被区分为对早期环境敏感型或不敏感型。

研究者为此选择了一个特别奇怪的比喻：兰花与蒲公英，意思是兰花比蒲公英有"更好的结果"。然而，兰花只有在合适的条件下才能取得"更好的结果"，否则，它的生命力就不如蒲公英。蒲公英成不了兰花，但它能在更广泛的条件下生存得很好，包括很严酷的条件。

对于儿童来说，在某种营养环境下，A 基因型的孩子也许比 B 基因型的孩子的自我调节更好，智商更高，更成功。但是在逆境条件下，A 基因型的孩子的自我调节、智商和成功率都不如 B 基因型的孩子。我们还没有准备好出于临床目的做基因检测。但是我们可以利用这一原则认识到，你的孩子对逆境格外敏感可能是遗传的，虽然你的孩子很敏感，经常和挑战做斗争，但是如果有适当的环境和支持，他也会非常有潜力。

关于韧性的文献很值得我们注意，虽然其中一些发现由来已久。2013 年、2014 年和 2016 年的研究综述强调，儿童的韧性与以下几个因素存在正相关：一个或多个成人看护、一致的养育观、积极的友谊、积极看待生活经历的能力、更好的自我调节和执行功能——这是本章关注的焦点。对你来说，作为一个成年人，积极的情绪、乐观的态度、积极的应对（采取行动试图解决问题）、获得社会支持、找到人生的意义和目标、利他主义（帮助他人）、重新对事件进行评价、直面恐惧，这些都会增强你的韧性。基本的生理韧性也有帮助。吃得好、睡得好、积极的自我谈话等之前在一般性行动步骤中列举的因素都有帮助。关于儿童韧性的文献使我认为，即使是下面列举的其中一个行动步骤，都可以大大增强韧性。（参见第 190~191 页的其他技巧，这些在我和家人打交道时特别重要。）

✓ 一览表

增强孩子韧性的具体行动步骤

任何时候，包括在怀疑的时候，都告诉孩子，你对他有信心，你信任他、相信他。只要有一个完全相信孩子的成年人，就能培养韧性。要保持这种积极的关系。

作为父母，要做到言行一致，这样你的孩子就知道可以期待什么。如果你发现这很难做到，可能与你自己感到不堪重负和压力有关，那么就要注意自己的应对方式。

保证孩子在某个领域中有积极体验，从而培养孩子的自尊。这意味着要帮助孩子培养一种爱好、运动、技能或活动，让孩子从中获得良好的自我感觉。只需要有一个可以培养孩子自尊的领域或活动。如果没有什么爱好，每周可以安排一段一对一的高质量时间，做一些你们都喜欢的事情——这种行为比任何语言都更能培养人的自尊——这是在传递一个信息，他很重要。

按照其他章节关于睡眠、饮食和锻炼的建议采取行动。身体健康对于韧性有很大的促进作用。

考虑宗教或精神活动。人们发现，有宗教信仰、参加宗教活动有助于增强韧性，这部分原因在于它伴随着社会支持，部分原因在于它有助于重构生活的意义，还有其他一些原因。

提供动力——一个克服挑战的理由，一个目标。设定目标和希望，时刻提醒自己。

科学研究之外的帮助孩子应对压力的小技巧

下面介绍一些小技巧，并非来自研究证明，而是来自我与家人的实践经验。

1. **和孩子一起度过积极的家庭时光能带来巨大的回报**。正常处理压力的经验可以建立积极的经验、自信和希望。确保每周都有一段特殊的时间，让你和孩子做一些你们都喜欢的事情。充分赞扬孩子。记住来自运动心理学的观点：把批评或建议夹杂在积极的评论之间时，效果最好。

2. **为避免创伤性事件，提供实事求是的额外指导。** 其中一个例子是第五章谈到的上网的问题。另一些人则担心孩子玩刀、玩枪或碰到不认识的成年人。孩子的潜在冲动、追求新奇或者对情境产生错误的情绪判断，这些可能会使他面临很多风险，但很多都是可以避免的。

3. **监督孩子的社交活动，时刻关注他的社交技能，帮助他提高社交技能。** 在出门社交之前，采用把建议放在表扬和鼓励之间的方式"训练"孩子。尤其是当你了解到孩子存在被欺负或其他社交问题，甚至你训练他之后还是无法处理，那么你就需要和教师或其他家长一起解决这些问题。

4. **承认你需要帮助，并获取帮助，这对所有人来说都很重要，而且很困难。** 如果你意识到自己的不良经历正导致你经常贬低或对孩子提出过多批评，就要去寻求专业咨询。特别是，当你发现自己经常反应过度、总是生气、有很多负能量、对孩子总有不满的想法时，这是一个迹象，说明你需要咨询，让你从这些烦心事中解脱出来，让你在精神和心理上更容易接近孩子。

同样，当你发现你和另一半之间总是不和，那就去咨询一下。发展心理学研究中最发人深省的发现之一是，孩子有时比成年人能更准确地察觉到父母之间的冲突。在我们自己的研究中，一个惊人的发现是，孩子对父母争吵的感知，特别是涉及孩子本人的，能够很好地预测教师观察到的多动症症状的严重程度。虽然我们还不知道其中的因果关系（父母可能会因为孩子有更严重的问题而发生更多争吵），部分原因可能在于儿童对自己产生了负面评价。所以，这是一个很需要解决的问题。这需要勇气，但回报是实实在在的。关于其他家庭冲突（如过于敌对的兄弟姐妹关系），如果你无法通过自己的努力来缓解的话，也有必要寻求专业人士的帮助。

与教师交流，使其关注孩子。定期拜访孩子的教师，和教师进行交流，有助于他了解你的孩子。

提前计划。这是多动症孩子的一大弱点，那么你可以和他一起练习制定计划，和他谈论计划，在计划最终定下来之前让他有机会对计划进行评论。如果孩子对即将要发生的事情感到焦虑，你就必须做出相应的安排，但你的目标是减少意外。从这个意义上说，你把自己的执行功能借给孩子。

确保孩子掌握了基本的学业技能，特别是阅读。在额外的阅读上投入精力，有助于慢慢培养孩子的阅读能力，使其持续下去。

确保孩子至少有一个好朋友——避免不良同伴。你可能需要做一些额外的指导，帮助孩子找到他可能融入的同伴群体。如果孩子没有朋友，可以考虑促进孩子和哥哥姐姐的关系。更多关于韧性的这一重要因素的信息，请参见下面的专栏。

传授积极的应对技能。帮助孩子重新认识事件的意义，预测可能会遇到的困难事件，采取行动解决问题，避免问题。一个好的心理咨询师会很乐意帮助你的孩子提高所需的应对技巧，并指导你采取积极的应对策略，让你成为榜样去鼓励他们。

如果你需要咨询，考虑几种新的咨询方法中的一种，专注于培养韧性。

获得社会支持

如果你的孩子有多动症，对于你们来说，社会支持往往是最大的挑战。当孩子患多动症后，整个家庭都会变得孤立。最近的研究表明，对于那些"不合群"，或者被其所在的社交环境贴上"异类"标签的孩子来说，包括那些患有多动症的孩子，污名化是一种现实情况。首先，和多动症孩子打交道是非常耗时耗精力的，所以你进行社交的时间和心理空间更少。其次，其他家庭可能不想和你的孩子在一起，因为对他们来说，你的孩子太难相处，经常让他们感到不愉快、厌烦。

在这里，你可以致力于自己的社会支持，即使只有一个朋友，只有一对夫妇同情你们，都可以和你们一起活动，或者分享你的经历，因为他们的孩子也存在一些麻烦。在本书末尾的参考资料部分列举了一些支持小组。

对于你的孩子来说，你可能需要考虑一些专业帮助，进行社交技能训练。很多城镇都有心理咨询师，专门研究提高孩子的社交技能。你也可以通过指导孩子玩耍帮助孩子。

压力和逆境产生的表观遗传效应能否被扭转

现在，我们来看一些好消息：新的证据表明，在恰当的环境下，至少有一些压力对发展产生的生物学和表观遗传学效应是可以被扭转的。前景越来越乐观，但我们必须把"炒作"和"希望"与实际情况区分开来。首先，我们来讨论一下希望。

2014年的一篇主要科学研究综述对动物研究进行了总结，这些动物研究试图扭转早期生活压力引起的神经生物学和表观遗传学的变化（如果你想查找报告这些研究发现的文章，请见第194～195页的专栏）。这篇研究综述指出了三个趋势：

1. 科学家已经开始通过动物研究证明，早期生活压力的表观遗传效应可以通过注射某些药物来扭转。典型的研究设计是将动物从其母亲身边带走，通过这种方式给动物施加压力（母爱剥夺）。动物长大后，测试它的各种行为，如活动、探索和恐惧反应。这些动物被随机分配接受相关药物的注射。随后科学家研究了它们的大脑中关键区域的分子表观遗传变化。这些研究的主要焦点是一种叫作组蛋白乙酰化的表观遗传信号，因为有些药物直接针对乙酰化。这些研究表明，上述药物也可以扭转早期生活压力对行为产生的影响，部分原因是通过扭转大脑中的表观遗传环境。虽然我们离模拟这些动物实验的人体实验还有很长的路要走，但对于目前正在使用的一些药物来说，这一证据是很惊人的。一些药物已经在动物研究中显示出初步的希望，包括注射到大脑中的消炎药物，直接影响甲基化或乙酰化的药物，还有一些精神类药物，如抗抑郁药。它们对创伤恢复的作用仍在研究中。通过补充 Ω-3 脂肪酸（具有消炎特性）可能会使饮食的作用也显现出来，这还需要更多的研究，虽然这些作用可能很微弱。

2. 第二个结论是，早期高质量的母体照料可以扭转产前压力对婴儿产生的表观遗传效应。其中一个原因可能是，足够的母体照料、抚摸和养育会改变婴儿大脑中催产素的分泌，而催产素的分泌又会改变表观遗传标记，这些表观遗传标记能够控制 HPA 轴*（身体的应激-反应系统）上的基因表达。这给那些在怀孕期间经历过艰难时期的母亲带来了相当大的希望，即通过早期生活中非常积极的照料方式，也可以保护她们的婴儿免受逆境的影响。事实上，多动症研究的一个关键空白是，在生命最初几个月中，临时照料者的改变能在多大程度上预防或降低多动症。（大多数关于多动症早期看护的研究都是针对稍大一些的孩子，如学龄前儿童。）我们还有其他团队正在开展研究，想探究在尝试干预研究之前，早期生活照料是否与高危婴儿未来患多动症有关。

---

* 下丘脑-垂体-肾上腺轴（The hypothalamic-pituitary-adrenal axis，HPA or HTPA axis），是一个直接作用和反馈互动的复杂集合，包括下丘脑、脑垂体以及肾上腺，这三者之间的互动构成了 HPA 轴。HPA 轴是神经内分泌系统的重要部分，参与控制应激的反应，并调节许多身体活动，如消化、免疫系统、心情和情绪、性行为，以及能量贮存和消耗。——译者注

3. 对于那些已经与逆境和多动症斗争很久的家长及其孩子来说，最具希望的是，锻炼的好处已经得到了很好的证实。第四章讨论过这个话题。这里要补充的是，很多动物研究现在已经证明，在应激源出现之前进行锻炼（通过阻止那些表观遗传变化）可以防止应激的表观遗传效应，扭转早期生活压力（如老鼠实验中的母爱剥夺）和急性压力（如重复束缚动物）导致的表观遗传变化。

 更多关于压力导致的表观遗传变化可否被扭转的研究

2014 年关于动物研究的综述：

Harrison, E. L., & Baune, B. T. (2014). Modulation of early stress-induced neurobiological changes: A review of behavioural and pharmacological interventions in animal models. *Translational Psychiatry, 4*(5), e390.

药物扭转表观遗传效应的研究：

Réus, G. Z., Abelaira, H. M., dos Santos, M. A., Carlessi, A. S., Tomaz, D. B., Neotti, M. V., et al. (2013). Ketamine and imipramine in the nucleus accumbens regulate histone deacetylation induced by maternal deprivation and are critical for associated behaviors. Behavioural Brain Research, 256, 451–456.

Moloney, R. D., Stilling, R. M., Dinan, T. G., & Cryan, J. F. (2015). Early-life stress-induced visceral hypersensitivity and anxiety behavior is reversed by histone deacetylase inhibition. Neurogastroenterogy and Motility, 27(12), 1831–1836.

锻炼可以扭转表观遗传效应，保护身体不受当前压力的影响：

Kashimoto, R. K., Toffoli, L. V., Manfredo, M. H., Volpini, V. L., MartinsPinge, M. C., Pelosi, G. G., et al. (2016). Physical exercise affects the epigenetic programming of rat brain and modulates the adaptive response evoked by repeated restraint stress. Behavioural Brain Research, 296, 286–289.

Rodrigues, G. M., Jr., Toffoli, L. V., Manfredo, M. H., Francis-Oliveira, J., Silva, A. S., Raquel, H. A., et al. (2015). Acute stress affects the global DNA methylation

> profile in rat brain: Modulation by physical exercise. Behavioural Brain Research, 15(279), 123–128.
>
> Ieraci A., Mallei, A., Musazzi, L., & Popoli, M. (2015). Physical exercise and acute restraint stress differentially modulate hippocampal brain-derived neurotrophic factor transcripts and epigenetic mechanisms in mice. Hippocampus, 25(11), 1380–1392.

虽然锻炼对大脑的很多系统都有好处，正如第四章所述，但是锻炼的作用只在一定程度上是合理的，因为压力和锻炼以相反的方式影响一种叫作BDNF（brain derived neurotrophic factor；脑源性神经营养因子）的特定基因的表达。例如，巴西的科学家于2015年和2016年报告，急性压力（对动物进行重复束缚）会引起老鼠多分子表观遗传变化。但是，那些经常锻炼的老鼠不会发生这种表观遗传变化。2015年来自意大利的另一项研究发现，急性压力对大脑BDNF表达产生影响是由于大脑中的表观遗传变化。锻炼既在表观遗传标记上，又在基因表达上扭转了这些影响。如果将这些影响推广到人类身上，那意味着锻炼可以防止重复的压力所导致的表观遗传变化，而且能"治愈"压力（既有来自早期生活的逆境，也有持续的童年期逆境，包括急性的极端压力事件）对大脑产生的影响。这些好处可能并非全部——我们不想在这里鼓吹一种虚假的万能药。但是很明显，锻炼是帮助孩子更好地适应环境的重要因素之一。

> 对于那些患有多动症的儿童，或经历过逆境的儿童，或面对慢性压力的儿童来说，锻炼的积极影响无法用言语形容。

正念能防止压力产生破坏性影响吗

当今，在充满压力、极度活跃、注意力不集中的现代生活中，很少有什么方法比"正念"更受人们的推崇。现在我们来看看相关理论和科学研究。

正念是什么？ 正念是指关注当下，不做任何评判。也就是说，对于周围正在发生的事情以及自己的身心正在发生的事情，都不做任何判断。正念的状态意味着，我知道自己的感受，知道自己紧张、愤怒或者悲伤，我也知道周围发生的一切——他人、环境。与此同时，我并不对观察到的事情进行好坏、可取不可取的判断。虽然我并没有"迷失自我"，但我也不会对自己所注意到的东西做出反应。健康课上经常教一些简单的方法，不包括与正念有关的宗教或哲学思想。这类课程所教授的方法包括冥想、呼吸觉知、思维觉知，或者通过瑜伽或太极等运动进行运动觉知。

正念有什么用？有助于缓解多动症吗？有助于调节应激反应吗？ 很明显，正念训练不一定能缓解多动症症状，但确实可以帮助你和孩子应对压力。我将不再强调大脑效应和表观遗传效应，虽然这方面的研究引人注目，但仍处于初级阶段，而且我们自己的团队也没有做这方面的研究。让我们直接谈谈心理因素对压力和情绪以及多动症本身的影响。

2015年的一项科学研究综述表明，正念（尤其是与心理疗法相结合，同时也适用于自助和健康课程）在一定程度上有利于克服心境问题、抑郁、焦虑及愤怒等困难，也会对那些难以应对压力的人有所帮助。有一位病人在总结时说："我也有同样的感觉，但它们没有那么困扰我。"几乎所有这方面的研究都是针对成年人的，但现在也有一些针对儿童的研究。因此，鉴于风险很小，可以考虑尝试冥想或其他一些教授放松和"镇定"技术的健康课。

另一方面，关于正念改善多动症症状的效果并不那么令人信服。因为，在2008年，有些研究探讨了正念之类的练习能否改善多动症。在这篇文章中，只有3项研究试图让儿童或青少年练习正念。如果要说有什么效果，这些结果证明正念几乎不能改善多动症症状，但可能有助于改善儿童情绪和压力管理等方面的问题。有一个间接的例外——正念有助于缓解家长的压力。6项小型研究试图让家长和孩子一起进行正念练习。这些研究在缓解多动症症状方面显示出相似且令人鼓舞的初步结果，这可能是因为家长更有效地参与其中。总的来说，证据还不够充分，所以不能得出以下结论：在这种方法上投入大量精力，以期更直接改善多动症。相反，你可以把它当作一种压力管理的工具，帮助孩子应对压力——尤其作为家长，你也可以把它当成一种压力管理的工具。它可以帮助你处理孩子的情绪管理问题。

专业帮助：基于正念的认知疗法

正念对于心理健康，以及帮助人们克服过去的创伤或逆境（或有助于克服创伤对孩子的情绪管理等与多动症有关的问题产生的副作用）的真正好处，在于被称为"第三浪潮"的强化心理疗法。这些疗法本质上是将正念练习融入认知疗法中。不出所料，一个特别有趣的方法就被称为基于正念的认知疗法（mindful-based cognitive therapy，MBCT）。2016年的一项元分析得出结论，这种方法对于防止抑郁症复发是有效的。先前的研究表明，这种方法有助于缓解抑郁症。2016年，一项关于多动症症状的元分析得出结论，MBCT还可以缓解注意力不集中的症状，至少在成年人中是这样，在青少年中有可能也是这样。总之，如果你或家人正因此而烦恼，可以考虑这种方法。

治疗社区（therapeutic community）提供了一些为外行人设计的资源，针对压力、抑郁等问题量身定制不同的方法。例如，史蒂芬·海耶斯（Steven Hayes）是一名专业治疗师，他为成年人提供了一本结合了认知和正念工具的自助手册《学会接受你自己——全新的接受与实现疗法》（*Get Out of Your Mind and into Your Life*）*。约翰·蒂斯代尔（John Teasdale）、马克·威廉姆斯（Mark Williams）、辛德尔·西格尔（Zindel Segal）、乔恩·卡巴-金（Jon Kabat-Zinn）等人合著的《改善情绪的正念疗法》（*The Mindful Way Through*

---

* 此书已有中文译本，《学会接受你自己——全新的接受与实现疗法》，曾早垒译，重庆大学出版社。——译者注

Depression）*是专门针对抑郁症的。这本书与基于正念的减压有关，基于正念的减压是一种自助方法，由卡巴-金发明，他的书让这种方法广为人知，如《正念：此刻是一枝花》（*Where You Go, There You Are*）**。如果你在这个方面需要帮助，可以从上述资源着手。

> **更多关于正念与压力的资源**
>
> Kallapiran, K., Koo, S., Kirubakaran, R., & Hancock, K. (2015). Effectiveness of mindfulness in improving mental health symptoms of children and adolescents: A meta-analysis. *Child and Adolescent Mental Health, 20,* 182–194.
>
> Kuyken, W., Warren, F. C., Taylor, R. S., Whalley, B., Crane, C., Bondolfi, G., et al. (2016). Efficacy of mindfulness-based cognitive therapy in prevention of depressive relapse: An individual patient data meta-analysis from randomized trials. *JAMA Psychiatry, 73*(6), 565–574.

注意：如果你正在处理自己的愤怒问题，包括对孩子的强烈不满，经常批评孩子，或者正在与过去的创伤或逆境做斗争，最好去找专业治疗师。把你的情况告诉治疗师，他会提供一个合适的有助于改善现状的心理疗法。已经有充分的证据支持这些不断更新的方法。

✓ 一览表

寻求帮助的步骤

压力和逆境可能导致孩子产生多动症症状或类似多动症的症状，但这两者很难区分。下面总结了一些准则：

---

* 此书已有中文译本，《改善情绪的正念疗法》，谭洁清译，中国人民大学出版社。——译者注

** 此书已有中文译本，《正念：此刻是一枝花》，王俊兰译，机械工业出版社。——译者注

- 如果你的孩子曾经经历过逆境，或者早期生活的慢性压力，遵循类似治疗多动症的行动计划，但不要仅仅依赖药物。如果需要的话，一定要咨询治疗师或咨询师，他们会帮你调整行动计划，还会提供其他处理压力方面的支持。创伤后应激障碍的症状可能包括容易受惊吓、做噩梦、回避可能让你想起创伤的情景，以及之前谈论过的情绪失调的症状。如果你认为孩子可能患有创伤后应激障碍，那就去做专业评估。创伤后应激障碍可能会被误认为是多动症，但专业的治疗方法完全不同。咨询师必须帮助孩子整合创伤经历，对大多数孩子来说，最标准的治疗方法是创伤聚焦认知行为疗法（trauma-focused cognitive-behavioral therapy，TF-CBT）。年幼的孩子可能需要家长的指导，所以你可以和孩子一起参与治疗。底线：如果你怀疑孩子受到真正的创伤，那就仔细诊断，然后进行有针对性的咨询。参看参考资料的内容，更深入地了解针对孩子和成人创伤恢复的不同疗法。

- 阅读第九章，那一章提供了更多建议帮助你为孩子制定计划。

- 记住，多动症孩子确实会给你自己和他人带来压力。家长会变得孤立、不知所措，给孩子带来更多压力；孩子也会因为冲动和判断失误，更容易陷入消极体验。所有这些都有可能形成一种"恶性循环"，你可能难以识别、也难以打破这个恶性循环。如果不解决这个问题，整个家庭环境都会受损，家庭成员会再次受到伤害。如果你就是这种情况，要知道你不是一个人——当孩子患有多动症，或者家庭成员经历过太多创伤或逆境，这种情况就会发生在很多家长身上。这不是你的错，也不是孩子的错——当家人被一种特殊的需求、事件或环境所压倒时，就会出现这种情况，这与孩子是否患有多动症无关。简单了解自己的处境是第一步，然后你可以采取一些建设性的步骤改变这种处境。

1. 要认识到，压力和逆境是你试图解决的合理目标。人们很少重视生活压力源的重要性，它不仅会使多动症恶化（或者在严重情况下，还会导致多动症），还会使多动症患者的家庭生活变得更复杂。

2. 要知道，现代心理疗法能够有效帮助你或孩子应对压力负荷或过去的创伤，要有信心能找到治疗办法。如果你像许多多动症儿童的家长一样，被养育孩子的挑战压得喘不过气来，那么育儿咨询或许对你有所帮助。

3. 你可以保护你的孩子，除了得到一些指导，你可以让家成为一个安全的地方，让你和孩子的关系成为一个避难所，让孩子在其中感到安全、感到被支持，培养他对未来逆境的适应能力。如果你刚刚为人父母，一项有希望的发现是：婴儿期的额外养育可以逆转孕期压力的影响。前面章节中提到的工具，如营养、锻炼和睡眠，都是高度相关的，特别是锻炼，可能产生特殊的价值。未来可能会出现新的药物。

4. 最具挑战性的任务是，认识到自己何时不知所措、何时需要为自己或孩子寻求专业帮助。如果你经历过创伤或逆境，善待自己，寻求社会支持，接受心理咨询，增强应对能力。

5. 最重要的是，善待自己。

第八章
获取专业帮助
治疗多动症的传统方法和替代性方法

到目前为止，你在这本书中读到的所有内容都应该给你带来这样的希望，即你能够通过调整孩子的日常生活方式和其他因素来帮助你的孩子。然而，我也多次提到，大部分有多动症孩子的家庭还需要专业的帮助。通常情况下，家长最常问的一些问题都和多动症的最佳治疗方法有关。比如，"我们如何知道孩子是否需要服用药物，以及如果服药的话，有哪些风险？""行为方式管理真的有效吗？""需要持续多长时间？""我们应该从学校寻求哪些支持？"除非孩子的多动症症状非常轻，否则，通常帮助孩子缓解症状和获得健康的最好办法是，将你能采取的措施和专业人员的治疗和帮助结合起来。当然，所有的帮助都应该建立在合理诊断的基础上；另外，多动症的准确诊断要比其他心理健康问题的诊断存在更多的争议。在第七章，我举过一个不正确诊断的例子：初期的创伤反应与多动症相似。然而，创伤后反应的准确诊断与多动症的准确诊断是非常不一样的。同样，对于非专业人士来说，抑郁、焦虑以及伴随多动症的学习障碍是很容易混淆在一起的。与之相对应的治疗方法也非常不同（尽管在前面章节里提到的生活方式建议可能有重叠）。所以，了解科学上是如何回答哪些属于多动症及相关情况的临床评估（哪些不属于），以及如何对结果进行解释等问题，是非常重要的。

关于多动症的标准疗法，在其他书籍里有详细介绍（看本书最后的参考资料部分）。所以，我不会在这里进行详细探讨。相反，我主要简略回顾一下过去15年里关于多动症治疗的研究成果，并强调一些最近的研究进展。关于多动症的专业护理，最起码包括三方面的内容，即家长使用行为策略对儿童的行为进行管理，在使用兴奋剂药物时谨慎开处方、严格监控兴奋剂药物，以及合适的学校规划。关于多动症评估的诸多争议，以及对10年来复杂而细致的研究的有益总结，都可以加强你对本文的理解。最近的研究文献也使我们更清晰地认识多动症的评估与治疗,虽然没有什么重要的新进展。

获取专业评估

在第七章,关于你如何确定是否需要为你自己或孩子获取专业的帮助,我给了一些建议。现在,我们将要回到直接为你的孩子寻求帮助这个问题上——当然这可能也意味着作为家长,你需要提高自身的技能和支持能力。

如果你的孩子在某些自我调节形式上存在长期的问题,而且前面几章提到的一些生活方式或健康建议不能解决问题,那么就有必要接受专业评估。下面列举了一些具体的表现。

- 我的孩子由于无组织无纪律,经常丢作业,或者在学校不能专心学习,明显落后于其他人。
- 我的孩子似乎没有朋友,或者更糟糕的是,因为他的行为而成为替罪羊或被嘲笑。
- 我的孩子很沮丧,觉得自己总是做不对,而且我似乎难以扭转这种局面。
- 我和孩子的关系已经破裂,我无法让它回到正轨。
- 我的孩子的行为似乎主导着全家人的生活,我们无法控制它。
- 我的孩子的教师一直在表达他们的担忧。

现在我们应该清楚地认识到,自我调节存在问题的孩子,在表达形式上、严重程度上,以及造成这种问题的原因上,都是千差万别的。当你在做判断的时候,会有很多与多动症相似的临床和心理表现混淆视听。一位经过训练的专业人员除了可以向你清楚详细地解释孩子的自我调节问题,孩子的症状是否符合多动症的诊断标准外,还能够帮

> 自己不要急于给孩子做诊断,在没有进行详细的专业评估之前,也不要让儿科医生开药。

助你理清孩子是否存在抑郁、焦虑、学习障碍、应激或创伤反应、新陈代谢障碍，抑或是更少见或更严重的情况，比如双相情感障碍。有了前几章的内容做辅助，你就可以和孩子的临床医生合作，看看孩子的问题是否受到其睡眠、营养或不良经历的影响。

在评估过程中，应该寻求什么、预期什么，以及常见的错误

与大部分的其他专家和许多家长一样，我认为在医务室中进行的较常见且简短的多动症评估是不够全面的。这并不是医生的错——其实许多儿科医生也有这种感觉。实际上，医生通常会受到门诊预约或合同要求的限制，难以进行多动症的详细评估——而且他们也没法让你们去其他地方做评估。我正在积极地和儿科医生和家庭医生等专家合作，尝试发现更有效、稳定且简短的评估和筛查工具，以便他们在医务室使用。然而，当前的黄金标准依然是更详细的评估。所以，通常情况下，家长有必要去找儿童精神病学家或儿童心理学家以获得更详细的评估。但是，无论是哪种情况，你应该持有什么样的预期呢？以及让人们偏离轨道的常见错误又有哪些？

关于多动症评估的科学文献并没有什么变化。科学研究给出的关键信息依旧是下面这些：

- 不可缺少：标准化、规范化的行为评定工具。
- 不可缺少：不同观察者进行独立评价（比如你和一位教师）。
- 不可缺少：临床判断。不存在"纯粹的测试"。临床医生必须将他看到的情况与典型的儿童发育、暂时性问题以及其他情况进行比较。

操作指南由美国儿童和青少年精神病学学会颁布，距离本书出版最近的一次是2007年。我会根据最新的科学进展来扩充和修正指南里的内容，并将

本章节的大部分内容集中于解决关于专业护理的不同要素的常见问题上。

好的评估应该包括哪些方面——这个问题的答案没有变

通过医学检查来排除引起注意障碍的医学原因，如甲状腺疾病、缺铁性贫血、感染、睡眠障碍（见第四章）或其他原因。熟练的医生要么能排除这些问题，要么一旦注意到你、教师或其他人提到注意和冲动方面的担忧，就认为需要进一步评估。

通过临床访谈来确保关于孩子问题的报告是一致的，已经持续了很长时间（不是具有突发性的），而且孩子确实因为这些问题而受损（受损意味着他们在学业、社会发展以及家庭关系这些对于儿童发展至关重要的方面，比普通的儿童更多地受到干扰）。临床医师应确保不良经历或创伤的历史没有被忽视或被错误评估。正如我所提到的，如果真正的原因是创伤后反应的话，那么临床治疗方法与多动症是非常不同的，即便刚开始的时候孩子所表现出来的自我调节障碍看起来和多动症很相似。访谈过程需要包含观察和与孩子互动两方面。经验丰富的临床医生知道，大部分孩子在办公室里不会像在家里那样表现，他们能注意到被你忽略的症状或行为——就如同你注意到了他们没有看到的事情那样。你要做的就是和医生合作。

家长和教师通过标准化的行为评定量表了解孩子的行为是否符合国家标准和界限，并评估孩子的问题行为在不同情境间的一致性（比如在家里和学校都会发生）。这些都需要评分，并参照国家标准。你的临床医生应该告诉你孩子的得分处于哪个水平，就像身高和体重那样。很多国家现在至少有一种国家标准化的工具，虽然这些工具质量参差不齐，而且这些工具很难覆盖不同的种族和文化。

儿童报告。11岁以上的儿童也需要完成对情绪和行为的自我评估。年幼的儿童很难准确评价自己的经历，尽管听听他们自己的体会和感受仍然是有帮助的——这么做，可以给他们提供一个发声的渠道，也可以帮助我们理解其表现出的特定行为，也能够帮助孩子接受新的规划。对于年龄较大的孩子（11 岁以上）来说，自我报告自身经历显得尤为重要。虽然有些孩子仍然倾向于否认所有问题，但在这个年龄段，更多的孩子已经能够有意义地报告他们因如下问题而烦恼或沮丧的程度，如健忘、注意力不集中、动力不足或担忧、抑郁、同伴问题或其他问题。

在下面的专栏中，列举了家长经常会问到的关于诊断过程的问题。

评估结果

在评估结束后，临床医生应该用你能理解的语言，为你提供一份诊断报告以及解决该问题的计划。如果孩子进行了测试，临床心理学家和神经心理学家还会提供一份手写的报告。你应该清楚地知道下一步要做什么，以及有哪些期待。有什么可推荐的方法？让我们看看标准治疗方法，并回顾一下最新的治疗方法。

常见问题：专业测试是否值得？

我只能依赖自己的临床经验来评价某些专业测试的有效性，因为没有研究考察这一问题。不过，在许多疑似多动症的病例中，一些额外的评估是有必要去做的。当前，已经得到认可的、无需补充新的科学证据的辅助性评估包括：

神经心理评估。虽然当前还没有多动症的诊断性测验，共识性指南也不建议在所有情况下都进行神经心理测试，但是在以下情况下，神经心理评估还是有帮助的：

- 情况不明朗，无头绪，或者极其复杂。
- 存在智力发育异常或迟缓、学习方式异常或学习障碍等问题。
- 设计一项教育和行为方案，用于处理孩子存在的特定学习障碍；这种情况下，需要做评估，有助于方案的制定（在某些情况下，学校实施的教育心理学评估可能足以排除或者识别学习障碍）。

神经心理评估能够帮助解决多动症的一些个体差异问题，比如一个儿童是否主要在执行功能、集中注意力或分散注意力，或长时间保持警觉方面存在问题。它还有助于确定孩子是通过视觉输入还是听觉输入达到最佳学习效果；以及他是否存在内隐学习困难。虽然这种测试不是诊断性的，但是这些测试结果通常对于学校规划是有帮助的，甚至有时候还可以帮助身为家长的你理解如何与孩子沟通。

言语和语言评估。如果你的孩子有言语或交流迟缓，那么这项评估就可能是有必要的。乍一看，接受性语言障碍可能与注意力障碍有点像。语言发育迟缓虽然不太可能与多动症混淆，但是也可能发生在多动症患者身上。

职业疗法。如果你的孩子在精细动作（比如学习系鞋带或扣衣服扣子；书写艰难）或者大肌肉运动（比如笨拙、不协调）上有明显的发展迟缓问题，那么请职业治疗师进行的评估是非常有用的。

> 根据评估结果所显示的孩子的具体情况，仔细考虑是否进行额外的测试。

听力评估。听力问题通常会在学校或者医务室进行筛查。常规性的听力评估是为了确保孩子的听力是正常的。请看后面关于中枢听觉加工的介绍。

眼科学。目前缺乏设计合理的随机对照研究，去评估眼睛问题与多动症之间的关系；近年来，少量的病例控制和临床研究获得的结果是混杂的——但是这种混杂的结果仍然足以引人关注。我看到的一个案例就强调了这一问题。9岁的塞西尔接受了心理测试，以解决在学校表现出的注意力不集中和学习困难问题。学校已经测试了其阅读能力，发现他的阅读成绩达到了年级水平。心理测试结果很不寻常：塞西尔的言语智力很正常，但是非言语测试显示出异常模式。虽然他的阅读成绩达到年级水平，但从质量上说，他阅读时很费力。塞西尔会回避阅读，不记得自己读过的内容。塞西尔被转诊到一个详细的眼科检查，结果显示，他在眼睛肌肉控制和协调方面存在问题（近点汇聚和追踪能力较差，双眼同时使用的能力较弱）。在接受了视力问题的治疗之后，他的学习问题也"治愈"了。

虽然这不是精神病学指南的一部分，但最近的一项的医学眼科文献建议，如果多动症或学习困难的治疗效果不好，尤其是在阅读或书写时难以集中精力时，进行全面的眼科检查是明智的。虽然很少见，但调节、眼球运动、双眼功能（尤其是近点汇聚）和高度屈光不正等眼部问题可能与阅读或注意力问题相似。

其他高科技评估和治疗工具。 市场上已经出现了几种新的高科技评估方法。但是所有的这些工具都可以忽略。因为每一种方法都非常昂贵，而且要么缺乏足够的验证数据证明其花费的合理性，要么根本未经验证。由于你将来可能会比较关心这些工具的价值，所以我在下面的专栏中呈现了一些最新的研究进展，如果你感兴趣，还可以进一步阅读相关信息。我在第五章也提到了高科技治疗方法。

> 截止到撰写本书时，我们还没有证据证明新的高科技评估手段是物有所值的。

 最新测试资讯：不值得花钱

脑电波测试。 最近，美国食品药品监督管理局批准了一项脑电评估工具，该评估工具使用大脑慢波信号作为诊断多动症的辅助手段。关于这些技术，具体的说法是，虽然它不能诊断多动症，但是它可以帮助医生识别由于其他问题（比如情绪障碍）导致多动症症状的病例。由 NEBA 健康公司部分赞助的一项研究发现，该工具可以实现这一目的。然而，在 2016 年发表的一篇文献中，专家对该技术持保留态度。此外，某个脑电图神经科学家团队指出，美国食品药品监督管理局认证的数据存在方法学缺陷，其中包括没有使用正规的诊断标准，以及缺乏对该技术改进了排除假阳性病例这一论断的重复研究。总体上，虽然该项技术的发展方向非常有前景，但是使用它进行临床评估还不成熟。我不建议现在花钱使用它。未来如果有更好的有效性测试，这种情况可能会有所改变。

脑成像。 有一些书籍和宣传机构已经声称，不同种类的脑成像能够诊断多动症。这种说法都缺乏科学证实。当前还没有一种针对多动症的脑成像测试得到公开发表的科学文献的认可或支持。在没有医学证据的情况下，我不建议你把钱花在这些评估上。

中枢听觉加工。有些人对中枢听觉加工障碍很感兴趣。由于关于该症状的问题经常被提起，而且它在众多的多动症诱因中容易被忽略，所以我在这里稍微多介绍一下。有些研究确实发现，多动症儿童在对听觉信息的脑电反应上存在特定的问题，这可能与大脑皮层或更低层的脑干系统或感觉加工水平的异常有关。有一小组但吸引人的研究表明，白噪音或许能够改善某些多动症儿童的注意力。另外，许多多动症儿童都有耳部感染的病史，如果在发育早期持续受到感染，就会干扰听力加工，进而影响基于这些听力经历的大脑发育。最后，有大量研究考察了与听力问题有关的大脑皮层诱发电位以及脑干诱发电位。当前，使用脑电记录来评估中枢听觉加工的临床指南至少有6套（美国三套，英国两套，加拿大一套）；最近发表的一篇综述文章称赞了英国发布的指南，但是认为修订后才建议使用。澳大利亚有国家评估中心，评估双耳听力协调与听力问题之间的关系，并有望识别哪些儿童能够受益于特定的听力相关干预方法。

然而，即便存在一些有趣的研究发现了比较合理的逻辑论断，当前的科学和临床文献尚没有证实中枢听觉加工障碍测试可以用于诊断多动症，而关于听觉诱发电位测量是否可以稳定地被用于疾病诊断也缺乏足够的证据。正如2015年发表在《美国听力学杂志》（*American Journal of Audiology*）上的一篇对这一领域的全面综述所指出的那样，当前最主要问题是，常见的中枢听觉加工障碍临床评估测试在很大程度上是无效的（该技术更容易受到注意和执行功能，而不是听觉测试的影响），所以多动症儿童往往由于执行功能较差而很容易导致中枢听觉加工障碍测试出现阳性结果。另外，虽然理想状态下的评估依赖于听觉诱发的脑电记录，但是当前尚缺乏共识性的诊断标准，而且使用脑电技术评估多动症儿童的中枢听觉加工障碍症状也没有统一的临床方案。该项综述文章并不建议使用中枢听觉加工障碍测试来诊断多动症。总体上，如果你孩子进行了专业的语言和言语评估以及听力测试的话，中枢听觉加工障碍测试往往起不了什么作用。

注意和活动的实验室测试。在临床机构中，有很多种测验被用于测试注意功能，比如，康纳斯连续操作测试（Conners Continuous Performance Test），注意变化测试（Test of Variables of Attention, TOVA），以及视听整合持续操作测试（Integrated Visual and Auditory Continuous Performance Test, IVACPT）。在这些测

试中，有一些有国家常模，这是非常有帮助的。其他的工具，则是把这些注意功能测试与使用近红外或压力板的运动传感器结合起来，比如，多动症商数系统（Quotient ADHD System），以及瑞典量化行为测试（Swedish Quantifed Behavior Test Plus）。这些类型的测试拥有较长的历史，有一些已经获得了美国食品药品监督管理局的认证（这仅仅意味这些测试是安全的，而不是有效的），虽然当前还没有国家常模，使得其难以在临床机构中起到真正的作用。尽管一些临床医生认为这些测试很有帮助，保险公司有时也会为这些测试买单，但这些测试本身都不具备诊断性，它们增加的"成本-效益"值仍存在争议。

基因测试。当前已经有多个基因被发现与多动症有关，而一些能够引起多动症的罕见的基因突变也开始被发现。如果在将来的某一天基因测试成为适合多动症儿童的诊断工具，我丝毫不感到奇怪。然而，我们还没到那一步。在你的孩子身上识别已知基因是不太可能的，即使识别出了这些基因，它也不足以用于诊断，对治疗建议也没有影响。虽然这个领域在飞速发展，但是在已知的遗传或染色体疾病尚缺乏医学标记物的情况下，截至2016年，基因检测并不是一项有用的、值得花费时间或金钱的投资。

了解更多：关于美国食品药品监督管理局认证的脑电波测试的争论

Snyder, S. M., Rugino, T. A., Hornig, M., & Stein, M. A. (2015). Integration of an EEG biomarker with a clinician's ADHD evaluation. *Brain and Behavior*, 5(4), e00330.

Arns, M., Loo, S. K., Sterman, M. B., Heinrich, H., Kuntsi, J., Asherson, P., et al. (2016). Editorial perspective: How should child psychologists and psychiatrists interpret FDA device approval? Caveat emptor. *Journal of Child Psychology and Psychiatry*, 57(5), 656–658.

Stein, M. A., Snyder, S. M., Rugino, T. A., & Hornig, M. (2016). Commentary: Objective aids for the assessment of ADHD—further clarification of what FDA approval for marketing means and why NEBA might help clinicians. A response to Arns et al. (2016). *Journal of Child Psychology and Psychiatry*, 57(6), 770–771.

> **了解更多：关于多动症儿童的听觉加工问题的信息**
>
> Cheng, C. H., Chan, P. Y., Hsieh, Y. W., & Chen, K. F. (2016). A meta-analysis of mismatch negativity in children with attention deficit-hyperactivity disorders. *Neuroscience Letters*, 612, 132–137.

治疗

治疗多动症的经典研究是多动症多模式治疗（Multimodal Treatment Study of ADHD）研究，简称 MTA 研究。大部分人可能已经从其他书籍中看到了该研究的初步结果，这部分结果报告于 1999 年。随后，对参与该研究的儿童进行的随访研究考察了多种调节变量（即影响早期所报告结果的变量），以及影响的持久性。这一大型研究于 20 世纪 90 年代后期在美国多个中心开展，其中男孩参与者的年龄在 7—9 岁。经过一年的治疗以后，参与研究的儿童被持续随访，一直到成人早期。由于儿童在整个发育阶段持续被随访，科学研究发现也纷至沓来。虽然在过去的 5 年里没有出现什么新的重要发现，但是这个项目发表的几十篇论文让许多家长和临床医生对出现的大量细微的建议逐渐有了初步的认识。MTA 团队在 2015 年总结了这些有益的建议，我已经将其列举在了 212 页的专栏里。这些发现并不新颖，可能不会得到广泛认可。

对于大多数家长而言，最重要的建议是，除非你的孩子除了多动症还伴随着焦虑症状，否则将药物治疗和心理指标结合起来则是使阳性结果最大化的最佳途径。此外，可以通过经常与医生会面和仔细调整剂量，从而比通常情况更严格地管理孩子的药物。另外，同样重要的是，应该改变家长的管教方式，家长要对孩子因服药而改善的行为做出反应。MTA 研究发现，在成功案例中，家长最显著的一个改变就是，减少对儿童行为的负面反应（有时是自然反应，但通常不起作用）。总体来说，仔细管理兴奋剂药物治疗，向咨询师学习如何为人父母，在家与孩子一起努力，再加上合适的学校规划，将会产生最佳效果。

> 常见问题：我们的孩子接受了多动症评估，医生告诉我们尽管他有多动症症状，但是还不符合多动症的诊断标准。我们现在应该做些什么？我们很担心他。我们还可以获得帮助吗？
>
> 这种情况时有发生。在有些情况下，正确的行为反应或许仅仅是"观望"，因为孩子的问题仍然在典型发展的变化范围内，或者可能是暂时的。你或许可以少些担忧，多给孩子一些时间。在其他情况下，这一结果可能意味着孩子不符合正式的诊断标准，但是孩子仍然在日常活动和成长过程中受到影响。这种情况与有些文献的研究结果一致。有文献提示，即使是有"阈下"症状的孩子，也会受到这些症状的损害（这里仅仅指的是在成长或日常活动中的真实影响）。在这种情况下，临床医生可以做出非特异性多动症的诊断，这样可以得到一些专业的帮助。无论是哪种情况，如果根据第三章到第七章中介绍的内容，在生活方式上做出改变，你都可以看到有益效果。请记住，多动症有可能发生在从最好的自我调节到最差的自我调节这一特质频谱的最末端。

 MTA 研究：15 年内发表文章的详细总结

MTA 的研究样本都是男孩，年龄在 7—9 岁，现在均已进入成人早期。在过去 20 年里发表的大量的研究，为专业人员提供了大量可用的建议。下面是信息汇总。这些建议假设：（1）兴奋剂药物管理：经常（至少每月）到开处方的临床医生那里检查症状和副作用，并仔细调整剂量；（2）使用行之有效的方法进行家长咨询；（3）特定的压力来源（比如创伤），某一特定的学习障碍，或者疾病得到了合理的处置。下面是一些核心信息：

- 药物的有效性需要密集的药物管理和剂量调整（经常与医生见面）。
- 总体上最有可能改善多动症的方法：综合治疗。但是其效果依赖于家长教养方式的转变。

- 对于有多动症和焦虑障碍且无不良行为的儿童，仅需尝试行为咨询。
- 当家长在专业指导下能够减少负向的教养方式时，儿童接受综合治疗，多动症症状能达到正常水平。
- 改善儿童的社交能力也有助于预测其症状常态化。

在过去 5 年里，一个相对较新的发现是，即便在社区的日常照料下，治疗效果也不是可持续的。因此，即便你获得了积极的初步进步，但是你的孩子从传统护理中获得的最终好处可能取决于持续的警惕和定期的治疗。

更多信息

Hinshaw, S. P., Arnold, L. E., & MTA Cooperative Group. (2015). Attention-deficit hyperactivity disorder, multimodal treatment, and longitudinal outcome: Evidence, paradox, and challenge. Wiley Interdisciplinary Reviews: *Cognitive Science, 6*(1), 39–52.

行为或心理治疗

行为治疗方法多种多样，且在不断完善。鉴于对多动症、自我调节和表观遗传学的了解的深入，人们很想在传统治疗方面取得"重大突破"，然而大多数主流治疗方案仍然是经过实践检验的有效方法。此外，在这里我们还是要介绍一下行为和心理治疗方法，因为没有这些基本的知识，你的其他努力将会白费。

近年来最新的元分析研究的主要结论是，家长行为指导或家长咨询，对于提高育儿技能和帮助解决诸如蔑视、发脾气、社交技能差和不合作行为等辅助症状是有效的。它可以帮助你教孩子掌握足够的自我调节所必需的技能。不过，这些心理社会治疗本身是否能够有力地解决多动症症状尚不清楚，除非将其与药物治疗结合在一起（虽然有文献不支持这一观点）。根据最近发表的综述，家长和教师确实能够感受到多动症症状有所改善，但这种情况部分源于预期效应；没有意识到这种治疗的评价者则没有稳定地发现多动症症状的改善——不过确实会看到其他方面的改善。可能的原因是，孩子总体的态度和行为得到了改善，家长和教师就会认为多动症症状也得到了改善。总体来说，这些行为疗法真正聚焦在功能改善（实际上在处理生活问题上做得更好）而非症状改善上。这一点非常重要，这使得这些治疗非常值得去尝试。

对于有行为和情绪问题的孩子，最成熟的行为管理方法需要作为家长的你接受咨询，家长接受咨询要比孩子接受咨询更为重要。乍一看，这似乎是不符合常识的。当然，许多孩子也需要通过去看治疗师来提高他们的应对和自我管理能力，尤其是当他们有情绪或焦虑问题的时候。但是你必须承担更重的责任。你每周都围着孩子转数十个小时，你与孩子有成千上万次的互动。相反，一名治疗师只会在一个虚拟的环境中每周见一次你的孩子，互动次数也不多。作为家长的你在帮助孩子学习管理其行为上，产生的作用要远远比治疗师更大。所以，对于治疗师来说，最有效的方法其实是教给你如何在家与你的孩子相处，这是说得通的。下面的专栏中，列举了家长培训过程中的一些基本要素。

我们都知道，你懂得如何为人父母。许多家长和他们的其他孩子相处得还不错。数年前，我们自己的研究以及其他研究都发现，大部分多动症儿童的家长，其人格、养育技能以及行为方式（尽管对于许多家长与多动症儿童的交流方式，如果不加以纠正，可能会变得非常消极，阻碍孩子进步，甚至成为儿童问题恶性循环的一部分）都是正常的。但是多动症儿童的家长、教师和其他照料者一样，和孩子在一起时通常难以做出最合适的养育行为，因为孩子太过气人、难以管教。在这种情况下，成年人的技巧和能力已经超负荷，最终崩溃。由此，你会意识到你的孩子有特殊的需要，而你自然也需要特殊的技能。当然，你的孩子也会从咨询中获益，咨询的重点是帮助其解决问题，将行为和结果建立联系，与照料者积极沟通，以及处理不知所措的情绪等。如果你的孩子有焦虑障碍，那他可以从使用认知行为疗法的个体咨询中获益。但是，多动

> 特殊的需求需要特殊的技能。

症儿童发生改变的主要动力在于，作为家长的你在与孩子互动的过程中不断掌握的技能。

多动症儿童家长培训的基本要素

- 10~12 次会谈（一些团体课程的会谈次数会少一些），每次 1~2 小时。
- 讲解关于多动症的知识，或者家庭系统的知识，这取决于使用的具体模型。
- 识别你想要聚焦的主要问题（始于一个具体的目标）。
- 注意能力（学会追踪孩子的行为以及错误行为模式）。
- 在家里，制定行为计划或使用积分制行为矫正法。
- 有效利用休息时间。
- 练习或讲授相关技巧。
- 在公共场合处理不当行为。
- 使用每日的学校报告来追踪学习进度和行为，和教师协作。
- 有计划地为未来的行为问题做预期和规划（避免被动反应）。
- 巩固治疗。

> 家长培训最有用的环节之一，是学会不要对令人沮丧的行为做出自动反应。

了解更多：关于家长培训方案的研究

Pfffner, L. J., & Haack, L. M. (2014). Behavior management for school-aged children with ADHD. *Child and Adolescent Psychiatric Clinics of North America*, 23(4), 731–746.

Ollendick, T. H., Greene, R. W., Austin, K. E., Fraire, M. G., Halldorsdottir, T., Allen, K. B., et al. (2016). Parent Management Training and Collaborative & Proactive Solutions: A randomized control trial for oppositional youth. *Journal of Clinical Child and Adolescent Psychology, 45*(5), 591–604.

> **常见问题：如果接受咨询，我将学到什么？**
>
> 你将学习一些独特的技能，以帮助你和孩子顺畅地互动，且向积极的方向发展。至于是哪些技能，则取决于咨询师选择的方法。基于2014年发布的专家总结，有两种主要的、效果相当的方法，哪一种最好，则取决于你自己的风格和优势，以及你和临床医生所描述的关于你的孩子的具体表现。每一种方法，都可以在孩子在场或不在场的情况下进行，尽管有时候，孩子在场的情况下进步可能会更快。文中介绍了一些主要的方法。请问问你的咨询师，他是否可以采用其中一种有效的方法。

家长管理训练

最主要的方法被称为家长管理训练。该方法是最成熟的，也是研究得最充分的。它源自发展心理学。俄勒冈健康与科学大学的康妮·汉夫（Connie Hanf）于20世纪60年代首次提出该方法，整合了当时已有的一系列观点。在此之后，康妮·汉夫早期的学生，现在已经是该领域的权威人员——雷克斯·福汉德（Rex Forehand）、拉塞尔·巴克利（Russell Barkley）、希拉·艾伯格（Sheila Eyberg）等人，以及他们的学生——对该方法进行了深入的研究、验证、完善、系统化和传承。该方法的基本假设是孩子已经习得了消极行为，他们需要一个激励性的方案来帮助其练习并学会替代性的行为方式。这一方法关注明确的预期、有效的交流、清晰稳定的结果（包括积极和消极行为）。家长通常使用某种积分方案来帮助孩子能经常看到自己的进步。这种方案对于克服孩子的不服从或不听从父母的要求非常有帮助。拉塞尔·巴克利在写给家长的书《如何养育多动症孩子》（*Taking Charge of ADHD*）* 中就使用了该方案。

家长管理训练长期以来得到了多个临床试验的支持，也是MTA研究的主要方法。它对于管理破坏行为最有用；不过，除非与药物治疗相结合，否

---

* 此书已有中文译本，《如何养育多动症孩子》，王思睿译，中国轻工业出版社。——译者注

则对多动症症状本身效果很小。对于多动症症状来说，MTA 的研究显示（见第 212—213 页的专栏），虽然很少有人注意到但却能起到关键作用的做法是，家长使用明确的策略以减少负性批评以及和孩子的争论，能够使药物治疗的效果翻倍。

一个相关的、稍有变化的方法是，专门使用奖赏来支持你想要的行为。该方法在家长管理培训专家阿兰·凯斯汀（Alan Kazdin）的著作《这样教孩子就会听》(*The Kazdin Method for Parenting the Defiant Child*)* 中可以看到。虽然对他提出的方法没有人专门研究过，但是该方法运用了家长管理训练的所有原理，而且很好地植根于科学研究（包括他自己的家长管理训练研究）。你或许可以使用积分奖励方案来塑造孩子的行为，使其向你想要的方向发展。当然，这个过程需要大量的讲解和练习。当某一行为经过足够多的练习后就会形成习惯，此时就不再需要积分奖励了。

常见问题：我是在用奖励贿赂孩子吗？

如果没有正确执行家长管理培训，就会有风险；实际上，已经有文献考察过错误的外部奖赏会如何破坏孩子的内部动机。另外，教养方式过于严格也会出现同样的问题——孩子之所以服从，只是因为外部诱惑，而非发展了内部控制能力。但是，当遵循正确的指导，将目标聚焦于教孩子学习某一特定行为上，奖赏系统就可以避免"奖励/贿赂"的困境。在管理孩子的实践中，如果家长在所有情况下都给孩子积分或奖励，即使有些事情不是方案的一部分，就会有风险（比如，"如果你去倒垃圾，我就给你 5 个积分"）。很快，家长和孩子的关系会变成交易性的。家长必须致力于帮助孩子在一定时期内练习一种新的行为或技巧（比如，"如果你今晚还可以在无需帮助的情况下上床睡觉，你就会得到 5 个积分；否则，我们明天视情况而定"），而不是通过让他在某个时刻以服从或帮家长一个忙，来练习新的行为。

---

* 此书已有中文译本，《这样教孩子就会听》，庄秀云译，江苏文艺出版社。——译者注

协作式问题解决

第二种方法是协作式问题解决，或协作和主动式解决方案，至于怎么称呼，取决于训练师是来自于哈佛/麻省总医院还是弗吉尼亚科技集团。该方法也被称为家长情绪辅导。该方法基于系统原理和技能构建，利用与孩子之间的对话、协商以及授权来进行。其背后的逻辑是协作式对话能够解决冲突。它由弗吉尼亚理工大学的罗斯·格林（Ross Greene）博士于20世纪80—90年代之间基于该领域之前的研究成果开发出来的。该方法假设孩子缺乏执行其所需行为的技能。协作式方法可以让你有能力去教孩子这些技能。尽管格林博士的专著里对该方法有详细的阐述，但是该领域一直缺乏同行评议的研究来验证其有效性。这一现状直到2015年才有所改变，此时出现了一些随机对照试验。以后会有更多的论文发表出来。尽管与家长管理训练的研究文献相比，这方面的研究积累还很浅，但是目前已有的随机对照研究做得非常漂亮，研究结果显示家长管理训练和协作式问题解决的效果相当，在改善行为障碍的成功率上都能达到50%。虽然还需要后续研究去重复这些研究结果，我依然相信这种方法将是很多家庭可以选择的好方法。

> **常见问题：如果我和孩子就问题解决进行讨论，我会失去家长的权威吗？**
>
> 如果没有正确执行家长管理训练或协作式问题解决，也会有风险。在这里，主要的风险是，过度沉溺于协商，逐渐偏离焦点，或者请求或命令实际上从未得到解决。但是，如果家长能够一直聚焦在问题上，并且能够引导孩子去发现问题的答案，保持适当的平衡，就可以避免这种风险。在你开始与孩子讨论之前，请与你的咨询师讨论这些顾虑；你需要学习的技能是知道如何不踏入这些陷阱就能得到你想要的结果。需要注意的是，向你的孩子解释你正在做的事情及其原因，是很有价值的。不过解释要简短且易懂。

> **常见问题：我应该找具备什么样资质的咨询师？**
>
> 资质因国家而异。在一些发展中国家，咨询师仅需拥有学士学位。但是，在美国、加拿大、欧洲、日本、英国、新西兰、澳大利亚、爱尔兰以及许多其他国家，咨询师需要具备较高的学位（哲学硕士、理学硕士、医学博士或哲学博士），以及执照。在美国，执照是按州颁发的，所以咨询师办公室应该展示他的州执业执照。通常，他的学位和其他证书都会展示出来。学位和执业执照可以是下面列举的任何一种：
>
> - 社工硕士以及社工执业执照。
> - 持有咨询专业执照的咨询专业硕士。
> - 临床或咨询心理学博士。
> - 具有适当的医学博士背景、住院医师/研究员资格、执照或证书。
>
> 如果针对你的情况，咨询师拥有适当的资历和经验，熟悉可供家长用以面对难以管理的孩子的多种方案，也有信心去解决你面对的问题，那么你就拥有了坚强的后盾。

执行功能辅导或组织培训

这是一个近年来很有发展前景的新领域。组织技能培训、执行功能辅导或者多动症辅导这三个术语可以相互替换。但是，这并不意味着它们是科学有效的方法。很多多动症辅导系统都只是凭经验或未经证实的方案行事。实际上，直到最近我们才有一些初步的研究去考察辅导方法对于儿童和青少年的有效性。所以，好的多动症辅导就是有效的多动症干预方法吗？我只能说这种干预有可能是有效的。不过，我们现在已经看到了希望，设计合理的试验已经发现这些方法值得尝试——但是需要注意的是，这些做得比较好的研究邀请的都是专业的治疗师或学校的咨询师讲授组织技能。要想达到黄金标准，这些方法需要由不同的独立研究组进行额外的试验。不过，这个领域正在逐步进入正轨。需要注意一点：请选择合适的设计方案；当前有很多未经测试的变式。另外需要注意的是，这些方法重点在于帮助处理无组织行为以及时间管理问题，而不是服从行为或多动。因此这些方法是其他家长训练方法的一种补充，而非替代。

以下是三种主要的方法：

1. 自助：明智但分散。 在该方案中，心理学家佩格·道森（Peg Dawson）和理查德·奎尔（Richard Guare）帮助家长发现孩子在哪些执行功能上较弱，然后指导家长去帮助孩子学习新技能，并通过在孩子较强的领域发挥技能来弥补这一弱点。他们还帮助家长改变孩子的环境，以减少孩子对弱项技能的依赖。虽然现在还没有临床试验检验该方法，但是该方法听起来很合理，而且风险低。

2. 治疗师指导：组织技能训练（Organizational Skills Training, OST）。 该方案是由纽约的霍华德·阿比科夫（Howard Abikoff）、理查德·加拉格尔（Richard Gallagher）及其同事开发的。阿比科夫是长期致力于为多动症儿童开发项目和评估行为治疗的权威专家之一。组织技能训练将多动症儿童可能面临的组织问题分为四个技能领域，为他们提供了一种系统的学习方法，一步一步地学习如何做到有条理。这是一个由临床医生执行的方案，不过治疗师也会与教师见面。其目标主要是帮助孩子获得学业上的成功，但是在家里也能够有组织地完成任务。它的一个关键之处在于，它把多动症症状称为干扰了孩子潜在的"决策系统"的"小故障"，这一特征显然有助于孩子将他们的症状去个性化，并使他们在接受训练时不会因为与多动症斗争而感到羞愧。研究者于2013年发表的第一项随机对照试验发现，有超过一半的多动症儿童的组织和时间管理技能能够正常化，一年后，他们在家里的学习态度和组织技能都有所改善。还有一种相关的方法，是针对中学生的、以学校咨询师为基础的方法，称为HOPS，将会在后面的"基于学校的干预"这一部分介绍。

3. **家庭和学校协作式的生活技能训练**。这一方案强调家庭和学校之间的协作，由旧金山的琳达（Linda Pfffner）及其同事开发。该方案将家长管理训练（每期12周）、学校规划以及一个儿童组结合到了一起。他们在2013年发表的初步的临床试验结果显示，儿童的学业能力、多动症症状以及组织技能都有所改善。2014年发表的一项试验还发现，该方法的一种变式［被称为儿童生活和注意技能训练（child life and attention skills），或CLAS］的强度不那么密集但能够改善多动症症状和组织技能。学校的心理健康专业人员是主要的执行者，这使得该方案需要学校的配合才能进行，不过只要学校配合，在校内或学区内进行，其成本-效益比可能要比其他方法高一些。这表明，在为多动症儿童提供有效帮助方面，仍然在持续进步。

后面将要介绍的基于学校的干预是第四种方法。虽然这些方案还没有高水平的证据支持（基于中等或大效应量的多次重复、双盲、随机对照临床试验），但是我们能够看到这个领域的走向还是充满希望的。如果执行合理的话，组织技能训练或执行功能辅导，或者联合家长管理训练和一些教师咨询，能够让许多多动症儿童从中获益。关键之处可能在于正确的课程设置，以及孩子的有效参与和动机的调动，上述方法都试图将这些纳入其中。

组织训练的基本概念。这个概念指的是直接指导——教孩子，给他们工具去学习如何有条理、有组织。这些工具和成年人用来组织自己生活的工具是一样的。差别仅仅是多动症儿童需要外在的帮助，使他们能够坚持学习，并坚持使用这些工具。

核心要素。成功的方案将行为激励（比如使用奖赏或积分让儿童参与进来）和讲授组织技能结合到一起。对于一些动机较强的儿童，可能无需行为激励，不过总体上行为激励能极大地增加成功的可能性。例如，组织技能训练（阿比科夫及其同事的项目）基于4个主要主题提出了20次会谈：

- 作业追踪（例如，使用每天的作业记录）。
- 管理材料（学业、论文、作业、核查表）。
- 时间管理（短期管理、长期规划）。
- 任务规划（制定步骤、追踪、准备材料、长期计划）。

这些课程包括大量的讲义、作业和指导材料，可以帮助孩子锻炼组织能力，并帮助家长在家指导孩子并检查其在学校的进展。其中还涉及相当多的活动环节，当然也会在帮助孩子获得组织有序的技能上产生良好的结果。这些方法的目标就是建立独立性，所以通常对中学生和高中生非常有帮助，因为受多动症困扰的青少年确实需要处理这些问题，他们需要准备长大并进入社会。

如何找到一个好的教练。这个领域虽然发展迅速，但没有执业执照，不受管控。当前，你必须仔细审视你未来的多动症教练。当然，优秀的教练也是有的。请考虑这些情况：他们应该向你展示其课程和材料，指出方案是否优质的证据（优先采用已经出版的方案），并为你制定一个关于儿童参与和激励的计划。最后，好的教练都知道如何协调家庭和学校；我发现许多出色的教练，以前都是特殊教育教师，或者在该领域有资深背景。你需要向教练提出的要求包括：查看课程内容，询问如何监控进度，以及询问你和学校如何参与进来以支持孩子。

学校里的元认知训练。如果孩子的问题与执行功能或组织性有关，特殊教育教师通常会进行元认知技能训练。这种方法与组织技能训练有关，不过主要聚焦于学习习惯、学习技巧以及问题解决。教师可能会问孩子的一个基本问题是："当你不知道做什么的时候，你都做些什么？"从这里开始，教师可以帮助孩子"思考自己的想法"，走出困境，看看如何开创一个更好的局面。同样，对于一个年龄稍大的儿童，首先要学会想"我为什么要读这个？"以及"我想要从中学到什么知识？"然后在阅读过程中加入阅读理解的策略，来完成阅读作业。如果孩子在概念、理解、组织或记忆等方面有困扰，那么元认知训练通常是一种有用的教学方法，它还可以和组织技能辅导培训协同进行，以便起到更好的效果。

 想要阅读更多关于行为项目与执行功能训练的内容吗？

请看本书后面提供的参考资料部分，里面介绍了这些方法的信息，并推荐了一些书籍，介绍上面提到的一些方法以及其他方法。

基于学校的干预技术

如果你的孩子患有多动症，那么建议你建立一套协作教育方案。在上一部分，我提到基于学校的方法主要聚焦在孩子的技能上。在这里，我主要介绍学校工作人员所使用的综合性的方法，用以帮助孩子（包括多动症儿童）发展自我调节能力。一个好的特殊教育教师，一旦了解了学生的基本情况后，就可以设计出一套方案，将其植入常规课堂当中。基于学校的干预可以帮助多动症儿童进一步改善；在 2014 年、2015 年以及 2016 年，都有大型的综述文章发表。小学生的干预研究要更多一些。最近的大部分文献均证实了之前的研究结果，不过最值得一提的、过去 5~8 年里的一个新进展是，一系列针对中学和高中生开展的新方法的临床试验。

针对小学生使用了三种学校干预。每一种干预方法都需要进行充分的教师培训，而且如果有家长参与，效果会更好。过去 5 年里发表的研究和元分析已经证明，这些方法的成功部分依赖于教师和家长之间关系的质量，以及教师和孩子之间关系的质量。另外，孩子的主要任课教师或特殊教育教师可能需要保证能够在教室里运用合适的技巧。

1. 行为干预。 作为学校干预的主要方法，它可以帮助多动症儿童。这些干预方法要求教师使用行为前预防（眼神接触、暗示、提示、复习规则、掌控活动的节奏、教师的走动）以及行为后结果（积分、使用电脑的时间、行为报告卡）帮助儿童用一个功能上相同、社会上认可的行为（在课堂上举手）来替代一个不受欢迎的行为（在课堂上大声喊叫）。大量的临床试验以及元分析研究均证实，这些方法能够有助于减少孩子在课堂上的不良行为，有助于他们完成学习任务。

2. 学业干预。 以直接教授阅读、数学或写作技巧为目标。关键要素包括特定技巧的增量式教学，辅之以计算机辅助教学以及一对一的指导等手段；一对一的指导通常需要在教室里进行。对于已经诊断为学习障碍的儿童，可以采用特定的学习训练策略，比如针对阅读障碍专门设计的方案。

3. 自我调节干预。 这是一种新方法，旨在让学生完成一项自己能够控制的目标行为（比如完成作业），然后记录他们的成功行为，并对其成功行为提供反馈或积分。该方法的逻辑是正确的，个案试验研究结果很好，但是还没有设计合理的随机对照试验。

尽管过去 10 年有大量的教育研究，但是直到 2010 年才有研究涉及患有多动症的高中生。2014 年发表在《北美儿童和青少年临床精神病学杂志》的综述文章提到，我们已经有两项针对学校环境中的青少年的新的干预研究。不过，个体化的干预还处于初步阶段，尚缺乏足够的随访考察，以全面评估其效果。这是不幸的，因为简单的干预就可能会有效果。第一种方法是记笔记。这种干预就是简单地告诉患有多动症的青少年如何在课堂上有效地记笔记。10年前的一项初步研究证明这能够改善其每天的作业情况，但是对测验不起作用。第二种是自我管理。该方法有大量的文献基础，主要是教高中生如何管理其日程安排以及作业情况，但是最近才应用到多动症领域。也是在10年前，两项非常小的预实验发现，该方法能够成功地改进家庭作业完成情况。不过这些研究均没有后续的随访考察。在过去的5~8年里，科学研究的主要工作是完善和测试针对多动症青少年的更全面的干预方案设计。通过2011年、2012年以及2013年开展，并于2014年总结的试验，已经有两个方案浮出水面。

1. 视野挑战方案（The Challenging Horizons Program, CHP）。 这是一个为儿童提供综合学业、社交和家庭技能的方案。鉴于该方案相对较新，虽然很难找到和使用，不过最基本的做法是可以作为一种课外干预方案来执行，可以由在专业治疗师指导下的大学生来做，也可以以辅导的形式由校内工作人员每周与学生见面，监督其在自我组织能力、考试准备以及学习技能方面上的进展。这两种形式，都需要定期的家长会谈。这种课外方案的执行力度很强，在整个学年里，每周2~3天，每次2小时。在上学日执行辅导方案更方便可行。2011—2014年之间发表的随机对照试验研究为针对多动症开展该方案提供了实证支持，表明即便低强度的辅导方案，也能够改善参与者的学业成绩和行为表现。因而，虽然更多的验证会更有帮助，这个项目（即便以更可行的辅导形式）似乎代表了一种在学校内可用的、较新且有效的选择。

2.HOPS 方案。 HOPS 指的是家庭作业（homework）、组织（organization），以及计划（planning）能力（skills）。本方案不是聚焦于社交和学业技能，而是完全聚焦于计划、组织、时间管理技能——本质上，就是在学校背景下的执行功能辅导。因而，本方案与之前讨论过的组织能力训练相似，但是本方法主要在学校中教青少年如何组织家庭作业，整理储物柜和课桌。这种干预由学校的咨询师来执行，每周 1~2 次，每次 30 分钟，为期一个学期。其中包含家长会议，所以该方案可以在家里实施；通过奖赏机制来保持青少年的动机。2011—2013 年，有大量的实证研究考察了该方案的效果，结果均显示该方案对于家长评定而非教师评定的作业和组织能力有改进，使多动症的注意力不集中的症状有所缓解，对成绩有中度改善。虽然还需要独立的试验才能将该方案作为一级（绝对有效）治疗方案，但它很可能是有效的，也是很有希望的。

在撰写本书时，这些正规的干预方案还未被广泛使用，但它们很值得关注——我们希望这些方案可以逐渐传播开来，就像前面提到的执行功能辅导手册那样。

这也就是说，无论希望得到什么样的校内支持，大多数家长和学校面临的主要挑战是找到资源，使多动症儿童能够参加一个强有力的基于学校的干预方案。除非教师接受了专门的培训或监督，或者可以提供训练有素的课堂助手，否则许多学校可能不具备执行这些方案的资质，因为这些学校本身没有充足的资源。尽管如此，多动症儿童通常会受益于书面的个性化教育计划（Individualized Education Program, IEP），通过该计划，学校可以利用现有的资源，实施一些行为方案。如果有需要，你的行为治疗师可以咨询学校，从而制定计划。

可能有些读者已经知道了，个性化教育计划是一份正规的法律文件。在美国，如果你书面申请个性化教育计划，学校必须召开会议来讨论你孩子的情况，然后在 90 天内做出决定。有些学校采用了另一种命名法，称为第 504 节。与学校工作人员会面，通常可以制定至少一个可行的行为管理计划，以帮助孩子有条理地完成任务；家长和教师通常也可以从家长-教师每日报告卡片中受益——通过该卡片，教师可以通知（可能通过邮件）家长当天的进度、家庭作业和目标；而家长在家里跟进孩子的情况。其他国家也有自己的体系。

如果你正在尝试使用奖励机制（奖赏、积分、贴纸等）来改善孩子的成熟行为或技能学习，或者如果你正在尝试支持孩子参与组织辅导，那么每日报告卡片是一个关键的工具。教师可以通过邮件、短信或纸条简要地通知你，你提前计划的特定行为或技能在当天的发生情况。这可以让你在家里进行最适当的跟进，不让你的孩子远远落在后面。你将会知道明天有一场考试，或者有一份重要的作业最晚在周五提交，或者在消极行为模式建立之前课堂上发生了哪些事情。大多数标准的育儿计划都包括如何使用每日报告卡的例子，而现成的样例则可在拉塞尔·巴克利的多动症家长丛书中找到（请看参考资料部分）。

 了解更多：基于学校的干预手段

DuPaul, G. J., Gormley, M. J., & Laracy, S. D. (2014). School-based interventions for elementary school students with ADHD. *Child and Adolescent Psychiatric Clinics of North America, 23*(4), 687–697.

Evans, S. W., Langberg, J. M., Egan, T., & Molitor, S. J. (2014). Middle school-based and high school-based interventions for adolescents with ADHD. *Child and Adolescent Psychiatric Clinics of North America, 23*(4), 699–715.

在美国，如何让孩子获得公立学校帮助的法律细节，可以在网上找到很多信息。请搜索个性化教育计划（Individualized Education Program, IEP）、《美国残疾人教育法》（Individuals with Disabilities Education Act, IDEA），以及《康复法案》第 504 节（Section 504 of the Rehabilitation Act）。

> 学校是最令多动症孩子苦恼的地方。请利用教育体系提供的帮助。

> **要点**
>
> **针对多动症儿童的非药物帮助**
>
> - 家长咨询/培训在管理多动症继发性行为问题（如蔑视、压力以及与他人的冲突等）上是成熟和有效的。
> - 多动症辅导技术有一些有前景的研究数据，可以在儿童受多动症困扰的时候帮助他们发展自我调节技能及其他执行技能，不过，在帮助他们组织自己的学业方面发挥的作用更大。
> - 对这两种方法来说，最重要的是找到有资质的咨询师。
> - 在美国，在法律的支持下，你的孩子有权利获得公立学校的支持，许多多动症儿童都需要这种帮助。
> - 在第五章我们已经介绍了基于科技的治疗方法；比如计算机化认知训练，虽然很有前景，但是依然缺乏足够的研究证据证明它值得你花钱。未来的研究可能会发现它在特定学习领域有帮助，比如数学补习。

药物治疗

药物是应用最成熟且最广泛的多动症治疗方法。市面上有很多书都对目前可用的不同种类的药物治疗进行了介绍（请看参考资料部分）。我在这里不再赘述，但是我会强调最近重要的研究进展，并指出过去十多年里科学研究所发现的重要的但被忽视的成果。我也会强调一下，当你寻找临床医生用药物治疗孩子的多动症时，应该注意什么。

传统的兴奋剂药物包括哌甲酯和安非他明盐。这些药是一天服用2~3次的短效剂型。它们会在几个小时内失去效果。虽然存在个体差异，但总体来说，这种药物对一半以上的多动症儿童会起作用，而那些对该药物没有积极反应的儿童中，又有相当一部分儿童对另外一种药物有积极反应，因此总体来说大概有 70%~80% 的"反应者"。这两种药物对大约 20% 的多动症儿童无效。在过去 10 年左右的时间里，一项突破性进展是，人们发明了这些药物的缓释剂型，如哌甲酯缓释片、安非他明缓释片和右哌甲酯缓释胶囊等。这些发明减少了药物的副作用，而且有一些（不太一致的）证据表明，服用这些药物的儿童在一天中的症状或情绪起伏减少了（这些情绪或症状有时是由更频繁地服药引起的），从而导致更一致的行为改善。如果你最近去找医生治疗孩子的多动症，医生开的药很有可能是这些新的合成制剂中的一种。

重要的科学发现

如前所述，MTA 研究已经发现药物结合行为治疗是消除症状并有助于缓解情绪和其他障碍的最有效的方法。但是一旦停药，阳性的药物效果就有可能消失，这意味着药物能够缓解症状但不能治愈多动症。这是有道理的。药物有助于儿童的症状缓解，但不能为他们提供在学校或生活中所需要的技能和能力。因此，技能培养大多数情况下是药物治疗的重要辅助手段。

在这些数据中隐藏着另一个令人不安的发现：药物治疗对社区控制组儿童（即从普通社区中挑选的孩子，没有把他们作为实际研究的一部分）的效果没有那么好。这些儿童中有 70% 接受了兴奋剂药物治疗，经过 14 个月的治疗后，仅有 25% 的孩子总体症状有所缓解，而实验研究中接受治疗的儿童，症状缓解的比例是 60%。这表明，社区的药物治疗通常效果不佳。

> 多动症药物治疗常常不符合帮助儿童最大限度地获益的实践标准。

在实验研究方案中，儿童的药物剂量在为期 4 周的时间内会系统地改变，剂量每天都会变化，家长和教师每天都会进行行为评分。然后医生每周家访一次，时长 30 分钟，根据需要继续调整剂量，同时要考虑教师的评分。这远比大多数典型的护理情况要更密集，即使当前实践标准的建议是，不管儿童对初始剂量是否有明显的反应，都要考虑不同的剂量；另外，要考虑尝试两种配方，以寻找最有效的那一种。临床医生往往不遵循这些步骤，要么是因为他们不了解这些标准，要么是因为父母不愿意走这些程序，要么是因为保险公司不愿意为此支付费用。但是，这种系统性的方法，结合美国儿童和青少年精神病学学会颁布的实践指南，可以使成功治疗多动症儿童的可能性翻倍。

当你向医生寻求药物治疗时，应该注意什么

一种办法是，你需要咨询专家，即有经验的精神科医生，你的孩子应该选择什么样的药物及剂量。在美国，治疗多动症的药物必须由执业医师、医师助理或护理人员开。（在一些地方，处方医生供不应求，这一缺口已经被少数接受过额外培训的心理学家填补，他们也可以开处方。）*药物治疗应在儿童综合计划的背景下进行，这种综合计划包括家庭和教育计划，甚至要考虑前面章节讨论的替代和补充治疗。但是，在美国和许多其他国家，健康护理的全科医生负责的地区范围很大，他们可能并不具备针对某一特定发育障碍的高超技能。所以，他们有时候很难具备下面的所有"理想化状态下"的资质：

- 熟悉所有治疗多动症的不同药物，并具备相关专业知识。
- 对儿童精神症状和学习功能进行详尽的评估。
- 愿意为你解释不同的药物选择。
- 遵循某一方案，系统性地尝试多种剂量以寻求最佳结果。
- 让你使用标准化的评定量表追踪和评定孩子的症状和副作用。
- 让教师参与进来，或者督促你获得教师的评定。
- 除了与你交流外，还会观察孩子。
- 经常与你见面，直到情况稳定下来。

---

* 在中国，只有精神科医生和一部分儿科医生可以开处方药。——译者注

- 可以和你的行为治疗师协作，以达到最佳效果。

如上所述，我建议使用综合的方法，即在综合的健康和发展规划的背景下用药，这种规划包括家庭和教育规划，并考虑在第三章到第七章讨论过的能够支持儿童的替代和补充方法。

所有兴奋剂药物的作用机制是一样的吗

不是。不同的兴奋剂药物，其在体内的输送方式的不同、对大脑交流的影响不同、患者自身的感受也不同。它们在立即释放/延迟释放的比例、生效前的时间以及持续时间上也存在差异。因此，与你的医生进行详细讨论是非常重要的，以便对药物效果有一个准确的预期。比如，如果你在上午更关心症状控制情况，你的医生可能会选择一种起效更快的药物。如果你担心孩子的睡眠，那么医生可能会选择一种起效更慢的药物。比如，一篇专家评论文章指出，哌甲酯缓释片可能会提供12个小时的"效果"，但其效果比另一种配方弱，特别是在一天的前半段。药物作用时间广度和作用深度之间必须有一个权衡。

最近的系统性综述研究试图比较了不同药物的效果。当前还没有研究考察安非他明类药物的效果。不过有许多研究已经比较了安非他明与其他药物的不同效果。也有大量的元分析尝试成对比较不同药物的效果。于2013年发表在《BMC 精神病学》杂志上的系统综述，可能对这方面研究进行了最好的总结，该文章汇总了之前的"一对一"比较研究以及元分析研究和综述研究。几乎所有的一对一比较研究都考察了哌甲酯缓释片这一药物，作为被研究最充分的药物，它既有优势也有劣势。基于在多动症方面有限的研究数据，作者报告了以下内容。基于一对一的比较研究，可以获得以下信息：

- 在1~6小时内，利他林（Litalin LA）的效果优于专注达（Concerta）。

- 在4~6小时内，Focalin XR的效果优于专注达（Concerta）；但是在8~10小时内，两种药物效果相当。
- 所有药物的副作用都相似。
- 女孩和男孩的反应不一样，女孩对药物的反应更快，药效消失得也更快。
- 个体差异大于群体差异，因此谨慎的个体化监测仍然是关键。没有一种药对所有的孩子都有好处。
- 高剂量通常会带来更好的效果。（不过两者的关系是"曲线形状的"，也就是说剂量太高的时候，效果会下降。所以，要注意过度用药的风险；初始剂量应该低一点，然后慢慢增加。）
- 有证据表明，成年人对短效的哌甲酯比长效剂型的反应更好，尽管这一点还存在争议。

该文章的作者提供了以下实践建议：

- 当一种哌甲酯药物有部分效果时，可以尝试第二种哌甲酯药物，而不是立即换成安非他明药物。
- 调整剂量，以便在早晨获得令人满意的效果。
- 然后观察孩子在一天中剩余时间的效果，如果有需要，再进一步调整。

最后，儿童的个体化反应非常复杂。考察影响药物代谢的遗传因素的研究非常活跃，随着时间的推移，可能会产生更好的方法来制定个性化处方。与此同时，我们还不能自信地预测某种特定药物适用于哪些儿童。我们唯一确定的是，影响因素非常复杂，所以需要给儿童尝试不同剂量以及不同的药物。许多其他的药物，比如托莫西汀（Strattera），目前还没有在效果比较分析中得到充分的研究。

兴奋剂药物会损伤大脑生长或发育吗

这是当前许多家长都关心的主要问题。有这种疑问很正常，因为我们都知道大脑通过改变其化学信号和发育方式适应药物的使用。考察低剂量兴奋剂药物治疗多动症对大脑所产生的特定影响的研究虽然不多，不过，当前已有的研究结果还是令人安心的。让我们了解一些这方面的信息。接下来主要介绍两类研究。

动物研究。 第一种是动物研究。大部分研究给大鼠吃不同剂量的哌甲酯，并测量大脑化学物质含量，随后检查大脑本身的变化。这些研究很有说服力，因为它们（1）有实验对照；（2）在显微镜下对大脑进行了实际检查。因此，这些研究为细胞水平上的大脑改变提供了重要结果。当然，这些研究也有局限性，因为动物对药物的新陈代谢与人类不一样。结果肯定是喜忧参半的。最令人担忧的是，许多研究在前额叶皮层发现了氧化应激和细胞损伤增加。需要注意的是，这些研究给药的剂量是人类儿童的 2~10 倍之多。虽然啮齿类动物对兴奋剂药物的代谢与人类不同（这可能证明剂量的使用是合理的），但这种剂量的差异仍然使我们很难确定这些研究是否反映了多动症儿童在药物治疗下会出现的情况。此外，即使大脑的这些变化往往与动物的行为变化无关，我们也依然需要对这些结果保持警惕。

啮齿类动物与人类的大脑和行为差异很大，这也使我们难以将动物的研究结果推广到人类身上。因此，2012 年发表的一项以猴子为研究对象的研究尤其令人感兴趣。科学家让年幼的猴子服用临床水平剂量的哌甲酯，为期一年。研究者证实，这种药物在血液中的浓度与临床医生在人类多动症儿童身上所发现的完全一致。研究中，有一半的动物服用安慰剂。科学家使用一种称为正电子发射断层扫描（positron emission tomography，PET）的大脑成像技术来观察动物活着时大脑关键部位多巴胺受体的变化（注意，这需要放射性同位素，因此在人类儿童中是不符合伦理的）。回想一下，多巴胺是多动症涉及的最重要的神经递质之一，它是使用利他林治疗多动症时起主要作用的大脑化学物质。这些科学家得出的结论是，令人放心的是，这种药物对这些多巴胺受体的发育没有影响。然而，他们的数据分析有一些弱点，使得这个结论只能部分令人信服。而且，该研究中的动物数量是非常少的（这类研究非常昂贵），所以该研究考察实验效应的统计功效是很低的。最后，PET 成像不能观察到啮齿类动物研究中所能看到的氧化应激。尽管如此，这项研究还是让人稍感心安。

常见问题：兴奋剂药物会导致抽动吗？

这是家长普遍关心的问题。美国食品药品监督管理局要求在兴奋剂药物标签上注明可能会加重或引起抽动的警告。在过去 10 年里，发表的系统性综述文章已经推翻了这个结论。即使未经治疗，多动症儿童随后约有 20% 会出现抽动障碍，因为多动症和抽动障碍之间可能存在着不为人知的，甚至和遗传有关的关系。（一种途径很简单，就是严重的抽动障碍有时会伴随多动症症状。）因此，如果医生给你的孩子开了兴奋剂药物，随后可能偶尔出现抽动。抽动的出现可能是由于其他原因，而非药物导致的。这种巧合看起来像存在某种关系——但它真的只是巧合。这种非因果关系可以简单地通过比较是否服药的多动症儿童的抽动发病率的差异来理解——这些研究没有发现两者之间的差异。当前比较一致的证据似乎是兴奋剂药物不会增加抽动的风险。但是，如果一个儿童有多动症以及抽动症状，可使用替代药物进行有效治疗，如胍法辛。另外，即便兴奋剂药物确实会引发抽动，只要停止服药，抽动症状也就会随之消失。

常见问题：兴奋剂药物会阻碍身体发育吗？

在过去的十多年里，这是多动症研究领域最具争议的问题之一。这一问题出现的原因是兴奋剂药物会抑制食欲。冲突性的研究结果比比皆是，而且每年还有大量的研究涌现。有研究对 2015 年发布的 MTA 研究数据进行了仔细的分析，发现经过 10 年的药物治疗，身高的增长会受到一些抑制（约 2.54 厘米）。

然而，2016 年发表的两项规模较小但较新的研究都得出结论，兴奋剂药物治疗可能导致生长速度暂时放缓，但似乎并没有改变整体身体成熟率或最终身高或骨骼的长度。简而言之，关于持续使用兴奋剂药物是否抑制身高增长的争议仍然存在。这可能是因为，这些分歧掩盖了个体在对与发育有关的兴奋剂药物做出反应时存在的差异。你的医生每次问诊时都会密切关注孩子的身高增长情况，并观察他是否会随着时间的推移保持在相同的增长曲线上。

 了解更多：关于兴奋剂药物、抽动以及身体发育的最新证据

Bloch, M. H. (2012). Misplaced fear?: FDA contraindication to psychostimulant use in children with tics. *Evidence-Based Child Health, 7*(4), 1231–1234.

Pringsheim, T., & Steeves, T. (2011). Pharmacological treatment for Attention Deficit Hyperactivity Disorder (ADHD) in children with comorbid tic disorders. *Cochrane Database of Systematic Reviews, 4*, CD007990.

Hinshaw, S. P., Arnold, L. E., & MTA Cooperative Group. (2015). Attention deficit hyperactivity disorder, multimodal treatment, and longitudinal outcome: Evidence, paradox, and challenge. *Wiley Interdisciplinary Reviews: Cognitive Science, 6*(1), 39–52.

Poulton, A. S., Bui, Q., Melzer, E., & Evans, R. (2016). Stimulant medication effects on growth and bone age in children with attention-deficit/hyperactivity disorder: A prospective cohort study. *International Clinical Psychopharmacology, 31*(2),93–99.

Harstad, E. B., Weaver, A. L., Katusic, S. K., Colligan, R. C., Kumar, S., Chan, E., et al. (2014). ADHD, stimulant treatment, and growth: A longitudinal study. *Pediatrics, 134*(4), e935–e944.

> 关于长期服用药物能否导致最终身高的减少，以及身高受影响只是暂时的还是永久性的，当前的研究结果并不一致。确保医生密切关注孩子的身高情况。

人类脑成像。第二类研究使用脑成像技术，比如磁共振成像技术，考察有服药史的人类儿童与不服药儿童之间的差异。一些研究使用随机对照设计去考察短期服药对大脑的影响。其他研究则考察长期服药的影响，但由于伦理原因，无法使用随机对照设计。所有的这些研究主要考察三个方面：（1）大脑发育，比如大脑多个区域的灰质体积；（2）认知任务状态下的大脑活动；（3）大脑连通性。

最近的综合性专家综述文章发表于2012年和2014年。这两篇文章都比较确定地认为，服药的短期效应（如果有）在大脑新陈代谢方面是积极的。本质上，短期服用兴奋剂药物起到的作用似乎是，将认知任务状态下关键脑区的活动正常化。这与短期服药对认知功能的影响，以及第一章提到的兴奋剂药物能够"唤醒"大脑改善自我调节的结果是一致的。

那些着眼于长期服药的研究在很大程度上也是积极的，尽管不是很明确。虽然这类研究只有6项左右，但是它们一致显示，与没有服药的儿童相比，长期服用药物的儿童在大脑发育以及环路连接上趋于正常化。需要注意的是，有少量研究发现了服药对前额叶的长期功能有负面影响。然而，大部分研究的结果恰恰相反，即在面对挑战时前额叶皮层的反应正常化。出现这些不一致的研究结果的原因还不清楚，需要进一步的研究。尽管如此，综述文章的作者认为，基于这些研究可以看出，兴奋剂药物至少在平均水平上，对多动症儿童的大脑发育有着积极的影响。

最后，有一项使用PET成像考察青年的多巴胺功能的研究值得关注。为期12个月的哌甲酯治疗导致了多巴胺神经化学的改变，这种改变表现在一种叫作多巴胺转运蛋白的化学物质的有效性的增加上。这一结果可能解释了药物的作用机制。但是它对大脑功能的影响还不清楚。作者认为这种反应可能导致药物逐渐失效，或在停药时出现"反弹"症状。

总结。总体上，现有的证据比较复杂，但总的来说是令人放心的。很显然，长期的药物使用（一年或更久）会导致大脑发育发生改变。但是，有一些或大部分改变都是积极的。在大脑结构发育和脑功能连接的宏观层面上，最有可能的结论是，至少对于多动症儿童来说，这些影响是有益的，并且趋向于大脑生长的正常化。但是在生物化学水平上，比如细胞健康层面，情况还不明朗。在动物研究中，服药对大脑健康的负面影响的研究结果是令人担忧的。一个可能的原因是这些研究使用的剂量过高；或者药物对多动症有积极影响但对健康的大脑有负面影响。但是这些解释还只是推测性的。比较平衡的可能性是，长期服药既对大脑发育有积极影响，也对大脑生物化学有一些负面影响。目前尚无研究发现长期服药对行为或认知的负面影响，表明这种不一致的效应对发育的总体影响可能更偏向于中立或积极。即使是动物研究，也没有发现药物导致认知或行为功能的长期损伤。尽管如此，我们必须认识到，这些药物需要结合临床需要才能使用。尤其是，它们不适用于一般性的性能增强的目的。

综上所述，在大多数情况下，考虑到兴奋剂药物在帮助多动症儿童调整和应对方面具有潜在的深远益处，这些药物所存在的风险还是可以接受的。也许考虑这一问题的最佳方法是在两个风险路径之间进行选择。一种风险是不能给患有多动症的孩子以足够的治疗。在这种情况下，可能存在损伤孩子的自尊、社会性发展以及学业发展的风险。另外一种风险是服用药物可能会对大脑发育有未知的影响，尽管没有证据表明这些影响会损害认知、行为发育或产生长期影响；相反，它们往往有助于这些领域的发展。总体上，在兴奋剂药物具有临床效果的情况下，一般认为接受治疗要比不接受治疗更值得冒险。

> 长期服药的影响可能既包含对脑发育的积极影响，也有对脑生物化学的负面影响，还有对行为和认知的中性或积极影响。

要点

为多动症提供专业帮助

多动症的主流建议没有什么变化。虽然我们将来可能会看到与表观遗传效应相关的新药，但这似乎还有点些遥远。其他的治疗方法，比如生物反馈和计算机化认知训练，还需要更多深入的研究。这些方法更有可能成为次级的或辅助性的手段。直接的脑刺激可能会更有效，但是将其用在儿童身上的安全性还有待考证。在大多数情况下，高科技方法距离成为治疗多动症儿童的变革性方法仍然还有一段距离。就近期而言，治疗多动症主要的新研究方向是心理社会领域。这个方向包括研究更好的方法，或者通过个性化的指导（比如执行功能教练或导师），或通过综合性的校内方案，教儿童如何改善其计划、组织、执行功能。与此同时，一些简单的有针对性的干预手段，比如练习记笔记的技能，对于某些儿童来说，可能会起到重要的作用。如果孩子的主要问题是没有条理、丢三落四、不能关注事情的动态变化，特别是当孩子快要上初中和高中时，尝试这些干预方法是有意义的。

你现在应该对于与执行功能辅导有关的研究进展有了新的了解。你还应该知道当需要专业人士帮忙的时候该关注哪些信息。我们现在的任务是将生活方式和专业资源整合到一起，这样你就可以制定自己的计划，这是第九章的重点。

一览表

获取专业帮助的行动步骤

- 如果改变生活方式（第三章到第七章）没能充分帮助孩子获得快乐健康的生活以及学业成功，那么就需要寻求专业的帮助。如果你的孩子受多动症症状的影响非常大，或者你的家庭关系正在恶化，那么就是寻求专业帮助的时候了。

- 不论儿科医生、治疗师还是精神病医生，你请的专家都需要遵循美国儿童和青少年精神病学学会（American Academy of Child and Adolescent Psychiatry, AACAP）、美国儿科学会（The American Academy of Pediatrics）或英国国家健康和护理卓越研究所（the UK's National Institute for Health and Care Excellence, NICE）发布的实践标准，或者欧洲儿童和青少年精神病学学会（European Society for Child and Adolescent Psychiatry）颁布的欧洲指南。聘请的专家需要使用可靠的家长培训方法或多动症辅导技术；如果评估显示药物治疗有效果，该专家需要遵循实践标准，根据孩子的个性化需要，为孩子寻找最佳的药物治疗方案。

第九章
整合

在最后这一章，我们来看看，不同的家庭可能会以各种各样的组合方式使用书中不同部分的知识。这是为了帮助你明白什么样的组合方式最适合你家庭的情况。对于有些家庭来说，最重要的是改善健康的生活方式，包括饮食、锻炼、睡眠。对于另外一些家庭来说，最关键的可能是降低家庭中的情绪压力水平。还有些家庭，可能需要解决有毒化学物质接触的问题。无论在哪种情况下，你都需要将这些个人选择的行动步骤与专业帮助结合起来，进行咨询或药物治疗，或者二者兼而有之。除了少数幸运的人，大多数生活方式的干预或改变，和大多数专业干预一样，都不能完全治愈多动症，只能部分解决问题。无论如何，你所采取的个人行动步骤通常会让专业帮助更好地发挥作用，除了让你的家庭更健康之外，还能让你的孩子在缺乏专业或医疗支持的情况下生活。

米格尔：学前儿童多动症的不确定性

玛利亚正在孕育第二个孩子。她和她的丈夫卡洛斯对这个新生儿既兴奋又紧张，紧张的原因有两个。其一，他们的儿子米格尔4岁了，很难管教，他们都很担心他。他们觉得米格尔可能患有多动症。他们已经做了两次评估，但是被告知米格尔还小，应该再等一等。然而，他们听说，他这个年龄很有可能出现多动症而且能被诊断出来，他们不知道该怎么办。其二，是对新生儿的担心：她会不会患有多动症？他们该怎么办？

任何初为父母的人都有这样的经验，当孕育第一个孩子时，很容易担心。但是对于玛利亚和卡洛斯来说，尽其所能减轻压力是有道理的，因为他们已经不堪重负，还要面对一个新生儿的巨大需求。在这种情况下，临床医生最好将米格尔的问题诊断为多动症,而不是没有给出详细说明,并且提供一些管教方式来帮助他——作为家长咨询的一部分,还要包括预测和计划米格尔会如何迎接这个新生儿,玛利亚和卡洛斯如何照顾两个孩子。现在,这对年轻的家长要么回到之前的咨询师那里请求这一服务,或者另找一位咨询师以获取他们想要的咨询。家庭咨询师即使在没有确诊多动症的情况下,也可以帮助解决家庭管理方面的问题。

至于新生儿,玛利亚和卡洛斯可以通过冥想、放松技巧和社会支持来调节自己的压力水平。当然,来自米格尔的支持会有很大帮助。他们也可以关注饮食健康,尽量减少含有添加剂的加工食品,让玛利亚服用推荐的补充剂,特别是叶酸和 Ω-3 脂肪酸。此外,他们还可以考虑其他能采取的步骤,以拥有一个健康的、无毒的家庭环境,比如留意使用的清洁剂。

孩子出生后,玛利亚打算母乳喂养 5~6 个月,就像米格尔一样,但在这种情况下,她可能想母乳喂养满 12 个月,并在这个过程中适当地加入其他食物。最后,在婴儿 1~2 岁的时候,父母双方要充分利用任何可能的产假时间(不同国家、不同地区、不同工作的规定都各不相同),与这个新生儿以及与米格尔之间形成积极、安全的关系。此外,他们也应该向朋友和亲戚寻求额外的支持,这样他们会觉得生活是可控的。他们要为新生儿做一切必要的准备,虽然无法立刻都实现,但他们可以选择力所能及的那些,以后再做其他事。

麦克斯:改善学业成绩,为上高中做准备

麦克斯 13 岁了,但刚刚读完八年级。他的问题是注意力不集中、不能完成作业、缺乏动力、在课堂上坐立不安、心不在焉,这些问题每年都在恶化,他在初中时几乎以失败告终。他的父母科琳娜和戴维非常担心他能否适应高中一年级。他们一直怀疑麦克斯是否患有多动症,现在他们又怀疑他可能患

有抑郁症，因为科琳娜在生命的大部分时间里都在断断续续地与抑郁症做斗争。更糟糕的是，麦克斯每天晚上都在自己房间里打游戏。如果戴维或科琳娜限制他打游戏，他就会反应过度，勃然大怒，破口大骂。

经过一番思考和讨论，戴维和科琳娜决定让麦克斯报名参加本市的夏季青少年篮球夏令营。一些成年人和大学生志愿者每天下午会组织长达一小时的游戏，并为夏末的比赛组建团队。他们开始只是认为打篮球至少能让麦克斯走出家门，但后来他们听说打篮球还有益于他的注意力和情绪。一旦麦克斯玩得开心，他就是一名优秀的球员，球员们都很有竞争力，比赛节奏很快，而且会得到很好的监督。大部分时间里麦克斯都在奋力奔跑、喘着粗气。但他经常需要被哄骗着才能离开。

在父母向麦克斯妥协后，情况变得容易多了：如果他坚持参加篮球夏令营，每天晚上他可以打一个小时的电子游戏，只要晚上 10 点以前上床睡觉就行。与此同时，戴维和科琳娜读到一篇关于睡眠问题的文章，然后把麦克斯的电脑从他的房间搬到了家庭活动室。麦克斯一点儿也不高兴，他抱怨说，在打游戏的时候，他会和朋友们在网上开玩笑，他需要这种隐私。但当他的父母同意不窃听，并向他保证他们有自己的事情要做时，他让步了。麦克斯非常不情愿地认可这个事实，无论如何，他需要更好的睡眠。

与此同时，每天的锻炼似乎正逐渐让麦克斯恢复活力。他变得更冷静、更自信，对于能玩多长时间的电子游戏也不那么计较了。注意到这些变化后，他的父母在秋天时再次鼓励他。他们和他讨论了运动和规律的睡眠对他的健康和学业的重要性。麦克斯似乎对这个概念并不感兴趣，但他接受了一项新协议，即在高中一年级期间，他只要满足以下两个条件，就可以每晚玩一个小时的电子游戏：他要么每天放学后打篮球，要么每天跑 5 千米，按时上交至少 90% 的家庭作业，平均成绩保持在 B。选择跑步是因为高一新生在训练期间要和越野队一起跑步以改善体型。此外，科琳娜和戴维还是要求麦克斯在晚上 10 点之前关闭电脑，上床睡觉。那篇睡眠的文章还提到，屏幕的蓝光会影响睡眠，所以他们买了一个橙色的电脑显示器过滤器。所有这些都需要协商，最后麦克斯的父母不得不让麦克斯尝到一些甜头——如果他能遵守这个协议一年，明年夏天就可以开始学习驾驶课程。几个星期后，麦克斯就养成了新习惯。

生活并不总是一帆风顺的。科琳娜需要定期给教师发邮件，关注麦克斯的学业，确保他能达成 90% 的目标。戴维每周至少去一次篮球场或越野训练，这样在麦克斯想要逃课或放弃时可以鼓励他。戴维和教练见了几次面，向他解释了他们是如何通过锻炼来帮助麦克斯提高成绩的，这样教练就可以确保麦克斯在球场上跑得足够多。戴维让教练明白他不想让麦克斯把更多时间花在打游戏上——只要确保他得到大量锻炼。幸运的是，这个九年级教练明白事情的轻重缓急，他同时还兼任科学教师，也希望孩子们身体健康，取得好成绩。戴维和科琳娜每周还要抽出一些时间，坐下来聊聊，相互配合。

到了 10 月份时，麦克斯每天晚上都能坐下来完成家庭作业，对于父母限制他打游戏也不那么抗拒了，也不会反应过度。他仍然没有条理，但现在已经有动力，至少能在课堂上记笔记，也不那么焦躁不安了。为了进一步帮助麦克斯处理更复杂的高中课程安排，科琳娜找到一位有名的执行功能教练。戴维森女士拥有特殊教育硕士学位，她早就决定开始自己的执行功能训练和辅导业务。她很喜欢青少年，她为麦克斯提供了线上训练和现场指导两种选择，学习青少年组织体系，这是她感兴趣的话题。麦克斯选择了线上训练，他和戴维森女士可以在网络上实时聊天，同时学会如何组织他的计划、书本以及学校清单。她每周和麦克斯网上交流 8 次，教他如何整理自己的书籍、日程安排和家庭作业。如果孩子和家长忘记课程内容后，这些干预措施很容易失效，所以在这个案例中，戴维森女士邀请麦克斯和他的父母每月参加三次强化课程。这能帮助麦克斯继续使用训练中对他有用的部分。

戴维喜欢这个体系，他也学习了这个体系，这样他就可以帮助麦克斯实施这个体系。这个体系能让麦克斯了解自己的作业情况，证明他达成了 90%

的目标，这样科琳娜也不用那么频繁地给教师发邮件。麦克斯的学业能够保持在 B 水平，而且他似乎不需要多动症或抑郁症方面的进一步帮助。

在这个例子中，有一些有趣的附加信息。科琳娜的抑郁史源于她自己青少年时期的心理创伤。科琳娜可能携带了一种遗传倾向，并遗传给麦克斯；也有可能是科琳娜携带了与她自身逆境有关的表观遗传变化，也遗传给麦克斯了。稳定持续的锻炼可能有助于逆转这些先前的表观遗传标记，这在动物研究中也被证明。睡眠问题可能会使情绪和注意力变得复杂；锻炼和合理的（如果足够的话）屏幕时间限制相结合可能有助于睡眠，形成一个良性循环。科琳娜和戴维必须制定一个行为计划，并与麦克斯协商，为他制定具体的目标来改变他的习惯。他们还要抽出一些时间和学校进行合作，才能让计划有效。但是，一旦麦克斯在情绪上安定下来，不再那么焦躁不安，能够集中注意力，问题就局限于没有条理上了。然后，执行功能教练通过一些组织技能训练、强化课程，以及家长积极参与这个过程，带领孩子走向成功。

尽管麦克斯从未被正式诊断过，但他可能患有多动症，可能还伴有轻微的情绪障碍。如果是这样，他所经历的失调就表现为激活程度低以及糟糕的心理控制力。他不是特别活跃，也不是特别悲伤，但他易怒、说话冲动、注意力差。在这种情况下，通过极少的外援以及大量的家庭改变，让他的自我调节问题得以恢复。

拉托尼亚：精神和情绪的食物

9 岁的拉托尼亚注意力不集中、做事没有条理、非常冲动（在课堂上口无遮拦）、极度活跃、总是忙忙碌碌、经常不开心。她经常在吃饭的时候哭，或者为一些琐事发脾气。她看起来很聪明，却不能完成家庭作业，也跟不上学校的学习进度。她经常抱怨头痛或胃痛，似乎是为了逃避上学。她的妈妈查理斯，是医院的前台接待。她和拉托尼亚的爸爸安德烈，在拉托尼亚 3 岁时就离婚了。拉托尼亚每周三晚上和周末（两周一次）都会去找安德烈。查理斯试过行为计划，但似乎没用。一年前，拉托尼亚的儿科医生将其诊断为多动症。她正在服用哌甲酯缓释片，但这似乎只对她的不安、注意力不集中、没有条理和不开心有部分作用。查理斯觉得，虽然哌甲酯缓释片只起了部分作用，但如果不服用，情况就会更糟糕；如果服用，也无法长久维持现状。

拉托尼亚似乎睡得很好，她有时会做噩梦，但早晨起来似乎休息得很好，头脑也很清醒。查理斯让拉托尼亚去上舞蹈课锻炼身体。拉托尼亚很喜欢，但她的注意力和行为并没有发生真正的变化。她几乎每天都精神崩溃、易怒、焦躁不安，在学校坐立不安，在家里大多时候态度消极。查理斯正在读关于健康饮食方面的书，她对饮食很好奇。她有个朋友对饮食很感兴趣，建议她不要让拉托尼亚食用那些最容易引起过敏的食物，用其他食物代替。

因此，查理斯在6周内逐渐做出改变。她找到一些鱼油补充剂，开始给拉托尼亚服用，她自己也服用。她开始逐渐增加牛奶和椰奶的比例。拉托尼亚已经习惯了，几周后就可以喝椰奶了。她用不含小麦的面包代替原来的面包。尝试过几种没有味道的品牌之后，查理斯能够在附近的健康食品店找到美味的品牌。经过和那个学识渊博的朋友的沟通，她还开始检查标签，以避免食用豆制品，不再把坚果作为零食，还开始阅读标签以避免食用含有食品添加剂的食品和加工食品。她不得不另找一家能够提供更健康美味的食物的杂货店。虽然她因为额外的开支而畏缩，但还是能买到她想要的食物。最困难的难题是拉托尼亚特别喜欢含糖的红色果汁。查理斯不得不逐渐用不加糖的纯苹果汁代替。她承诺拉托尼亚周末可以喝一杯巧克力椰奶，以此激励拉托尼亚。虽然这不是最理想的，因为巧克力椰奶也含一点糖，但是没有其他颜色添加剂，因此也可以偶尔喝。

安德烈对这些努力不太感兴趣，不过他同意帮忙不让拉托尼亚喝红色果汁，而且如果查理斯能提供的话，他也同意给拉托尼亚食用不含小麦的面包和椰奶。查理斯对于他不愿做更多努力而表示不满，不过经过仔细考虑，她觉得这也不是很麻烦。所以查理斯每隔一个周末送拉托尼亚去安德烈那儿的时候都会带着这些食物，安德烈也让拉托尼亚食用这些食物。

大约8周之后，拉托尼亚养成了新的饮食习惯，大约10周之后，查理斯注意到一些真正的变化正在发生。拉托尼亚不再那么坐立不安、反应过度，她的脾气也不那么暴躁了，两周以来都没有发过脾气。她的心情和态度似乎都变好了。她似乎也能记住指令，当得到指令时，不再抱怨，而是服从。她在学校里虽然还是会漫不经心，但比以前好多了。现在她能坐在座位上，教师觉得她的注意力问题可以控制了。4个月后，似乎出现了一种新的常态。新的饮食和补充剂都起作用了，虽然拉托尼亚还在服用哌甲酯缓释片，但她现在的学业成绩能保持在B水平，有时甚至能拿到A。在家里的日子快乐多了。查理斯发现，她从买的书中学会的积极育儿策略实际上是有效的，以前它们似乎没有任何用处。

在拉托尼亚的例子中，似乎是某种未被发现的食物敏感导致了她易怒的情绪和注意力不集中。回想起来，她的胃痛和头痛可能为这个问题提供了线索，虽然这些症状在食物过敏的情况下也可能不会出现。拉托尼亚的多动症（或失调问题）包括明显的焦躁不安、反应过度（体现在运动上），而当她不安的情绪平静下来时，她的注意力问题很轻微。她心情不好，但回想起来，这可能是因为感觉不舒服，而不仅仅是由于自我调节能力差。食物敏感性或许能够解释为什么药物只起到了部分作用，为什么积极的育儿策略或行为管理以及锻炼都没有发挥作用。这种敏感性可能是由于拉托尼亚具有某种基因型，导致她食用这些食物或食品添加剂时，会产生额外的炎症。为了克服这种遗传风险，她需要一个不同的环境。再一次，我们看到父母对孩子的激励是解决这个谜题的重要部分，还要与其他成年人合作帮忙解决问题，在这个例子中是拉托尼亚的父亲。查理斯因有一个知识渊博的朋友而受益。但如果没有这个朋友，儿科医生也可能给她推荐一位营养医师，这也能达到同样的效果。

尼古拉斯：问题解决后，生活才能继续

　　7岁时，尼古拉斯的问题似乎就很严重了。无论在家里还是在学校，他几乎每天都要发脾气，持续一个小时甚至更长，而且他的学业成绩不及格。他的妈妈戴安以前是一名护士，后来选择做全职妈妈来处理他的问题，以及照顾他3岁妹妹——患有唐氏综合征。他的爸爸比尔在一家个体管道修理店当老板。但由于医药费和信用卡付款的关系，他手头很紧，所以他每天要加班12个小时，周末也要加班。他考虑过雇用一名助手来减轻他的工作量，但不确定花费会不会增加。比尔和戴安经常吵架。在尼古拉斯发脾气、照料3岁的婴儿以及金钱的压力下，这个家并不是一个避风港。尼古拉斯脾气非常暴躁，医生诊断他为多动症和一种破坏性情绪障碍，并给他开了两种不同的精神药物——哌甲酯缓释片和百忧解，这些药只能控制部分问题。儿科医生提过锻炼或饮食可能会对尼古拉斯有所帮助，但是戴安没有心思去思考这些。

　　同时，当他听到孩子们没完没了地哭泣时，或当他和戴安吵架时（戴安抱怨他不怎么帮忙管孩子，而他反驳说戴安不了解他们的经济困境，也不明白他为什么要干那么多活），这些都让他感觉胃像打了结一样，难以忍受。大多数晚上，比尔都躲到地下室的家庭娱乐室里，一边看电视一边喝啤酒。后来有一天晚上，在周围的一片混乱之中，这对父母终于受够了。他们看着彼此，把比尔的妹妹叫来帮忙看着孩子，一起出去促膝长谈。他们都知道要创造一个更好的家庭氛围。对钱的担忧正在吞噬比尔，而戴安也不堪重负。他们认识到他们对彼此和家庭都是忠诚的，但是他们需要一些帮助。他们做了一些决定。戴安同意在见咨询师之前不再讨论比尔的工时，而作为回报，比尔同意关闭电视，把啤酒收起来，带孩子们就寝。

　　第二天，比尔去银行见了一个财务顾问，这个人帮助比尔的家庭为一些债务进行再融资，并为他的公司制定了一项商业计划，其中包括目前的兼职补助和业务增长，也尽量缩短比尔的工作时间。现在他每晚都能回家吃晚饭，

他和戴安轮流哄孩子们上床睡觉。戴安和比尔也去见过几次婚姻顾问，他帮助他们学习基本的沟通、团队合作、放松策略，对于他们的第二个患有唐氏综合征的孩子，他们都感到悲痛，但从没有真正分享这些感受，婚姻顾问帮助他们谈论这种感受。

3个月后，他们意识到尼古拉斯现在一周才会发一次脾气，以前是每天都发脾气，而且如果他们把尼古拉斯放到房间里让他冷静下来，他就会在30分钟内回来，继续玩耍，而不是一晚上都发脾气。他们的女儿也更开心了。最后，尼古拉斯不再服用百忧解，服用哌甲酯缓释片的剂量也减少了。他在学校的大部分时间都过得很好，学习也能跟上年级平均水平。

对于这个家庭来说，运动或营养的改变是遥不可及的，至少一开始是这样，而且它们可能也起不到什么作用。经济困难、悲伤还有其他压力因素让这对父母情绪低落，尼古拉斯的崩溃可能也是对这种情境的反应。虽然一个适应力强的孩子在父母经历这些常见的困难时也能自我调节，但尼古拉斯做不到。原来尼古拉斯对压力相当敏感。他可能从戴安怀孕时的压力（她当时被解雇了）中受到表观遗传学的影响。比尔和戴安可能都有发脾气的倾向，这有可能是来源于遗传倾向，也可能来源于原生家庭的经历。然而，他们面临的压力都实实在在地存在着。幸好，戴安和比尔愿意做出改变，为时未晚。他们通过自救也救了尼古拉斯。他们重新讨论，得到所需的咨询帮助，扭转了局面。尽管尼古拉斯确实符合多动症的标准，但他的情况是，由于他对情绪输入的敏感性，以及在这个不堪重负的家庭环境中，他对情绪强度的适应能力有限，导致他的自我调节问题变得更糟。他注意力不集中，也有情绪调节方面的问题。记住，多动症孩子往往对环境压力更敏感，恰恰因为他们不能很好地自我调节。在这个案例中，他和父母陷入的恶性循环被打破，他进入了一个更好的环境。

杰西卡和瑞秋：多动症的不同表现

上面描述的这些儿童说明了不同的个体适用不同的治疗组合。我选择这些故事来说明问题形式以及有效干预之间的关联，但是在现实生活中，二者的关系并不一定很清晰。由于自我调节是一种复杂的能力，包含很多成分（见第一章），多动症在不同时间以不同方式表现出来，并伴有不同的并发问题。这一事实不仅模糊了问题形式和有效干预之间的联系，而且当一个家庭中不止一个孩子出现多动症的遗传易感性时，还会产生更多的并发症。

杰西卡 7 岁，瑞秋 10 岁，姐妹俩都患有多动症，但是由于她们性格如此迥异，她们所面临的问题也截然不同。瑞秋瘦高，动作不协调，字迹潦草，性情急躁。当事情变糟时，她就会发脾气，很难控制，而且经常心情不好，这个问题在家里是最明显的。瑞秋在学校里很孤僻。她努力学习阅读，三年级时学校判断她有学习障碍，需要特殊教育。那时她还被诊断为多动症。她的单亲妈妈是一名护士，不愿意让瑞秋尝试兴奋剂药物。因此，她的妈妈集中精力寻找合适的学校环境，让她得到额外的支持。瑞秋也要克服脾气暴躁的问题，这是一场持续不断的斗争。她喜欢唱歌，而且随着年龄的增长，她想更认真地对待音乐。瑞秋需要集中注意力、提高组织能力、应对失望等方面的帮助。

杰西卡的表现完全不同。她聪明伶俐、体格健壮，结交了很多朋友。但是她极其冲动，抢其他孩子的东西，在课堂上口无遮拦，如果另一个孩子不小心撞到她，她会大声争吵，大闹一场。她精力旺盛，心情通常很好，很容易生气，但很快就能平静下来，还喜欢挑战。她喜欢踢足球，喜欢比赛，白天需要大量的体力活动，晚上才能安静下来。如果她一小时都不能骑自行车、不能踢一会儿足球，或者不能和妈妈散步，晚上就会很难对付了。她也是在三年级时被诊断为多动症。她妈妈接受了一些行为项目的建议，帮助杰西卡更好地控制行为问题（包括在学校时的脾气暴躁），进行足够多的活动。显然，杰西卡需要大量的锻炼和精心的安排才能实现这些目标。

即使兄弟姐妹在同一个家庭长大，他们彼此之间也会有很大差异，这是很常见的。这两个女孩都患有多动症，但是表现不同。瑞秋相对内向，有消极情绪的倾向，有动作协调和学习方面的问题；她的社交和情绪发展和她妹妹完全不同。杰西卡天生就有社交和运动方面的天赋，但是她极其冲动，因此她的自我调节能力也不好，只是形式不同而已。两人需要不同的治疗方法。虽然两个女孩可能都受益于兴奋剂药物，但在这个例子中，家长不想尝试用药，希望通过改变环境让她们回到正轨。

要点

整合信息

多动症是儿童生理（部分源于基因，部分源于表观遗传效应）和环境复杂相互作用的结果。多动症不是某个单一因素引起的，比如过度使用电子游戏，或"坏"基因引起的。表观遗传学已经向我们证明，环境方面的作用比之前人们认为的更大，与遗传倾向相关。这是每个家庭都能利用的优势。通过改变影响孩子的复杂组合的某些方面，他们能够帮助孩子回到正轨。

对孩子有用的措施不一定马上就能起作用。但是在上面的每个例子中，一旦家人发现正确的组合方式，在几周或几月内情况就会好转。虽然不能保证，但这确实发生了，而且也可能会发生在你身上。

专业支持和个人生活方式的改变可以很好地相互补充。对于前面描述的家庭，我并没有过多强调专业帮助，但孩子所处的环境会对成功产生真正的影响，同时在大多数情况下，在某种程度上也要接受一些专业的帮助，认识到这一点很重要。事实上，最常见的情况是二者的结合促进了多动症儿童的康复。生活方式的改变很可能会有所帮助，可以增强专业帮助的益处，减少你所需要的帮助，但它们不是万能药。

无论儿童是否符合多动症的诊断标准，我们所谈论的原则都适用。在很多情况下，多动症可能是行为和自我调节维度上的极端情况。无论孩子处于这个连续体上的哪个位置，如果她正受到这些问题的困扰，那么本书中总结的研究都有重大作用。如果你正努力处理这些问题，但没有起作用，那么就要进行专业评估。在第八章中有查找内容的指导原则。无论你的孩子是否被诊断为多动症，评估都能帮你弄清楚问题的本质，专业人士也能帮你调整实施策略。不管是行为管理、饮食、减压，还是药物治疗，干预效果是否有效，部分取决于实施策略的仔细程度。在附近找一个合适的专业人士可以帮助你确保所有的步骤都是正确的。

　　本章所描述的家庭中呈现的情况几乎可以发生在任何文化背景下。我在虔诚的基督徒、犹太家庭以及非宗教家庭，在白人家庭、非洲裔美国家庭、拉美裔美国人家庭、亚裔美国人家庭以及混血儿家庭，都看到过这些情况。我在美国工作，但是很多在其他国家工作的同事都会在文章中，或在会议上相见时谈论相似的情况。在每种文化和社会环境中，当然都有额外的复杂性需要考虑，这会让你的情况变得独特而具体。

　　如何改变家庭生活以及对孩子的治疗方案，应该基于什么对你的孩子、你自己以及家人来说是最有益的。看看自己的情况。你可能觉得已经尝试过饮食、锻炼、药物，但都暂停了，以至于徒劳无功。或者你已经寻求过专业帮助，但没有按照本书中的建议去改变生活方式。或许你已经采取措施改善孩子的睡眠，比如尽量减少睡前看电视的时间，却很少考虑锻炼或营养的影响。下面的清单让你有机会仔细思考自己的选择——基于你直觉上认为对孩子最有效的，也要基于你实际能把控的。对你来说，改变饮食习惯可能是一件很烦琐的事情（或者根本不切实际），而锻炼很容易融入你的生活——这只是众多例子中的一个。看看这个清单能给你带来些什么，试试你的第一选择，给你的第一选择一个合理的测试期，然后修改计划，尝试一些不同的东西。

　　你可以从最容易的条目开始。在每种情况下，如果第一个答案不能让你马上进入下一步，那就继续执行下一个条目。

决策树：从何处开始

这个问题是不是很紧急，必须要解决？

- 是的 → 现在就去咨询专业人士，同时改变生活方式。
  - 参见第八章关于专业帮助的信息。参见第三章至第七章关于改变生活方式的信息。

- 是的，但这主要是由于家庭中的冲突，而不是学校。从行为咨询开始，同时改变生活方式。
  - 参见第八章。

- 是的，而且孩子会随时随地"失控"。你可能需要从药物治疗开始，得到其他支持之后再停止服药。
  - 参见第八章更多关于药物的信息。

- 不是 → 考虑改变一些生活方式，看看能做到什么程度，一旦达到极限，就寻求专业帮助。
  - 首先参见第一章至第七章，然后再参见第八章。

为了帮助你选择从何处开始，请使用下面建议的编码，为下面每个行动步骤编码，以了解其相关程度以及容易程度。

这样编码相关程度：

A. 非常相关，在我看来，这可能是谜团的一部分，而且似乎很重要。

B. 可能相关，但我不确定这是否是我们需要做的主要事情。

C. 不相关，我们已经这样做了／我确信这个方面没有问题。

这样编码实施的容易程度：

A. 很容易——我可以从这周开始。我今天就开始行动。

B. 可能很容易——我可能需要一些能量，但我能通过一些努力来实现。

C. 不容易——我现在无法做到。

行动步骤	相关程度	执行的容易程度
将孩子的锻炼时间增加到每天 60 分钟，适度／剧烈运动（见第四章，98~99 页的行动步骤）	____	____

可能性

- 孩子会参加你的日常锻炼吗？
- 你们俩会一起开始健身计划吗？
- 你的孩子是否参加体育队（见 91~92 页）？
- 你的孩子是否参加一些剧烈的非团队活动（比如远足、骑车、跑步、攀岩、跳舞）？
- 你是否会根据每天锻炼目标的实现情况安排孩子想要的久坐活动（如电子游戏）？
- 你会在孩子上学前留出锻炼的时间吗（可能依赖于睡眠时间的改变）？
- 孩子能否和兄弟姐妹或同龄人更有规律地进行户外活动？

行动步骤	相关程度	执行的容易程度
每天补充 Ω-3 或定期食用（每周至少 3 次）冷水鱼（参见第三章，第 85~86 页的行动步骤）	____	____

可能性

- 你能找到信誉良好的健康食品／维生素商店或网络销售商吗？
- 你会在家人的饮食中加入鲑鱼、沙丁鱼或鲭鱼吗？

行动步骤	相关程度	执行的容易程度
• 你会把核桃、亚麻籽或奇异籽加到沙拉或其他菜里吗?		
避免食用色素和防腐剂,只购买新鲜食品,以及配料都认识、可以在家食用的食品(参见第三章,第85~86页的行动步骤)	____	____

可能性

- 你会只购买有机产品吗?
- 你会在不超支的情况下,选择更多的有机食品吗?
- 如果有机食品实在太贵,你是否会选择天然食品(新鲜水果、蔬菜、肉类、鱼类和谷物,而不是盒装、袋装或冷冻食品)?
- 你会自己种菜吗?
- 你会到农贸市场购物吗?
- 你会到超市的外部走廊购物吗?
- 你会避免购买包装或加工食品吗?
- 除了在特殊场合,你会通过减少软饮料、果汁、糖果和加工过的碳水化合物来减少或排除食物中的精制糖吗?

消除商业清洁剂和杀虫产品,必要时更换为经EPA认定的产品(参见第六章,第162~164页的行动步骤)	____	____

可能性

- 你会修理或重新油漆家里所有1980年以前油漆过的家具吗?
- 你会用醋、柠檬汁和小苏打等天然清洁物代替含有化学物质的商业产品吗?
- 你会在家里和院里避免使用杀虫剂吗(硼酸等天然物质除外)?
- 你能找到带有EPA标签的家用产品,减少有毒成分吗(参见本书后面的参考资料)?
- 你会把罐头换成冷冻或新鲜的蔬菜或水果吗?
- 你会通过无毒厂家购买宝宝的玩具吗?(参见本书后面的参考资料)?
- 你能母乳喂养宝宝12~24个月,从而使他们免受有毒物质或其他早期压力源的伤害吗?
- 你会采取行动减轻自己和家人的压力(参见第七章)从而抵消接触污染物的影响吗?
- 你会在家里使用高质量的、经过认证的自来水过滤器吗(参见参考资料)?

行动步骤	相关程度	执行的容易程度

通过改变日常安排、冥想或放松策略、锻炼、社会支持或父母咨询等方式处理父母/孩子/家庭的压力（参见第七章，第184~186页的行动步骤）　　　　____　　____

可能性

- 在压力过大的情况下，你能找到咨询师或得到义务帮助吗？
- 你会学习——并教给孩子——放松技术吗（参见参考资料）？
- 你会为孩子提供所需的支持以增强他们应对压力的能力吗（参见第189~192页）？

制定一个可行的新的就寝时间表，改善孩子的睡眠规律和睡眠时间（参见第四章，第111~112页的行动步骤）　　　　____　　____

可能性

- 你会坚持一个就寝时间表，让孩子得到符合他那个年龄段的睡眠时间吗（参见第105页的表格）？
- 你能在睡前一小时不使用屏幕设备吗？
- 你会把电视或其他屏幕设备从孩子的卧室里搬出来吗？
- 你能创设一个轻松愉快的就寝时间表吗？
- 你能确保服用的兴奋剂不会影响孩子的睡眠吗？
- 如果孩子按时睡觉，你会按时提供奖励吗？

减少接触蓝屏和屏幕设备的时间，尤其是在睡前一小时（参见第四章和第五章；参见第126页的常见问题）　　　　____　　____

可能性

- 你会限制每天使用屏幕设备的最长时间吗？
- 你会缩短屏幕设备使用时间，用一些积极的事情（运动）代替吗？
- 你会在孩子的电脑上安装橙色的过滤器吗？
- 在家庭用餐时，你会让平板电脑和智能手机远离餐桌吗？
- 你能让屏幕时间成为一种赢得的特权，而不是一种应有的权利吗？

和专业人士一起合作

在第八章，我们回顾了一些科学研究，是关于对多动症儿童及其家人的各种专业帮助。我列举了一些你应该审查的资格，以确保你会得到合格的帮助，还描述了一些情况，是你在诊断和治疗时可能需要的特殊帮助。但是，专业帮助是相互影响的，这是必然的。即使你找到了自己喜欢且信赖的专业人士，你也必须在遵循他们的建议和让他人了解你的问题及担忧之间找到平衡。专业人士希望客户已经做了一些准备、有了一些想法和动力。与此同时，如果你不听从他们的建议，大多数专业人士会奇怪你为什么会给他们打电话。所以，你应该虚心听取专业人士的建议，但一个好的专业人士也会听取你的意见。理想的情况是，双方进行一次思想交流。好的咨询师会很自然地解释某个特定的方法为什么不适合你孩子的情况，或者，通常会帮助你以一种安全和支持的方式尝试你的想法。

例如，当赫克托带着他的女儿索尼娅来进行多动症评估时，医生建议先试试阿德拉（Adderall，一种治疗多动症的药）。直到赫克托读了一些资料，指出索尼娅每天早晨起床都很困难，儿科医生才仔细检查了她的睡眠模式。然后他发现了一种睡眠-觉醒阶段障碍。由于医疗咨询的时间非常短，这位医生在集中精力排除甲状腺疾病等更严重的疾病或另一种精神问题时，完全忽略了这一重要线索。修订后的治疗方案包括咨询行为咨询师，为了调整睡眠障碍形成一种新的睡眠模式。一旦解决了这个问题，就有可能将药物治疗推迟一段时间，看看索尼娅情况如何。

在另外一个例子中，道格和梅兰妮的儿子杰里12岁了，因为有明显的多动症症状，他去做了一次评估。多动症得到了及时的诊断，并开始了药物治疗。医生给他们开了处方，告诉他们6个月之后再来。但是按照处方服用药物一周后，他们发现杰里白天在学校的情况好多了，但是晚上的情况更糟了。每天晚上，他都会长时间地发脾气——这是之前没有出现过的新行为。他们不知道该怎么办——学校生活改善了，但是家庭生活崩溃了。他们向一个精神科医生寻求建议，又经历 3 周的不确定之后，他们去看了精神科医生。精神科医生认为药物剂量太大，会引起夜间反弹。她连续 3 周约见杰里，调整剂量，直到他在学校有良好反应，晚上也没有反弹的问题。在这个例子中，这家人换了医生，但如果带着问题直接回到原来的处方医生那进行调整，也是可以的。

如何向专业人士咨询

当你考虑对孩子进行诊断和治疗时，你可以按照这个简短的问题清单，更有效地向任何临床医生咨询。你不必每个问题都问，但可以采用那些与你的情况相关的问题。你的目标不是向医生抛很多问题，而是在这个过程中成为一个积极的伙伴，让临床医生知道你想要学习和了解。这些问题既能让你和专业人士相处得很舒服，也可以帮助你们避免错误。一个好的专业人士会因为你如此用心而感到高兴。他不会进行你建议的所有测试（如果不需要测试，他也不会进行测试），但是他应该对这些问题有一个深思熟虑的答案，并且感谢有机会澄清他的想法。其中有些问题可以在临床医生的网页或其他宣传材料上提前找到答案。

专业背景

- 你是什么学历？
- 你在本地有执照吗？
- 你从业多久了？
- 你的强项是哪类问题？
- 你专门研究儿童吗？
- 你专门研究行为问题 / 多动症 / 精神健康问题吗？
- 我需要做什么才能让你最大程度地帮助我？

诊断

- 你确信这不是睡眠障碍吗？我还需要注意些什么？
- 你确信缺乏锌、铁或其他营养物质没有问题吗？
- 你确信这不是甲状腺或其他代谢方面的问题吗？
- 我们住在一所旧房子里 / 去一所老学校 / 住在机场附近？他是否需要检查血铅含量？
- 他真的不喜欢上学 / 不会读 / 不会写 / 似乎不懂数学。我们怎样才能确保这不是一种学习障碍呢？
- 他发脾气似乎与事件无关。我们如何知道这不是抑郁症呢？
- 你认为他有多动症的原因是什么？我应该注意哪些可能表明我们需要对诊断方法进行重新评估的因素？
- 我听说有些多动症孩子就是精力不足、没有活力。那么他有可能患有这种多动症，而不是抑郁症吗？
- 他经常发脾气，在组织方面也有问题。我听说它们是有联系的。这可能都和多动症有关吗？

治疗

替代疗法

- 我们能试试 Ω-3 补充剂吗？
- 你能给我介绍一位营养师，让我吃些更健康的食物吗？
- 我的孩子开始做一些剧烈运动安全吗？
- 你能帮我制定一个就寝时间表吗？

药物治疗

- 你是根据什么来选择药物的呢？

- 这个剂量是高、低，还是中等呢？
- 我们在换药之前可否试着改变剂量呢？
- 在教师不知道我的孩子是否正在服药的情况下，我们是否应该让他进行简单的评价？
- 有些情况正在变好，有些情况却在变坏，我们可否尝试不同的剂量或不同的药方呢？
- 我能看看应该注意哪些副作用吗？

咨询

- 你提供家长行为咨询吗？
- 家长行为咨询都包括什么？
- 你能给我提供一些具体的技巧，让我在家里或办公室里都能尝试，以确保它们都有效吗？
- 当你教我为人父母的技巧时，是否遵循某种模型或课程？
- 我们计划见几次面？
- 该如何评价我们的进展？

自我护理

- 我一直在想自己的问题/情绪/婚姻或工作中的冲突/健康问题/其他问题。你认为解决这个问题对我的孩子有帮助吗？你认为这可行吗？你能给我一个合适的推荐吗？

孩子的未来会怎样

对于那些孩子有多动症、自我调节或其他发展问题的家长来说，也许最迫切的问题是"未来会怎样？"我看到很多孩子都有一个好的结果，本书改编的案例就是以这些孩子为基础的。我已经提过一些儿童的心理弹性因素。但最终，我们回到你作为父母这个首要任务上来。无论你的孩子正在茁壮成长还是苦苦挣扎，这些都是不可争辩的。表现好的孩子的父母都能做到以下几点：

1. 让孩子相信父母关心他们，至少在某些时候向他们表达爱意，年复一年地与他们建立积极的关系。

2. 不管遇到什么困难，都要和孩子在一起。永不分离、永不放弃、永不失去兴趣。这些孩子知道，不管别人说什么，不管他们可能会犯多少错，父母都会长期和他们在一起。

3. 解决自己的问题。这些父母试图通过阅读自助书籍、咨询顾问、和朋友聊天或自我反省等方式解决自己的抑郁、酗酒、过去的创伤、压力和婚姻冲突。因此，尽管他们可能觉得自己一直在重复同样的错误，但他们能够意识到自己的行为，能够倾听孩子的观点，只要有可能，他们就能适应。

4. 设立某种限制。这种限制可能太过严苛，也可能不够严苛，但是他们有自己的规则，并试图让孩子遵守这些规则，当孩子违反规则的时候要敢于面对他们。这些限制可能并不理想，但他们确实需要孩子去处理规则和限制。

5. 避免一贯的严厉/消极的风格。如果他们发现自己对孩子批评太多，就要道歉，或者用一些鼓励来平衡。他们会避免严厉的体罚，并向孩子解释他们的规则。

这并不意味着他们和多动症孩子的关系是完美的，没有疤痕，不会经历真正的心碎。但这些孩子成功了——他们找到了工作，交了朋友，养家糊口，开辟了自己的人生道路。这也并不意味着在上述某些方面做得不好的父母就不会让他们的孩子得到积极的结果——但实现这5个目标会提高成功的可能性。

再怎么强调自我关怀的重要性都不为过。对于那些对环境敏感的多动症儿童来说，压力（第七章）可能是最不受重视的影响因素。当父母压力过大时，孩子很难平静、自信，也无法投入学习。孩子能感受到我们的心理状态——即使我们不这么认为。这是有意义的：进化告诉孩子，他们的生存依赖于来自成年照料者的危险和安全信号。他们的本能是监视我们。此外，照顾一个多动症孩子是非常困难的。那是充满挑战、让人筋疲力尽、要求苛刻的。如果不能偶尔放松，不能锻炼和睡眠，没有支持你的朋友或同龄人，没有自己生活中的一些美好时光，你很难一直满足孩子对你的需求。照顾好自己，再照顾好你的孩子。这里讨论的很多生活方式的改变既能帮助你也能帮助你的孩子，可以全家人一起参与。

科学的发展方向是什么

虽然我们这个时代对儿童神经发育的基本认识是表观遗传范式，但现在医学领域流行着一种新的见解，即身体与大脑，大脑与心理，身体与心理之间都是相互联系的。我们每个人，特别是对于儿童来说，心理与生理健康需求之间是紧密联系的。我们与环境和经历之间的相互作用也影响着二者。新的、令人兴奋的研究方向都基于这些新的基本原则。越来越多的论文正在描绘特定的基因类型和特定的环境在发展中是如何相互影响的。未来的研究开始更好地描绘基因和早期生活经验是如何与早期大脑发育的多维发展中的特定方面联系在一起的。针对多动症，刚刚开始探索将行为、生活方式和药物治疗结合在一起进行改善。在发展过程中，心理如何对不同的社会信号做出反应，将为家长和教师指导开辟新的途径。从长远来看，彻底预防多动症是可以想象的。在未来几十年里，我们开始理解发展的表观遗传学。认识到多动症不只是遗传的问题，而是受遗传倾向和生活经验的相互影响，这点认识应该为积极的研究开辟新的方向，要研究早期及随后的环境干预的局限性和可能性，也许是通过基因型的信息，针对特定孩子采取特定的方法。

2013年，由盖茨基金会资助的全球调查发现，相对于世界上其他的疾病类别，神经发育、心理、成瘾障碍是发病的首要原因（根据患有疾病或障碍的年数定义，但根据我们的目的，这一定义是指一生中生活质量的累计损失）。这是因为它们都出现于童年时期，在大脑发育的漫长时期里。多动症是冰山一角，因为它出现得早，如果不加以控制，会导致很多相关问题。因此，这个问题很严重，需要更多的公共投资。与此同时，迄今为止取得的进展令人印象深刻，令人兴奋。科学界很活跃，新的治疗方法和发现的前景是很光明的。包括美国在内的大多数国家，没有对人们健康影响投入相应比例的研究资助，我们更关注当我们过完充实的一生，当我们老去时，是什么会夺去我们的生命，而不是在孩子年幼时，是什么毁了他们的未来。这一情况将发生改变。与此同时，这一领域的科学进展令人兴奋，并有望带来突破性的变化。

在生活中还有足够的理由让我们保持乐观、充满希望。多动症的特征是持续、难以改变，但改变不是不可能的。粗糙的边缘可以被软化，隐藏的天赋变得更加明显。孩子们能找到适合他们的位置。有一种利用新科学的方法：就像大脑通过学习来调整自身一样，基因组也会根据过去和最近的经验调整自身的容量，以确保我们继续成长和适应。我们正在缓慢但坚定地学习如何帮助推进这一进程，尽管我们心存恐惧，但未来在召唤我们，未来充满希望。

Getting Ahead of ADHD
参考资料

网站、杂志、时事通讯

关于多动症的一般信息

美国疾病控制与预防中心（U.S. Centers for Disease Control and Prevention, CDCP）

美国疾病控制与预防中心有一个专门研究多动症的权威网站：

www.cdc.gov/ncbddd/adhd

美国国家心理卫生研究所（U.S. National Institute of Mental Health, NIMH）

美国国家心理卫生研究所对多动症进行的权威总结：

www.nimh.nih.gov/health/topics/attention-deficit-hyperactivity-disorder-adhd/index.shtml

关于多动症、儿童健康和发展、家长及家庭支持的进一步信息

美国注意缺陷障碍协会（Child and Adults with Attention Deficit Disorder, CAADD）

CAADD 是一个全国性的家庭支持组织，它召开会议，也在其网页

上提供信息。你可以在一些社区找到地方分会。他们还出版《注意力！》（*ATTENTION!*）这本杂志，提供实用的文章、建议及补充资料，并组织年会。

网站：*www.chadd.org/default.aspx*

美国国家精神疾病联盟（National Alliance on Mental Illness, NAMI）

美国国家精神疾病联盟过去是一个为严重精神疾病患者及其家人提供支持的组织，但现在为更多人提供点对点支持，包括多动症、抑郁症患者及其他人，如受到影响的群体以及家庭成员。美国许多州都有地方分会，在社区中管理支持小组。网站上有支持小组的名单。

网站：*www.nami.org*

ADDitude

ADDitude 是一本杂志，也是一个网站名，为家庭和患者提供了另外一种支持选择。该杂志的每一期都包含一系列主题的文章，其中很多文章包含了该领域顶级专家的评论。他们还提供网络研讨会和其他资源。

网站：*www.additudemag.com*

拉塞尔·巴克利（Russell A. Barkley）博士出版了一份定期的时事通讯。它有纸质版和网络版，你都可以订阅，其中还包括最新科学的摘要。

网站：*http://russellbarkley.org/newsletter.html*

精神病学时报（Psychiatric Times）

精神病学时报是一份在线出版物，每月更新，刊登专题文章、临床新闻、特殊主题的报道，来自涉及儿童及成人精神病学的各领域专家。注意：当你浏览时，需要忽略大量的关于精神药物的整版广告。

  网站：www.psychiatrictimes.com

美国儿科学会（American Academy of Pediatrics, AAP）

  美国儿科学会是一个非常棒的资料来源，提供了关于儿童健康各方面的信息，包括多动症以及对儿童使用科技的建议。

  网站：www.aap.org

加拿大儿科协会（Canadian Paediatric Society, CPS）

  加拿大儿科协会向其会员及其他卫生保健专业人员提供有关儿童卫生保健的信息，以便他们在知情的情况下做出决定。家长、记者及其他关心孩子的人都能在该网站发现有用的信息。

  网站：www.cps.ca

儿童残疾研究中心（CanChild Centre for Childhood Disability Research）

  这个研究与教育中心主要关注儿童及青少年，包括他们的身体、发展及沟通需求，还有他们的家人。

  网站：www.canchild.ca

育儿网（Raising Children Network）

  这是一个综合性的网站，为澳大利亚父母提供资源、论坛、视频及其他信息，包括青少年发展、学习困难、自闭症及多动症等方面的信息。文章是分年龄的，家长和孩子可以根据需要浏览。

  网站：http://raisingchildren.net.au

加拿大多动症意识中心（Centre for ADHD Awareness, Canada, CADDAC）

CADDAC 是加拿大多动症的国家支持组织。

网站：www.caddac.ca

脑科学、基因学、表观遗传学

神经科学学会（The Society for Neuroscience）在网站 www.brainfacts.org 上为公众提供了丰富、可访问的信息单元。

《科学美国人》（Scientific American）涵盖了神经科学的新进展，外行人可以访问这个网址：

www.scientificamerican.com/mind

BrainHQ 是一个促进认知大脑训练的团体，由其赞助的脑连接网（www.brainconnection.com）提供各种关于大脑发展和新近大脑研究的文章和资源，包括一些关于儿童学习的文章。

有关 CRISPR-CAS9 基因编辑技术的信息，请参见国家地理网站上的这篇文章：

www.nationalgeographic.com/magazine/2016/08/dna-crispr-gene-editing-science-ethics

《英国卫报》（The Guardian）曾对表观遗传学的要点进行了精心的概括，请参见：

www.theguardian.com/science/occams-corner/2014/apr/25/epigenetics-beginners-guide-to-everything

美国国家卫生研究院（The National Institutes of Health, NIH）为其表观遗传学联盟建立了一个网站，偶尔发布一些前沿计划和突破（*http://ihecepigenomes.org*），也包括视频和教程（*http://ihec-epigenomes.org/why-epigenomics/video-clips*），在"About"和"Why epigenomics"链接下还有其他资源。

墨尔本大学开设了一门关于表观遗传学的在线课程，网址为：

www.coursera.org/learn/epigenetics

儿童营养计划

关于正规的食物过敏（通常不会出现在多动症患者身上，但也可能发生），家长和教育工作者可以在美国疾病控制与预防中心（CDC）赞助的网站上获得详细的建议和信息：

www.foodallergy.org

美国国家卫生研究院（the National Institutes of Health）（*https://medlineplus.gov/childnutrition.html*）和美国农业部（USDA）（*http://fnic.nal.usda.gov/lifecycle-nutrition/child-nutrition*）为你的孩子提供了健康营养计划的指南和建议。

哈佛医学院营养学教授为公众写了几本书，书单网址：

http://nutrition.med.harvard.edu/publications.html

睡眠问题

美国国家睡眠基金会（National Sleep Foundation）提供了一些背景信息、核对清单和指导方针。

网站：*https://sleepfoundation.org*

睡眠行为项目概述：

http://drcraigcanapari.com/at-long-lastsleep-training-tools-for-the-exhausted-parent

给儿童的锻炼项目

美国疾病控制与预防中心（The U.S. Centers for Disease Control and Prevention, CDC）在网站上提供了明确的指南，列举了针对不同年龄段的适度和剧烈的锻炼清单，以及如何把锻炼融入孩子生活的建议：

www.cdc.gov/physicalactivity/basics/children/index.htm

美国疾病控制与预防中心的身体与心理（BAM！）网站为你和孩子提供了互动工具，也提供了如何参加数十种不同的个人和团体活动、游戏和体育活动的信息，帮助你确定合适的活动：

www.cdc.gov/bam/activity/index.html

如果你是一名教育工作者，正在寻找针对儿童和家庭的健康课程，请查看得克萨斯大学 CATCH [处理儿童健康问题的协调方法（Coordinated Approach to Child Health）] 健康课程，该课程是为学校及教育工作者设置的，包括家庭单元（*http://catchinfo.org/about*）。

科技

《儿童科技评论》（*Children's Technology Review*）在网站上对互动科技（软件、电子游戏）进行专业评论，有助于指导家长和专业人士监控和选择儿童每天接触的产品：

www.childrenstech.com

化学毒物

美国环境保护署（The U.S. Environmental Protection Agency）在网站上提供了一份关于如何保护你的家庭免受铅污染的全面总结：

www.epa.gov/lead/protect-your-familyexposures-lead

水过滤器应该通过美国国家卫生基金会（NSF）(*http://info.nsf.org/Certified/DWTU*)、水质协会（the Water Quality Association）(*www.wqa.org*)，或美国保险商实验室（Underwriters Laboratories）(*www.ul.com*) 对铅的认证。

西北杀虫剂替代中心（The Northwest Center for Alternatives to Pesticides）在网站上提供了针对害虫的安全控制方法：

www.pesticide.org/resources_for_pests

消费者导向的安全化学品、健康家庭联盟在其网站上提供了安全产品的信息和建议。特别需要注意的是，建议使用带有 MADE SAFE 和 EPA 标签的产品：

http://saferchemicals.org/category/find_safer_products

《赫芬顿邮报》(The *Huffington Post*) 在网站上提供了一些实用的建议，并列举了生产无毒儿童产品的公司：

www.huffingtonpost.com/jamie-davissmith/the-nontoxic-baby_b_5705873.html

压力与创伤

美国国家儿童创伤压力网络（The National Child Traumatic Stress Network, NCTSN）在其网站上提供了丰富的信息，可以帮助你处理孩子的创伤压力经历：

www.nctsn.org

美国疾病控制与预防中心在其网站上总结了帮助你和孩子预防和处理压力过大的基本策略，还有热线电话和求助电话：

www.cdc.gov/violenceprevention/pub/coping_with_stress_tips.html

俄亥俄大学学校干预研究中心为教育工作者和专业人士列举了与学校有关的资源和方法：

www.oucirs.org/resources/educators-mh-professionals

育儿与家长支持

《家长杂志》（*Parents Magazine*）在网站上提供了有关儿童发展和育儿问题的一般性建议：

www.parents.com

罗斯·格林博士（Dr. Ross Greene）在其网站上为家长和家庭提供了合作性的解决方案，包括有用的视频片段、自我评估表以及其他资源：

www.livesinthebalance.org

美国麻省综合医院（The Massachusetts General Hospital）网站上也有类似项目的描述，但是在资源上没有那么详细的描述：

www.thinkkids.org

耶鲁育儿中心（The Yale Parenting Center）在网站上为家长提供了管理培训，采用的是阿兰·凯兹丁的（Alan Kazdin's modifications）修订版：

http://yaleparentingcenter.yale.edu

卡罗琳·韦斯特-斯特拉顿不可思议的岁月项目（Carolyn Webster-

Stratton's Incredible Years program）是针对低龄儿童的（6岁以下），得到实证研究的支持。虽然该网站主要面向教育工作者，便于其在课堂上使用，但也为家长提供讲义和书籍：

http://incredibleyears.com/parents-teachers/for-parents

0 到 3（Zero to Three）（*www.zerotothree.org*）同样也是针对低龄儿童的，为成年人提供了一系列主题（大脑发育、营养、儿童养育）的信息，因为成年人会影响婴幼儿的生活。

MyADHD（*www.myadhd.com*）是一个订阅式网站，提供用于评估、治疗、进度监控的工具，以及一个含有文章、音频程序和图表的资料库，家长可以利用这些内容更好地理解和管理注意力障碍。

美国国家儿童健康与人类发展研究所（The National Institute of Child Health and Human Development）在网站上为家长提供了丰富的关于儿童发展的一般性信息：

www.nichd.nih.gov/audiences/parents/Pages/home.aspx

治疗指南

欧洲、英国、美国官方的多动症治疗指南略有不同。

欧洲

欧洲指南：

www.adhd-institute.com/disease-management/guidelines/european-guidelines

英国：在 *www.nice.org.uk/Guidance/QS39* 上可以看到 NICE 指南，如果

想看专家对该指南的评论，可以浏览这个网站：

http://addiss.co.uk/NICE%20Guidelines.pdf

美国

美国儿科学会（American Academy of Pediatrics, AAP），在 CDC 网站上可以看到关于 AAP 指南的讨论和总结：

www.cdc.gov/ncbddd/adhd/guidelines.html

美国儿童和青少年精神病学学会（American Academy of Child and Adolescent Psychiatry, AACAP）关于多动症的实践参数：

www.jaacap.com/article/S0890-8567(09)62182-1/pdf

其他可选的 AACAP 指南：

www.aacap.org/aacap/resources_for_primary_care/practice_parameters_and_resource_centers/practice_parameters.aspx

基于证据的疗法和替代疗法

这个网址提供了一个组织名单，这些组织提供的信息是有实证支持的：

www.samhsa.gov/ebp-web-guide/mental-health-treatment

临床儿童和青少年心理学会（The Society of Clinical Child and Adolescent Psychology）有一个网站，提供了关于儿童和青少年的心理健康治疗的信息，这些信息是有实证支持的：

http://effectivechildtherapy.org

可以拓展阅读的书籍

多动症

Banaschewski, T., Zuddas, A., Asherson, P., Buitelaar, J., Coghill, D., Danckaerts, M., et al. (2015). *ADHD and hyperkinetic disorder* (2nd ed.). Oxford, UK: Oxford University Press. 虽然本书是为心理健康专业人士编写的实用指南，但各章由各领域的不同专家撰写，也可以为准备充分的普通公众提供高阶指导。

Barkley, R. A. (2014). *Attention-deficit hyperactivity disorder: A handbook for diagnosis and treatment* (4th ed.). New York: Guilford Press. 由多动症领域的专家全面解释人们所了解的多动症是什么，它的历史及其治疗方法。主要关注历史、评估和标准治疗（学校、家长咨询、药物治疗），也包括关于营养和替代治疗的章节。

Brown, T. E. (2013). *A new understanding of ADHD in children and adults: Executive function impairments*. New York: Routledge. 这本书虽然是学术著作，但可读性很强，从执行功能的视角对多动症进行描述。

Hinshaw, S., & Ellison, K. (2016). *ADHD: What everyone needs to know*. Oxford, UK: Oxford University Press. 书中有关于多动症的几十个常见问题，答案很简短、一到两页纸，可读性强。

Nadeau, K. G., Littman, E. B., & Quinn, P. O. (2015). *Understanding girls with ADHD*. Silver Spring, MD: Advantage Books. 本书针对患有多动症女孩可能面对的特殊问题进行了精心的总结，虽然有些教育工作者一直研究注意力和学习问题，但该话题尚未被充分研究。

Nigg, J. T. (2006). *What causes ADHD?: Understanding what goes wrong and why*. New York: Guilford Press. 该书总结了多动症很多成因，包括基本的大脑网络、遗传影响，还有更多关于多动症与不同基因 × 环境交互作用的

研究。

育儿与家长支持

Barkley, R. A. (2013). *Taking charge of ADHD: The complete authoritative guide for parents* (3rd ed.). New York: Guilford Press. 来自著名权威的实用指南，包括行为管理计划。

Barkley, R. A., & Benton, C. M. (2013). *Your defiant child: Eight steps to better behavior* (2nd ed.). New York: Guilford Press. 对于如何利用理解良好的行为准则培养孩子的责任感，进行实用性的解释。

Forehand, R., & Long, N. (2010). *Parenting the strong-willed child.* New York: McGraw-Hill Education. 以该领域专家的身份总结操作步骤和技巧，从而教导一个顽固的年轻人。

Greene, R. (2014). *The explosive child: A new approach for understanding and parenting easily frustrated, chronically inflexible children.* New York: Harper. 这是对经典版本的修正和更新版。Greene在开发与儿童、家长合作的创新方法方面处于领先地位，本书根据他的合作式方法提出深思熟虑的实际建议，用于处理最有挑战性的儿童行为，如发脾气、崩溃、打人。

Kazdin, A. (2009). *The Kazdin method for parenting the defiant child.* Boston: Mariner Books.

Kazdin, A., & Rotella, C. (2014). *The everyday parenting toolkit.* Boston: Mariner Books. Alan Kazdin的这两本书都很权威，但非常实用，对家长来说易于操作，对于如何解决常见的家长问题，书里提供了很多实用技能、故事以及具体的指南。Alan Kazdin鼓励采用专注、积极、以奖励为基础的方法帮助孩子们走上正轨，并通过实际的操作步骤来解决日常问题，包括睡眠规律、插嘴、公共场合的不当行为等。

Webster-Stratton, C. (2005). *The incredible years: A troubleshooting guide for parents of children aged 2–8.* Seattle: Incredible Years. 作者是将行为管理方法应用到幼儿领域的顶级专家和创新者，她创编了这个实用手册。人们可以在她的网站上订购该手册：*http://incredibleyears.com/books/the-incredible-years-guide*

大脑发育

Galinsky, E. (2010). *Mind in the making: The seven essential life skills every child needs.* New York: HarperStudio. 这本书以神经科学为基础，为锻炼儿童实际生活技能、应对和调节而写的重点总结，具有可读性。

Kahneman, D. (2011). *Thinking fast and slow.* New York: Farrar, Straus and Giroux. 诺贝尔奖得主、认知心理学家 Daniel Kahneman 给出了一个可爱易懂的解释，他通常被认为是行为经济学领域的奠基人。包括对自动和被动加工以及有时导致我们做出"不合逻辑"选择的自动决策直觉（启发式）的解释。

表观遗传学

Moore, D. S. (2015). *The developing genome: An introduction to behavioral epigenetics.* New York: Oxford University Press. 这本书获得了美国心理学会的年度图书奖，为公众提供了一个杰出而明智的解释。

营养

Lenkert, E., & Alpert, B. London: Kyle Books. *Healthy eating during pregnancy.* 本书涉及对母乳喂养的广泛讨论、对婴幼儿和学龄儿童的喂养指南，以及关于学校午餐、运动饮料等方面的讨论。

Walker, W. A. (2006). *Eat, play, and be healthy: The Harvard Medical School guide to healthy eating for kids.* New York: McGraw-Hill. 本书旨在回答儿童的营

养问题，也包括小提示、具体的食物计划和食谱。

运动

Ratey, J. J., & Hagerman, E. (2013). *Spark: The revolutionary science of exercise and the brain.* New York: Little, Brown. Ratey 的书会激励你和孩子重新投入到运动中去。

压力与创伤

Hayes, S. C., & Smith, S. (2005). *Get out of your mind and into your life.* Oakland, CA: New Harbinger. 这是一本自助式的练习册，帮助你提升应对技能。

Van der Kolk, B. (2014). *The body keeps score: Brain, mind and body in the healing of trauma.* New York: Viking. 本书来自世界上领先的创伤影响研究者之一，对创伤的心理、生理和身体症状以及相关毒性应激反应进行全面而易于理解的总结，囊括了最新的治疗思路。

Williams, M., Teasdale, J., Segal, Z., & Kabat-Zinn, J. (2007). *The mindful way through depression.* New York: Guilford Press. 这是将正念以自助的模式治疗抑郁的经典应用。

针对儿童的组织和执行技能训练

Dawson, P., & Guare, R. (2009). *Smart but scattered.* New York: Guilford Press. 家长可以利用这一手册帮助孩子发展执行功能方面的技能，书中包括实用技巧和方便的学习单。

Gallagher, R., & Abikoff, H. (2014). *Organizational skills training for children with ADHD: An empirically supported treatment.* New York: Guilford Press. 这是一个正式课程，用于解释组织技能训练，家长或许可以遵从咨询师或知识渊博的特殊教育教师的一些建议，在家中上课。

Getting Ahead of ADHD 参考文献

以下是文中提到的研究和讨论的研究结果的主要来源。

第一章 对多动症的新认识

Banich, M. T. (2009). Executive function: The search for an integrated account. *Current Directions in Psychological Science, 18*(2), 89–94.

Barkley, R. A. (2012). *Executive functions: What they are, how they work, and why they evolved.* New York: Guilford Press.

Baumeister, R. F., Vohs, K. D., & Tice, D. M. (2007). The strength model of self-control.*Current Directions in Psychological Science, 16*(6), 351–355.

Becker S. P., Leopold, D. R., Burns, G. L., Jarrett, M. A., Langberg, J. M., Marshall,S. A., et al. (2016). The internal, external, and diagnostic validity of sluggish cognitive tempo: A meta-analysis and critical review. *Journal of the American Academy of Child and Adolescent Psychiatry, 55*(3), 163–178.

Bertrams, A., Baumeister, R. F., & Englert, C. (2016). Higher self-control capacity predicts lower anxiety-impaired cognition during math examinations. *Frontiers of Psychology, 31*(7), 485.

Botvinick, M., & Braver, T. (2015). Motivation and cognitive control: From behavior to neural mechanism. *Annual Review of Psychology, 66,* 83–113.

Carter, E. C., Pedersen, E. J., & McCullough, M. E. (2015). Reassessing intertemporal choice: Human decision-making is more optimal in a foraging task than in a self-control task. *Frontiers in Psychology, 6,* 95.

de Ridder, D. T., Lensvelt-Mulders,G., Finkenauer, C., Stok, F. M., & Baumeister, R. F. (2012). Taking stock of self-control: A meta-analysis of how trait self-control relates to a wide range of behaviors. *Personality and Social Psychology Review, 16*(1), 76–99.

Diamond, A. (2013). Executive functions. *Annual Review of Psychology, 64,* 135–168.

Evans, J. S. (2008). Dual-processing accounts of reasoning, judgment, and social cognition. *Annual Review of Psychology, 59,* 255–278.

Graziano, P. A., & Garcia, A. (2016). Attention-deficit hyperactivity disorder and children's emotion dysregulation: A meta-analysis. *Clinical Psychology Review, 46,* 106–123.

Groen-Blokhuis, M. M., Middeldorp, C. M., Kan, K. J., Abdellaoui, A., van Beijsterveldt, C. E., Ehli, E. A., et al. (2014). Attention-deficit / hyperactivity disorder polygenic risk scores predict attention problems in a population-based sample of children. *Journal of the American Academy of Child and Adolescent Psychiatry, 53*(10), 1123–1129.

Huang-Pollock, C., Ratcliff, R., McKoon, G., Shapiro, Z., Weigard, A., & Galloway-Long, H. (2017). Using the diffusion model to explain cognitive deficits in attention deficit hyperactivity disorder. *Journal of Abnormal Child Psychology, 45,* 57–68.

Karalunas, S. L., Geurts, H. M., Konrad, K., Bender, S., & Nigg, J. T. (2014). Annual research review: Reaction time variability in ADHD and autism spectrum disorders: Measurement and mechanisms of a proposed transdiagnostic phenotype. *Journal of Child Psychology and Psychiatry, 55*(6), 685–710.

Lahey, B. B., Applegate, B., Hakes, J. K., Zald, D. H., Hariri, A. R., & Rathouz,

P. J. (2012). Is there a general factor of prevalent psychopathology during adulthood? *Journal of Abnormal Psychology, 121*(4), 971–977.

McLoughlin, G., Albrecht, B., Banaschewski, T., Rothenburger, A., Brandeis, D., Asherson, P., et al (2010). Electrophysiological evidence for abnormal preparatory states and inhibitory processing in adult ADHD. *Behavioral and Brain Functions, 6*(66).

Mead, N. L., Baumeister, R. F., Gino, F., Schweitzer, M. E., & Ariely, D. (2009). Too tired to tell the truth: Self-control resource depletion and dishonesty. *Journal of Experimental Social Psychology, 45*(3), 594–597.

Miller, E. K., & Buschman, T. J. (2012). Top-down control of attention by rhythmic neural computations. In M. I. Posner (Ed.), *Cognitive neuroscience of attention* (2nd ed., pp. 229–241). New York: Guilford Press.

Nigg, J. T. (2013). Attention-deficit / hyperactivity disorder and adverse health outcomes. *Clinical Psychology Review, 33,* 215–228.

Nigg, J. T. (2016). Inattention and impulsivity. In D. Cicchetti (Ed.), *Developmental psychopathology* (3rd ed.): *Vol. 3. Maladaptation and psychopathology* (pp. 591– 646). New York: Wiley.

Nigg, J. T. (2017). Annual research review: On the relations between self-regulation, executive function, cognitive control, effortful control, impulsivity, risk taking, and response inhibition in developmental psychopathology. *Journal of Child Psychology and Psychiatry, 58*(4), 361–383.

Petersen, S. E., & Posner, M. I. (2012). The attention system of the human brain: 20 years after. *Annual Review of Neuroscience, 35,* 73–89.

Rothbart, M. K. (2011). *Becoming who we are: Temperament and personality in development.* New York: Guilford Press.

Shaw, P., Stringaris, A., Nigg, J., & Leibenluft, E. (2014). Emotion dysregulation in attention deficit hyperactivity disorder. *American Journal of Psychiatry, 171*(3), 276–293.

Sonuga-Barke, E., Bitsakou, P., & Thompson, M. (2010). Beyond the dual pathway model: Evidence for the dissociation of timing, inhibitory, and delay-related impairments in attention-deficit / hyperactivity disorder. *Journal of the American Academy of Child and Adolescent Psychiatry, 49*(4), 345–355.

Tangney, J. P., Baumeister, R. F., & Boone, A. L. (2004). High self-control predicts good adjustment, less pathology, better grades, and interpersonal success. *Journal of Personality, 72*(2), 271–324.

Verbruggen, F., McLaren, I. P. L., & Chambers, C. D. (2014). Banishing the control homunculi in studies of action control and behavior change. *Perspectives on Psychological Science, 9,* 497–524.

Zelazo, P. D., & Carlson, S. M. (2012). Hot and cool executive function in childhood and adolescence: Development and plasticity. *Child Development Perspectives, 6*(4), 354–360.

第二章　表观遗传学——先天与后天之争的终结

Adisetiyo, V., Tabesh, A., Di Martino, A., Falangola, M. F., Castellanos, F. X., Jensenk J. H., et al. (2014). Attention-deficit / hyperactivity disorder without comorbidity is associated with distinct atypical patterns of cerebral microstructural development. *Human Brain Mapping, 35*(5), 2148–2162.

Babenko, O., Kovalchuk, I., & Metz, G. A. (2015). Stress-induced perinatal and transgenerational epigenetic programming of brain development and mental health. *Neuroscience and Biobehavioral Reviews, 48,* 70–91.

Bale, T. L. (2015). Epigenetic and transgenerational reprogramming of brain development. *Nature Reviews: Neuroscience, 16*(6), 332–344.

Belsky, J., Pluess, M., & Widaman, K. F. (2013). Confirmatory and competitive evaluation of alternative gene–environment interaction hypotheses. *Journal of Child Psychology and Psychiatry and Allied Disciplines, 54*(10), 1135–1143.

Berger, S. L., Kouzarides, T., Shiekhattar, R., & Shilatifard, A. (2009). An operational definition of epigenetics. *Genes and Development, 23*(7), 781–783.

Bolton, J. L., & Bilbo, S. D. (2014). Developmental programming of brain and behavior by perinatal diet: Focus on inflammatory mechanisms. *Dialogues in Clinical Neuroscience, 16*(3), 307–320.

Burt, S. A. (2009). Rethinking environmental contributions to child and adolescent psychopathology: A meta-analysis of shared environmental influences. *Psychological Bulletin, 135*(4), 608–637.

Byrd, A. L., & Manuck, S. B. (2014). MAO-A, childhood maltreatment, and antisocial behavior: Meta-analysis of a gene-environment interaction. *Biological Psychiatry, 75*(1), 9–17.

Castellanos, F. X., & Proal, E. (2012). Large-scale brain systems in ADHD: Beyond the prefrontal–striatal model. *Trends in Cognitive Sciences, 16*(1), 17–26.

Castellanos, F. X., Sharp, W. S., Gottesman, R. F., Greenstein, D. K., Giedd, J. N., & Rapoport, J. L. (2003). Anatomic brain abnormalities in monozygotic twins discordant for attention deficit hyperactivity disorder. *American Journal of Psychiatry, 160*(9), 1693–1696.

Di Martino, A., Fair, D. A., Kelly, C., Satterthwaite, T. D., Castellanos, F. X., Thomason, M. E., et al. (2014). Unraveling the miswired connectome: A developmental perspective. *Neuron, 83*(6), 1335–1353.

Dolinov, D. C., Huang, D., & Jirtle, R. L. (2007). Maternal nutrient supplementation counteracts bisphenol A-induced DNA hypomethylation in early development. *Proceedings of the National Academy of Science, 104*(32), 13056–13061.

Ellis, B. J., Boyce, W. T., Belsky, J., Bakermans-Kranenburg, M. J., & van IJzendoorn, M. H. (2011). Differential susceptibility to the environment: An evolutionary-neurodevelopmental theory. *Development and Psychopathology, 23*(1), 7–28.

Elmore, A. L., Nigg, J. T., Friderici, K. H., & Nikolas, M. A. (2016). Does 5HTTLPR genotype moderate the association of family environment with child attention-deficit hyperactivity disorder symptomatology? *Journal of Clinical Child and Adolescent Psychology, 45*(3), 348–360.

Fair, D. A., Bathula, D., Nikolas, M. A., & Nigg, J. T. (2012). Distinct neuropsychological subgroups in typically developing youth inform heterogeneity in children with ADHD. *Proceedings of the National Academy of Sciences of the United States of America, 109*(17), 6769–6774.

Goodkind, M., Eickhoff, S. B., Oathes, D. J., Jiang, Y., Chang, A., Jones-Hagata, L., et al. (2015). Identification of a common neurobiological substrate for mental illness. *Journal American Medical Association Psychiatry, 72*(4), 305–315.

Insel, T., Cuthbert, B., Garvey, M., Heinssen, R., Pine, D. S., Quinn, K., et al. (2010). Research domain criteria (rdoc): Toward a new classification framework for research on mental disorders. *American Journal of Psychiatry, 167*(7), 748–751.

Iyegbe, C., Campbell, D., Butler, A., Ajnakina, O., & Sham, P. (2014). The emerging molecular architecture of schizophrenia, polygenic risk scores and the clinical implications for gxe research. *Social Psychiatry and Psychiatric Epidemiology, 49*(2), 169–182.

Karalunas, S. L., Fair, D., Musser, E. D., Aykes, K., Iyer, S. P., & Nigg, J. T. (2014). Subtyping attention-deficit/ hyperactivity disorder using temperament dimensions: Toward biologically based nosologic criteria. *Journal of the*

American Medical Association: Psychiatry, 71(9), 1015–1024.

Lahey, B. B., Van Hulle, C. A., Singh, A. L., Waldman, I. D., & Rathouz, P. J. (2011). Higher-order genetic and environmental structure of prevalent forms of child and adolescent psychopathology. *Archives of General Psychiatry, 68*(2), 181–189.

Lee, S. H., Ripke, S., Neale, B. M., Faraone, S. V., Purcell, S. M., Perlis, R. H., et al. (2013). Genetic relationship between five psychiatric disorders estimated from genome-wide snps. *Nature Genetics, 45*(9), 984–994.

Lu, Y. F., & Menard, S. (2016). The interplay of MAOA and peer influences in predicting adult criminal behavior. *Psychiatry Quarterly, 88*(1), 115–128.

Ma, B., Wilker, E. H., Willis-Owen, S. A., Byun, H. M., Wong, K. C., Motta, V., et al. (2014). Predicting DNA methylation level across human tissues. *Nucleic Acids Research, 42*(6), 3515–3528.

Martin, J., O'Donovan, M. C., Thapar, A., Langley, K., & Williams, N. (2015). The relative contribution of common and rare genetic variants to ADHD. *Translational Psychiatry, 5*(2), e506.

McPherson, N. O., Bell, V. G., Zander-Fox, D. L., Fullston, T., Wu, L. L., Robker, R. L., et al. (2015). When two obese parents are worse than one!: Impacts on embryo and fetal development. *American Journal of Physiology: Endocrinology and Metabolism, 309*(6), E568–E581.

Middeldorp, C. M., Hammerschlag, A. R., Ouwens, K. G., Groen-Blokhuis, M. M., St Pourcain, B., Greven, C. U., et al. (2016). A genome-wide association meta-analysis of attention-deficit/ hyperactivity disorder symptoms in populationbased pediatric cohorts. *Journal of the American Academy of Child and Adolescent Psychiatry, 55*(10), 896–905.

Miller, A. H., & Raison, C. L. (2015). Are anti-inflammatory therapies viable treatments for psychiatric disorders?: Where the rubber meets the road. *Journal of the American Medical Association: Psychiatry, 72*(6), 527–528.

Morgan et al. (2016). Parental serotonin transporter polymorphism (5-HTTLPR) moderates associations of stress and child behavior with parenting behavior. *Journal of Clinical Child and Adolescent Psychology, 18,* 1–12.

Nigg, J. T. (2016). Where do epigenetics and developmental origins take the field of developmental psychopathology? *Journal of Abnormal Child Psychology, 44*(3), 405–419.

Nigg, J. T. Nikolas, M., & Burt, S. A. (2010). Measured gene by environment interaction in relation to attention-deficit / hyperactivity disorder (ADHD). *Journal of the American Academy of Child and Adolescent Psychiatry, 49,* 863–873.

Petrill, S. A., Bartlett, C. W., & Blair, C. (2013). Gene–environment interplay in child psychology and psychiatry—challenges and ways forward. *Journal of Child Psychology and Psychiatry and Allied Disciplines, 54*(10), 1029.

Psychiatric Genetics Consortium Cross Disorder Group. (2013). Identification of risk loci with shared effects on five major psychiatric disorders: A genomewide analysis. *Lancet, 81*(9875), 1371–1379.

Purcell, S. (2002). Variance components models for gene–environment interaction in twin analysis. *Twin Research, 5*(6), 554–571.

Ray, S., Miller, M., Karalunas, S., Robertson, C., Grayson, D. S., Cary, R. P., et al. (2014). Structural and functional connectivity of the human brain in autism spectrum disorders and attention-deficit / hyperactivity disorder: A rich club-organization study. *Human Brain Mapping, 35*(12), 6032–6048.

Sharma, S., Powers, A., Bradley, B., & Ressler, K. J. (2016). Gene × environment determinants of stress- and anxiety-related disorders. *Annual Review of*

Psychology, 67, 239–216.

Sharpley, C. F., Palanisamy, S. K., Glyde, N. S., Dillingham, P. W., & Agnew, L. L. (2014, October). An update on the interaction between the serotonin transporter promoter variant (5-HTTLPR), stress and depression, plus an exploration of non-confirming findings. *Behavioral Brain Research, 273*(15), 89–105.

Shaw, P., Lerch, J., Greenstein, D., Sharp, W., Clasen, L., Evans, A., et al. (2006). Longitudinal mapping of cortical thickness and clinical outcome in children and adolescents with attention-deficit / hyperactivity disorder. *Archives of General Psychiatry, 63*(5), 540–549.

Sng, J., & Meaney, M. J. (2009). Environmental regulation of the neural epigenome. *Epigenomics, 1*(1), 131–151.

Stergiakouli, E., Martin, J., Hamshere, M. L., Langley, K., Evans, D. M., St Pourcain, B., et al. (2015). Shared genetic influences between attention-deficit/hyperactivity disorder (ADHD) traits in children and clinical ADHD. *Journal of the American Academy of Child and Adolescent Psychiatry, 54*(4), 322–327.

Szyf, M., & Bick, J. (2013). DNA methylation: A mechanism for embedding early life experiences in the genome. *Child Development, 84,* 49–57.

van IJzendoorn, M. H., Belsky, J., & Bakermans-Kranenburg,

M. J. (2012). Serotonin transporter genotype 5HTTLPR as a marker of differential susceptibility?: A meta-analysis of child and adolescent gene-by-environment studies. *Translational Psychiatry, 2,* e147.

Wang, Q., Yang, C., Gelernter, J., & Zhao, H. (2015). Pervasive pleiotropy between psychiatric disorders and immune disorders revealed by integrative analysis of multiple GWAS. *Human Genetics, 134*(11–12), 1195–1209.

Wilmot, B., Fry, R., Smeester, L., Musser, E. D., Mill, J., & Nigg, J. T. (2016).

Methylomic analysis of salivary DNA in childhood ADHD. *Journal of Child Psychology and Psychiatry, 57,* 152–160.

Zhu, T., Gan, J., Huang, J., Li, Y., Qu, Y., & Mu, D. J. (2016). Association between perinatal hypoxic-ischemic conditions and attention-deficit / hyperactivity disorder: A meta-analysis. *Journal of Child Neurology, 31,* 1235–1244.

第三章　饮食与多动症——旧争议与新解释

Access to sanitation. United Nations Department of Economic and Social Affairs. Retrieved June 15, 2006, from *www.un.org/waterforlifedecade/sanitation.shtml.*

Arnold, L. E., Hurt, E., & Lofthouse, N. (2013). Attention-deficit / hyperactivity disorder: Dietary and nutritional treatments. *Child and Adolescent Psychiatric Clinics of North America, 22*(3), 381–402.

Bubnov, R. V., Spivak, M. Y., Lazarenko, L. M., Bomba, A., & Boyko, N. V. (2015). Probiotics and immunity: Provisional role for personalized diets and disease prevention. *EPMA Journal, 6*(1), 14.

Caso, J. R., Balanzá-Martínez, V., Palomo, T., & García-Bueno, B. (2016). The microbiota and gut-brain axis: Contributions to the immunopathogenesis of schizophrenia. *Current Pharmaceutical Design, 22,* 6122–6133.

Faraone, S. V., & Antshel, K. M. (2014). Towards an evidence-based taxonomy of nonpharmacologic treatments for ADHD. *Child and Adolescent Psychiatric Clinics of North America, 23*(4), 965–972.

Foster, J. A., Lyte, M., Meyer, E., & Cryan, J. F. (2016, April 29). Gut microbiota and brain function: An evolving field in neuroscience. *International Journal of Neuropsychopharmacology, 19*(5), pyv114.

Grayson, D. S., Kroenke, C. D., Neuringer, M., & Fair, D. A. (2014). Dietary omega-3 fatty acids modulate large-scale systems organization in the rhesus macaque brain. *Journal of Neuroscience, 34*(6), 2065–2074.

Hariri, M., & Azadbakht, L. (2015). Magnesium, iron, and zinc supplementation for the treatment of attention deficit hyperactivity disorder: A systematic review on the recent literature. *International Journal of Preventive Medicine, 6,* 83.

Hawkey, E., & Nigg, J. T. (2014). Omega-3 fatty acid and ADHD: Blood level analysis and meta-analytic extension of supplementation trials. *Clinical Psychology Review, 34*(6), 496–505.

Hurt, E. A., & Arnold, L. E. (2014). An integrated dietary/nutritional approach to ADHD. *Child and Adolescent Psychiatric Clinics of North America, 23*(4), 955–964.

Ioannidis, K., Chamberlain, S. R., & Müller, U. (2014). Ostracising caffeine from the pharmacological arsenal for attention-deficit hyperactivity disorder—was this a correct decision?: A literature review. *Journal of Psychopharmacology, 28*(9), 830–836.

Lusardi, T. A., Akula, K. K., Coffman, S. Q., Ruskin, D. N., Masino, S. A, & Boison D. (2015). Ketogenic diet prevents epileptogenesis and disease progression in adult mice and rats. *Neuropharmacology, 99,* 500–509.

Maqsood, R., & Stone, T. W. (2016). The gut-brain axis, BDNF, NMDA and CNS disorders. *Neurochemical Resesarch, 11,* 2819–2835.

Mayer, E. A., Tillisch, K., & Gupta, A. (2015). Gut/brain axis and the microbiota. *Journal of Clinical Investigation, 125*(3), 926–938.

Mittal, R., Debs, L. H., Patel, A. P., Nguyen, D., Patel, K., O'Connor, G., et al. (2016). Neurotransmitters: The critical modulators regulating gut-brain axis. *Journal of Cell Physiology.* [Epub ahead of print]

Mychasiuk, R., Hehar, H., Ma, I., & Esser, M. J. (2015, February 5). Dietary intake alters behavioral recovery and gene expression profiles in the brain of juvenile rats that have experienced a concussion. *Frontiers in Behavioral Neuroscience, 9*(17).

Nigg, J. T., & Holton, K. (2014). Restriction and Elimination diets in ADHD treatment. *Journal of Child and Adolescent Psychiatric Clinics of North America, 738,* 937–953.

Nigg, J. T., Lewis, K., Edinger, T., & Falk, M. (2012). Meta-analysis of ADHD or ADHD symptoms, restriction diet, and synthetic food color additives. *Journal of the American Academy of Child and Adolescent Psychiatry, 51,* 86–97.

Petra, A. I., Panagiotidou, S., Hatziagelaki, E., Stewart, J. M., Conti, P., & Theoharides, T. C. (2015). Gut-microbiota- brain axis and its effect on neuropsychiatric disorders with suspected immune dysregulation. *Clinical Therapeutics, 37*(5), 984–995.

Sable, P., Randhir, K., Kale, A., Chavan-Gautam, P., & Joshi, S. (2015). Maternal micronutrients and brain global methylation patterns in the offspring. *Nutritional Neuroscience, 18*(1), 30–36.

Stevens, L. J., Kuczek T., Burgess, J. R., Hurt, E., & Arnold, L. E. (2011). Dietary sensitivities and ADHD symptoms: Thirty-five years of research. *Clinical Pediatrics, 50*(4), 279–293.

Stevenson, J., Buitelaar, J., Cortese, S., Ferrin, M., Konofal, E., Lecendreux, M., et al. (2014). Research review: The role of diet in the treatment of attention-deficit / hyperactivity disorder—an appraisal of the evidence on efficacy and recommendations on the design of future studies. *Journal of Child Psychology and Psychiatry, 55*(5), 416–427.

Stevenson, J., Sonuga-Barke, E., McCann, D., Grimshaw, K., Parker, K. M., Rose-Zerilli, M. J., et al. (2010). The role of histamine degradation gene polymorphisms in moderating the effects of food additives on children's ADHD symptoms. *American Journal of Psychiatry, 167*(9), 1108–1115.

Sullivan, E. L., Nousen, E. K., & Chamlou, K. A. (2014). Maternal high fat diet consumption during the perinatal period programs offspring behavior. *Physiology and Behavior, 123,* 236–242.

Wolraich, M. L., Wilson, D. B., & White, J. W. (1995). The effect of sugar on behavior or cognition in children: A meta-analysis. *Journal of the American Medical Association, 274*(20), 1617–1621.

World Health Organization and UNICEF Joint Monitoring Programme (JMP). (2015). Progress on sanitation and drinking water: 2015 update and MDG assessment. Available at *www.who.int/water_sanitation_health/monitoring/jmp- 2015-update/en.*

Yarandi, S. S., Peterson, D. A., Treisman, G. J., Moran, T. H., & Pasricha, P. J. (2016). Modulatory effects of gut microbiota on the central nervous system: How gut could play a role in neuropsychiatric health and diseases. *Journal of Neurogastroenterology and Motility, 22*(2), 201–212.

第四章　锻炼、睡眠与多动症——关于大脑发育的新观点

Archer, T., & Kostrzewa, R. M. (2015). Physical exercise alleviates health defects, symptoms, and biomarkers in schizophrenia spectrum disorder. *Neurotoxicity Research, 28*(3), 268–280.

Auger, R. R., Burgess, H. J., Emens, J. S., Deriy, L. V., Thomas, S. M., & Sharkey, K. M. (2015). Clinical practice guideline for the treatment of intrinsic circadian rhythm sleep-wake disorders: Advanced sleep-wake phase disorder (ASWPD), delayed sleep-wake phase disorder (DSWPD), non-24-hour sleep-wake rhythm disorder (N24SWD), and irregular ake rhythm disorder (ISWRD).

Journal of Clinical Sleep Medicine, 11(10), 1199–1236.

Barnes, C. M., & Drake C. L. (2015). Prioritizing sleep health: Public health policy recommendations. *Perspectives on Psychological Science, 10*(6), 733–737.

Bruni, O., Alonso-Alconada, D., Besag, F., Biran, V., Braam, W., Cortese, S., et al. (2015). Current role of melatonin in pediatric neurology: Clinical recommendations. *European Journal of Paediatric Neurology, 19*(2), 122–133.

Burdette, H. L., & Whitaker, R. C. (2005). Resurrecting free play in young children: Looking beyond fitness and fatness to attention, affiliation, and affect. *Archives of Pediatric and Adolescent Medicine, 159*(1), 46–50.

Chang, A. M., Aeschbach, D., Duffy, J. F., & Czeisler, C. A. (2015). Evening use of light-emitting eReaders negatively affects sleep, circadian timing, and next-morning alertness. *Proceedings of the National Academy of Sciences, 112*, 1232–1237.

Den Heijer, A. E., Groen, Y., Tucha, L., Feuermaier, A. B. M., Koerts, J., Lange, K. W., et al. (2016, July 11). Sweat it out?: The effects of physical exercise on cognition and behavior in children and adults with ADHD: A systematic literature review. *Journal of Neural Transmission, 124*(Suppl. 1), 3–26.

Denham, J., Marques, F. Z., O'Brien, B. J., & Charchar, F. J. (2014). Exercise: Putting action into our epigenome. *Sports Medicine, 44*(2), 189–209.

Díaz-Román, A., Hita-Yáñez, E., & Buela-Casal, G. (2016). Sleep characteristics in children with attention deficit hyperactivity disorder: Systematic review and meta-analyses. *Journal of Clinical Sleep Medicine, 12*(5), 747–756.

Falbe, J., Davison, K. K., Franckle, R. L., Ganter, C., Gortmaker, S. L., Smith, L., et al. (2015). Sleep duration, restfulness, and screens in the sleep environment. *Pediatrics, 135*(2), e367–e375.

Gómez, R. L., & Edgin, J. O. (2015). Sleep as a window into early neural development: Shifts in sleep-dependent learning effects across early childhood. *Child Development Perspectives, 9*(3), 183–189.

Hackney, A. C. (2015). Epigenetic aspects of exercise on stress reactivity. *Psychoneuroendocrinology, 61,* 17.

Halperin, J. M., Berwid, O. G., & O'Neill, S. (2014). Healthy body, healthy mind? The effectiveness of physical activity to treat ADHD in children. *Child and Adolescent Psychiatric Clinics of North America, 23,* 899–936.

Hargreaves, M. (2015). Exercise and gene expression. *Progress in Molecular Biology and Translational Science, 135,* 457–469.

Hillman, C. H. (2014). The relation of childhood physical activity and aerobic fitness to brain function and cognition: A review. *Monographs of the Society for Research in Child Development, 79,* 1–6.

Horváth, K., Myers, K., Foster, R., & Plunkett, K. J. (2015). Napping facilitates word learning in early lexical development. *Sleep Research, 24*(5), 503–509.

Kashimoto, R. K., Toffoli, L. V., Manfredo, M. H., Volpini, V. L., Martins-Pinge, M. C., Pelosi, G. G., et al. (2016). Physical exercise affects the epigenetic programming of rat brain and modulates the adaptive response evoked by repeated restraint stress. *Behavioural Brain Research, 296,* 286–289.

Khan, N. A., & Hillman, C. H. (2014). Benefits of regular aerobic exercise for executive functioning in healthy populations. *Pediatric Exercise Science, 26,* 138–146.

Kidwell, K. M., Van Dyk, T. R., Lundahl, A., & Nelson, T. D. (2015). Stimulant medications and sleep for youth with ADHD: A meta-analysis. *Pediatrics, 136,* 1144–1153.

Maski, K. P. (2015). Sleep-dependent memory consolidation in children. *Seminars* in *Pediatric Neurology, 22*(2), 130–134.

Myer, G. D., Faigenbaum, A. D., Edwards, N. M., Clark, J. F., Best, T. M., & Sallis, R. E. (2015). Sixty minutes of what?: A developing brain perspective for activating children with an integrative exercise approach. *British Journal of Sports Medicine, 49*(23), 1510–1516.

Nelson, M. C., & Gordon-Larsen, P. (2006). Physical activity and sedentary behavior patterns are associated with selected adolescent health risk behaviors. *Pediatrics, 117,* 1281–1290.

Pan-Vazquez, A., Rye, N., Ameri, M., McSparron, B., Smallwood, G., Bickerdyke, J., et al. (2015). Impact of voluntary exercise and housing conditions on hippocampal glucocorticoid receptor, miR-124 and anxiety. *Molecular Brain, 8,* 40.

Rodrigues, G. M., Jr., Toffoli, L. V., Manfredo, M. H., Francis-Oliveira, J., Silva, A. S., Raquel, H. A., et al. (2015). Acute stress affects the global DNA methylation profile in rat brain: Modulation by physical exercise. *Behavioural Brain Research, 15*(279), 123–128.

Singh, A., Uijtdewilligen, L., Twisk, J. W., van Mechelen, W., & Chinapaw, M. J. (2012). Physical activity and performance at school: A systematic review of the literature including a methodological quality assessment. *Archives of Pediatric and Adolescent Medicine, 166*(1), 49–55.

Urbain, C., De Tiège, X., Op De Beeck, M., Bourguignon, M., Wens, V., Verheulpen D., et al. (2016). Sleep in children triggers rapid reorganization of memory-related brain processes. *NeuroImage, 134,* 213–222.

Vysniauske, R., Verburgh, L., Oosterlaan, J., & Molendijk, M. L. (2016). The effects of physical exercise on functional outcomes in the treatment of ADHD: A meta-analysis. *Journal of Attention Disorders.* [Epub ahead of print]

第五章 科技与多动症——对风险与益处的最新认识

Anderson, C. A., Berkowitz, L., Donnerstein, E., Huesmann, L. R., Johnson, J. D., Linz D., et al. (2003). The influence of media violence on youth. *Psychological Science in the Public Interest, 4*(3), 81–110.

Brevet-Aeby, C., Brunelin, J., Iceta, S., Padovan, C., & Poulet, E. (2016). Prefrontal cortex and impulsivity: Interest of noninvasive brain stimulation. *Neuroscience and Biobehavioral Reviews, 71,* 112–134.

Brunoni, A. R., & Vanderhasselt, M. A. (2014). Working memory improvement with non-invasive brain stimulation of the dorsolateral prefrontal cortex: A systematic review and meta-analysis. *Brain and Cognition, 86,* 1–9.

Bushman, B. J. (2016). Violent media and hostile appraisals: A meta-analytic review. *Aggressive Behavior, 42,* 605–613.

Bushman, B. J., & Anderson, C. A. (2001). Media violence and the American public: Scientific facts versus media misinformation. *American Psychologist, 56,* 477–489.

Cortese, S., Ferrin, M., Brandeis, D., Buitelaar, J., Daley, D., Dittmann, R. W., et al. (2015). Cognitive training for attention-deficit / hyperactivity disorder: Meta-analysis of clinical and neuropsychological outcomes from randomized controlled trials. *Journal of the American Academy of Child and Adolescent Psychiatry, 54*(3), 164–174.

Cortese, S., Ferrin, M., Brandeis, D., Holtmann, M., Aggensteiner, P., Daley, D., et al. (2016). Neurofeedback for attention-deficit / hyperactivity disorder: Meta-analysis of clinical and neuropsychological outcomes from randomized controlled trials. *Journal of the American Academy of Child and Adolescent Psychiatry, 55*(6), 444–455.

Faraone, S. V., & Antshel, K. M. (2014). Towards an evidence-based taxonomy of nonpharmacologic treatments for ADHD. *Child and Adolescent Psychiatric Clinics of North America, 23*(4), 965–972.

Gibbons, R. D., Weiss, D. J., Frank, E., & Kupfer, D. (2016). Computerized adaptive diagnosis and testing of mental health disorders. *Annual Review of Clinical Psychology, 12,* 83–104.

Holtmann, M., Sonuga-Barke, E., Cortese, S., & Brandeis, D. (2014). Neurofeedback for ADHD: A review of current evidence. *Child and Adolescent Psychiatric Clinics of North America, 23*(4), 789–806.

Livingstone, S., & Smith, P. K. (2014). Annual research review: Harms experienced by child users of online and mobile technologies: The nature, prevalence and management of sexual and aggressive risks in the digital age. *Journal of Child Psychology and Psychiatry and Allied Disciplines, 55*(6), 635–654.

Martin, D. M., McClintock, S. M., Forster, J., & Loo, C. K. (2016). Does therapeutic repetitive transcranial magnetic stimulation cause cognitive enhancing effects in patients with neuropsychiatric conditions?: A systematic review and meta-analysis of randomised controlled trials. *Neuropsychology Review, 26*(3), 295–309.

Motter, J. N., Pimontel, M. A., Rindskopf, D., Devanand, D. P., Doraiswamy, P. M., & Sneed, J. R. (2016). Computerized cognitive training and functional recovery in major depressive disorder: A meta-analysis. *Journal of Affective Disorders, 189,* 184–191.

Nikkelen, S. W., Valkenburg, P. M., Huizinga, M., & Bushman, B. J. (2014). Media use and ADHD-related behaviors in children and adolescents: A meta-analysis. *Developmental Psychology, 50*(9), 2228–2241.

Palm, U., Segmiller, F. M., Epple, A. N., Freisleder, F. J., Koutsouleris, N., Schulte-Körne, G., et al. (2016). Transcranial direct current stimulation in children and adolescents: A comprehensive review. *Journal of Neural Transmission, 123,* 1219–1234.

Perera, T., George, M. S., Grammer, G., Janicak, P. G., Pascual-Leone, A., & Wirecki, T. S. (2016). The clinical TMS Society consensus review and treatment recommendations for TMS therapy for major depressive disorder. *Brain Stimulation, 9*(3), 336–346.

Rubio, B., Boes, A. D., Laganiere, S., Rotenberg, A., Jeurissen, D., & Pascual-Leone, A. (2016). Noninvasive brain stimulation in pediatric attention-deficit hyperactivity disorder (ADHD): A review. *Journal of Child Neurology, 31*(6), 784–796.

第六章　环境中的化学物质与多动症——保持警惕但不必恐慌

Arbuckle, T. E., Davis, K., Boylan, K., Fisher M., & Fu J. (2016). Bisphenol A, phthalates and lead and learning and behavioral problems in Canadian children 6–11 years of age: CHMS 2007–2009. *Neurotoxicology, 54,* 89–98.

Bell, M. R., Thompson, L. M., Rodriguez, K., & Gore, A. C. (2016). Two-hit exposure to polychlorinated biphenyls at gestational and juvenile life stages: 1. Sexually dimorphic effects on social and anxiety-like behaviors. *Hormones and Behavior, 78,* 168–177.

Bellinger, D. C. (2008). Very low lead exposures and children's neurodevelopment. *Current Opinion in Pediatrics, 20*(2), 172–177.

Bellinger, D. C. (2011). The protean toxicities of lead: New chapters in a familiar story. *International Journal of Environmental Research and Public Health, 8*(7), 2593–2628.

Berghuis, S. A., Bos, A. F., Sauer, P. J., & Roze, E. (2015). Developmental neurotoxicity of persistent organic pollutants: An update on childhood outcome. *Archives of Toxicology, 89,* 687–709.

Casas, M., Forns, J., Martínez, D., Avella-García, C., Valvi, D., Ballesteros-Gómez, A., et al. (2015). Exposure to bisphenol A during pregnancy and child neuropsychological development in the INMA-Sabadell cohort. *Environmental Research, 142,* 671–679.

Casati L., Sendra, R., Sibilia, V., & Celotti, F. (2015). Endocrine disrupters: The new players able to affect the epigenome. *Frontiers in Cell and Developmental Biology, 3,* 37.

Chopra, V., Harley, K., Lahiff, M., & Eskenazi, B. (2014). Association between phthalates and attention deficit disorder and learning disability in U.S. children 6–16 years. *Environmental Research, 128,* 64–69.

de Cock, M., Maas, Y. G., & van de Bor, M. (2012). Does perinatal exposure to endocrine disruptors induce autism spectrum and attention deficit hyperactivity disorders?: Review. *Acta Paediatrica, 101,* 811–818.

Engel, S. M., Wetmur, J., Chen, J., Zhu, C., Barr, D. B., Canfield, R. L., et al. (2011). Prenatal exposure to organophosphates, paraoxonase 1, and cognitive development in childhood. *Environmental Health Perspectives, 119*(8), 1182–1188.

Eriksson, U., & Kärrman, A. (2015). World-wide indoor exposure to polyfluoroalkyl phosphate esters (PAPs) and other PFASs in household dust. *Environmental Science and Technology, 49*(24), 14503–14511.

Eubig, P. A., Aguiar, A., & Schantz, S. L. (2010). Lead and PCBs as risk factors for attention deficit/hyperactivity disorder. *Environmental Health Perspectives, 118*(12), 1654–1667.

Evans, S. F., Kobrosly, R. W., Barrett, E. S., Thurston, S. W., Calafat, A. M., Weiss,

B., et al. (2014). Prenatal bisphenol A exposure and maternally reported behavior in boys and girls. *Neurotoxicology, 45,* 91–99.

Gore, A. C., Chappell, V. A., Fenton, S. E., Flaws, J. A., Nadal, A., & Prins, G. S. (2015). Executive summary to EDC-2: The Endocrine Society's second scientific statement on endocrine-disrupting chemicals. *Endocrine Reviews, 36*(6), 593–602.

Gore, A. C., Chappell, V. A., Fenton, S. E., Flaws, J. A., Nadal, A., Prins, G. S., et al. (2015). EDC-2: The Endocrine Society's second scientific statement on endocrine-disrupting chemicals. *Endocrine Reviews, 36*(6), E1–E150.

Harley, K. G., Gunier, R. B., Kogut, K., Johnson, C., Bradman, A., Calafat, A. M., et al. (2013). Prenatal and early childhood bisphenol A concentrations and behavior in school-aged children. *Environmental Research, 126,* 43–50.

Holahan, M. R., & Smith, C. A. (2015). Phthalates and neurotoxic effects on hippocampal network plasticity. *Neurotoxicology, 48,* 21–34.

Hubbs-Tait, L., Nation, J. R., Krebs, N. F., & Bellinger, D. C. (2005). Neurotoxicants, micronutrients, and social environments: Individual and combined effects on children's development. *Psychological Science in the Public Interest, 6*(3), 57–121.

Landrigan, P. J. (2015). Children's environmental health: A brief history. *Academic Pediatrics, 16*(1), 1–9.

Lanphear, B. P. (2015). The impact of toxins on the developing brain. *Annual Review of Public Health, 36,* 211–230.

Livingstone, S., & Smith, P. K. (2014). Annual research review: Harms experienced by child users of online and mobile technologies: The nature, prevalence and management of sexual and aggressive risks in the digital age. *Journal of Child Psychology and Psychiatry and Allied Disciplines, 55*(6), 635–654.

Luo, M., Xu, Y., Cai, R., Tang, Y., Ge, M. M., Liu, Z. H., et al. (2014). Epigenetic histone modification regulates developmental lead exposure induced hyperactivity in rats. *Toxicology Letters, 225*(1), 78–85.

Mallozzi, M., Bordi, G., Garo, C., & Caserta, D. (2016). The effect of maternal exposure to endocrine disrupting chemicals on fetal and neonatal development: A review on the major concerns. *Birth Defects Research Part C: Embryo Today, 108,* 224–242.

Mustieles, V., Pérez-Lobato, R., Olea, N., & Fernández, M. F. (2015). Bisphenol A: Human exposure and neurobehavior. *Neurotoxicology, 49,* 174–184.

Nigg, J. T., Elmore, A. L., Natarajan, N., Friderici, K. H., & Nikolas, M. A. (2016). Variation in iron metabolism gene moderates the association between lowlevel blood lead exposure and attention-deficit / hyperactivity disorder. *Psychological Science, 27,* 257–269.

Nigg, J. T., Knottnerus, G. M., Martel, M. M., Nikolas, M., Cavanagh, K., Karmaus, W., et al. (2008). Low blood lead levels associated with clinically diagnosed attention deficit hyperactivity disorder (ADHD) and mediated by weak cognitive control. *Biological Psychiatry, 63*(3), 325–331.

Park, S., Lee, J. M., Kim, J. W., Cheong, J. H., Yun, H. J., Hong, Y. C., et al. (2015). Association between phthalates and externalizing behaviors and cortical thickness in children with attention deficit hyperactivity disorder. *Psychological Medicine, 45*(8), 1601–1612.

Pinson A., Bourguignon, J. P., & Parent, A. S. (2016). Exposure to endocrine disrupting chemicals and neurodevelopmental alterations. *Andrology, 4*(4), 706–722.

Richardson, J. R., Taylor, M. M., Shalat, S. L., Guillot, T. S., Caudle, W. M., Hossain, M. M., et al. (2015). Developmental pesticide exposure reproduces features of attention deficit hyperactivity disorder. *FASEB Journal, 29*(5), 1960–1972.

Stein, L. J., Gunier, R. B., Harley, K., Kogut, K., Bradman, A., & Eskenazi, B. (2016). Early childhood adversity potentiates the adverse association between prenatal organophosphate pesticide exposure and child IQ: The CHAMACOS cohort. *Neurotoxicology, 56,* 180–187.

Walker, D. M., & Gore, A. C. (2017). Epigenetic impacts of endocrine disruptors in the brain. *Frontiers of Neuroendocrinology, 44,* 1–26.

第七章　逆境、压力、创伤与多动症——寻找庇护所

Beauchaine, T. P., Neuhaus, E., Zalewski, M., Crowell, S. E., & Potapova, N. (2011). The effects of allostatic load on neural systems subserving motivation, mood regulation, and social affiliation. *Developmental Psychopathology, 23*(4), 975–999.

Bethell, C. D., Newacheck, P., Hawes, E., & Halfon, N. (2014). Adverse childhood experiences: Assessing the impact on health and school engagement and the mitigating role of resilience. *Health Affairs, 33*(12), 2106–2115.

Biederman J., Petty, C., Spencer, T. J., Woodworth, K. Y., Bhide, P., Zhu J., et al. (2014). Is ADHD a risk for posttraumatic stress disorder (PTSD)?: Results from a large longitudinal study of referred children with and without ADHD. *World Journal of Biological Psychiatry, 15*(1), 49–55.

Cairncross M., & Miller, C.J. (2016). The effectiveness of mindfulness-based therapies for ADHD: A meta-analytic review. *Journal of Attention Disorders.* [Epub ahead of print]

Carey, B. (2016, May 29). Those with multiple tours of duty overseas struggle at home. *New York Times.* Retrieved from www.nytimes.com/2016/05/30/health /

veterans-iraq-afghanistan-psychology-therapy. html?_r=0.

Carter, E. C., Pedersen, E. J., & McCullough, M. E. (2015). Reassessing intertemporal choice: Human decision-making is more optimal in a foraging task than in a self-control task. *Frontiers in Psychology, 6*(6), 95.

Coker, T. R., Elliott, M. N., Toomey, S. L., Schwebel, D. C., Cuccaro, P., Tortolero, S. R., et al. (2016). Racial and ethnic disparities in ADHD diagnosis and treatment. *Pediatrics, 138*(3), e20160407.

Felitti, V. J., Anda, R. F., Nordenberg, D., Williamson, D. F., Spitz, A. M., Edwards, V., et al. (1998). Relationship of childhood abuse and household dysfunction to many of the leading causes of death in adults: The Adverse Childhood Experiences (ACE) Study. *American Journal of Preventive Medicine, 14*(4), 245–258.

Finkelhor, D., Shattuck, A., Turner, H., & Hamby, S. (2013). Improving the adverse childhood experiences study scale. *Archives of Pediatric and Adolescent Medicine, 167*(1), 70–75.

Harrison, E. L., & Baune, B. T. (2014). Modulation of early stress-induced neurobiological changes: A review of behavioural and pharmacological interventions in animal models. *Translational Psychiatry, 4*(5), e390.

Horn, S. R., Charney, D. S., & Feder, A. (2016). Understanding resilience: New approaches for preventing and treating PTSD. *Experimental Neurology, 284*(Pt. B), 119–132.

Ieraci, A., Mallei, A., Musazzi, L., & Popoli, M. (2015). Physical exercise and acute restraint stress differentially modulate hippocampal brain-derived neurotrophic factor transcripts and epigenetic mechanisms in mice. *Hippocampus, 25*(11), 1380–1392.

Kallapiran, K., Koo, S., Kirubakaran, R., & Hancock, K. (2015). Effectiveness of mindfulness in improving mental health symptoms of children and adolescents: A meta-analysis. *Child and Adolescent Mental Health, 20,* 182–194.

Kashimoto, R. K., Toffoli, L. V., Manfredo, M. H., Volpini, V. L., Martins-Pinge, M. C., Pelosi, G. G., et al. (2016). Physical exercise affects the epigenetic programming of rat brain and modulates the adaptive response evoked by repeated restraint stress. *Behavioural Brain Research, 296,* 286–289.

Kennedy, M., Kreppner, J., Knights, N., Kumsta, R., Maughan, B., Golm, D., et al. (2016). Early severe institutional deprivation is associated with a persistent variant of adult attention-deficit / hyperactivity disorder. *Journal of Child Psychology and Psychiatry.* [Epub ahead of print]

Kuyken, W., Warren, F. C., Taylor, R. S., Whalley, B., Crane, C., Bondolfi, G., et al. (2016). Efficacy of mindfulness-based cognitive therapy in prevention of depressive relapse: An individual patient data meta-analysis from randomized trials. *JAMA Psychiatry, 73*(6), 565–574.

McCauley, H. L., Breslau, J. A., Saito, N., & Miller, E. (2015). Psychiatric disorders prior to dating initiation and physical dating violence before age 21: Findings from the National Comorbidity Survey Replication (NCS-R). *Social Psychiatry and Psychiatric Epidemiology, 50*(9), 1357–1365.

Miller, T. W., Miller, R. A., & Nigg, J. T. (2009). Attention deficit/hyperactivity disorder in African American children: What can be concluded from the past ten years? *Clinical Psychology Review, 29,* 77–86.

Misiak, B., Frydecka, D., Zawadzki, M., Krefft, M., & Kiejna, A. (2014). Refining and integrating schizophrenia pathophysiology—relevance of the allostatic load concept. *Neuroscience and Biobehavioral Reviews, 45,* 183–201.

Moloney, R. D., Stilling, R. M., Dinan, T. G., & Cryan, J. F. (2015). Early-life stress-induced visceral hypersensitivity and anxiety behavior is reversed by histone deacetylase inhibition. *Neurogastroenterogy and Motility, 27*(12), 1831–1836.

Monk, C., Georgieff, M. K., & Osterholm, E. A. (2013). Research review: Maternal prenatal distress and poor nutrition—mutually influencing risk factors affecting infant neurocognitive development. *Journal of Child Psychology and Psychiatry and Allied Disciplines, 54*(2), 115–130.

Park, C. L. (2010). Making sense of the meaning literature: An integrative review of meaning making and its effects on adjustment to stressful life events. *Psychological Bulletin, 136,* 257–301.

Pastorelli, C., Lansford, J. E., Luengo, B. P., Malone, P. S., Di Giunta, L., Bacchini, D., et al. (2016). Positive parenting and children's prosocial behavior in eight countries. *Journal of Child Psychology and Psychiatry, 57,* 824–834.

Réus, G. Z., Abelaira, H. M., dos Santos, M. A., Carlessi, A. S., Tomaz, D. B., & Neotti, M. V. (2013). Ketamine and imipramine in the nucleus accumbens regulate histone deacetylation induced by maternal deprivation and are critical for associated behaviors. *Behavioural Brain Research, 256,* 451–456.

Rodrigues, G. M., Jr., Toffoli, L. V., Manfredo, M. H., Francis-Oliveira, J., Silva, A. S., Raquel, H. A., et al. (2015). Acute stress affects the global DNA methylation profile in rat brain: Modulation by physical exercise. *Behavioural Brain Research, 279,* 123–128.

Rutter, M. (2013). Annual research review: Resilience—clinical implications. *Journal of Child Psychology and Psychiatry, 54,* 474–487.

Spencer, A. E., Faraone, S. V., Bogucki, O. E., Pope, A. L., Uchida, M., Milad, M. R., et al. (2016). Examining the association between posttraumatic stress disorder and attention-deficit / hyperactivity disorder: A systematic review and meta-analysis. *Journal of Clinical Psychiatry, 77,* 72–83.

Spencer, S. J., Logel, C., & Davies, P. G. (2016). Stereotype threat. *Annual Review of Psychology, 67,* 415–438.

Stevens, J. R., & Stephens, D. W. (2010). The adaptive nature of impulsivity. In G. J. Madden & W. K. Bickel (Eds.), *Impulsivity: The behavioral and neurological science of discounting* (pp. 361–388). Washington, DC: American Psychological Association.

Stevens, S. E., Kumsta, R., Kreppner, J. M., Brookes, K. J., Rutter, M., & Sonuga-Barke, E. J. (2009). Dopamine transporter gene polymorphism moderates the effects of severe deprivation on ADHD symptoms: Developmental continuities in gene–environment interplay. *American Journal of Medical Genetics Part B: Neuropsychiatric Genetics, 150B*(6), 753–761.

Sturge-Apple, M., Suor, J. H., Davies, P. T., Cicchetti, D., Skibo, M. A., & Rogosch, F. A. (2016). Vagal tone and children's delay of gratification: Differential sensitivity in resource-poor and resource-rich environments. *Psychological Science, 27,* 885–894.

Teicher, M. H., & Samson, J. A. (2016). Annual research review: Enduring neurobiological effects of child abuse and neglect. *Journal of Child Psychology and Psychiatry, 57*(3), 241–266.

Werner, E. E. (2012). Children and war: Risk, resilience, and recovery. *Developmental Psychopathology, 24,* 553–558.

Wu, G., Feder, A., Cohen, H., Kim, J. J., Calderon, S., Charney, D. S., et al. (2013). Understanding resilience. *Frontiers in Behavioral Neuroscience, 7,* 1–15.

第八章 获取专业帮助——治疗多动症的传统方法和替代性方法

Arns, M., Loo, S. K., Sterman, M. B., Heinrich, H., Kuntsi, J., Asherson, P., et al. (2016). Editorial perspective: How should child psychologists and psychiatrists interpret FDA device approval? Caveat emptor. *Journal of Child Psychology and Psychiatry, 57*(5), 656–658.

Berman, S. M., Kuczenski, R., McCracken, J. T., & London, E. D. (2009). Potential adverse effects of amphetamine treatment on brain and behavior: A review. *Molecular Psychiatry, 14*(2), 123–142.

Bledsoe, J., Semrud-Clikeman, M., & Pliszka, S. R. (2009). A magnetic resonance imaging study of the cerebellar vermis in chronically treated and treatmentnaïve children with attention-deficit / hyperactivity disorder combined type. *Biological Psychiatry, 65*(7), 620–624.

Bloch, M. H. (2012). Misplaced fear?: FDA contraindication to psychostimulant use in children with tics. *Evidence-Based Child Health, 7*(4), 1231–1234.

Cameron, S., Glyde, H., Dillon, H., King, A., & Gillies, K. (2015). Results from a National Central Auditory Processing Disorder Service: A real-world assessment of diagnostic practices and remediation for central auditory processing disorder. *Seminars in Hearing, 36*(4), 216–236.

Castellanos, F. X., & Meyer, E. (2013). Toward systems neuroscience of shared and distinct neural effects of medications used to treat attention-deficit / hyperactivity disorder. *Biological Psychiatry, 74*(8), 560–562.

Cheng, C. H., Chan, P. Y., Hsieh, Y. W., & Chen, K. F. (2016). A meta-analysis of mismatch negativity in children with attention deficit-hyperactivity disorders. *Neuroscience Letters, 612,* 132–137.

Coghill, D., Banaschewski, T., Zuddas, A., Pelaz A., Gagliano A., & Doepfner,

M. (2013). Long-acting methylphenidate formulations in the treatment of attention-deficit / hyperactivity disorder: A systematic review of head-to-head studies. *BMC Psychiatry, 13,* 237.

Comim, C. M., Gomes, K. M., Réus, G. Z., Petronilho, F., Ferreira, G. K., Streck, E. L., et al. (2014). Methylphenidate treatment causes oxidative stress and alters energetic metabolism in an animal model of attention-deficit hyperactivity disorder. *Acta Neuropsychiatrica, 26*(2), 96–103.

Daley, D., van der Oord, S., Ferrin, M., Danckaerts, M., Doepfner, M., Cortese, S., et al. (2014). Behavioral interventions in attention-deficit / hyperactivity disorder: A meta-analysis of randomized controlled trials across multiple outcome domains. *Journal of the American Academy of Child and Adolescent Psychiatry, 53*(8), 835–847.

DeBonis, D. A. (2015). It is time to rethink central auditory processing disorder protocols for school-aged children. *American Journal of Audiology, 24*(2), 124–136.

DuPaul, G. J., Gormley, M. J., & Laracy, S. D. (2014). School-based interventions for elementary school students with ADHD. *Child and Adolescent Psychiatric Clinics of North America, 23*(4), 687–697.

Evans, S. W., Langberg, J. M., Egan, T., & Molitor, S. J. (2014). Middle school-based and high school-based interventions for adolescents with ADHD. *Child and Adolescent Psychiatric Clinics of North America, 23*(4), 699–715.

Fagundes, A. O., Aguiar, M. R., Aguiar, C. S., Scaini, G., Sachet, M. U., & Bernhardt, N. M. (2010). Effect of acute and chronic administration of methylphenidate on mitochondrial respiratory chain in the brain of young rats. *Neurochemical Research, 35*(11), 1675–1680.

Fumagalli, F., Cattaneo, A., Caffino, L., Ibba, M., Racagni, G., Carboni, E., et al.

(2010). Sub-chronic exposure to atomoxetine up-regulates BDNF expression and signalling in the brain of adolescent spontaneously hypertensive rats: Comparison with methylphenidate. *Pharmacological Research, 62*(6), 523–529.

Gill, K. E., Pierre, P. J., Daunais, J., Bennett, A. J., Martelle, S., Gage, H. D., et al. (2012). Chronic treatment with extended release methylphenidate does not alter dopamine systems or increase vulnerability for cocaine self-administration: A study in nonhuman primates. *Neuropsychopharmacology, 37*(12), 2555–2565.

Haack, L. M., Villodas, M., McBurnett, K., Hinshaw, S., & Pfiffner, L. J. (2016). Parenting as a mechanism of change in psychosocial treatment for youth with ADHD, predominantly inattentive presentation. *Journal of Abnormal Child Psychology.* [Epub ahead of print]

Harstad, E. B., Weaver, A. L., Katusic, S. K., Colligan, R. C., Kumar, S., Chan, E., et al. (2014). ADHD, stimulant treatment, and growth: A longitudinal study. *Pediatrics, 134*(4), e935–e944.

Heine C., & O'Halloran, R. J. (2015). Central auditory processing disorder: A systematic search and evaluation of clinical practice guidelines. *Journal of Evaluation in Clinical Practice, 21*(6), 988–994.

Hinshaw, S. P., Arnold, L. E., & MTA Cooperative Group. (2015). Attention-deficit hyperactivity disorder, multimodal treatment, and longitudinal outcome: Evidence, paradox, and challenge. *Wiley Interdisciplinary Reviews: Cognitive Science, 6*(1), 39–52.

Millichap, J. G. (2015). Risk of tics with psychostimulants for ADHD. *Pediatric Neurology Briefs, 29*(12), 95.

Ollendick, T. H., Greene, R. W., Fraire, M. G., Austin, K. E., Halldorsdottir,

T., Allen, K. B., et al. (2016). Parent Management Training (PMT) and Collaborative & Proactive Solutions (CPS) in the treatment of oppositional defiant disorder in youth: A randomized control trial. *Journal of Clinical Child and Adolescent Psychology, 45,* 591–604.

Pfiffner, L. J., & Haack, L. M. (2014). Behavior management for school-aged children with ADHD. *Child and Adolescent Psychiatric Clinics of North America, 23*(4), 731–746.

Poulton, A. S., Bui, Q., Melzer, E., & Evans, R. (2016). Stimulant medication effects on growth and bone age in children with attention-deficit / hyperactivity disorder: A prospective cohort study. *International Clinical Psychopharmacology, 31*(2), 93–99.

Pringsheim, T., & Steeves, T. (2011). Pharmacological treatment for Attention Deficit Hyperactivity Disorder (ADHD) in children with comorbid tic disorders. *Cochrane Database of Systematic Reviews, 4,* CD007990.

Sadasivan, S., Pond, B. B., Pani, A. K., Qu, C., Jiao, Y., & Smeyne, R. J. (2012). Methylphenidate exposure induces dopamine neuron loss and activation of microglia in the basal ganglia of mice. *PLoS ONE, 7*(3), e33693.

Schmitz, F., Scherer, E. B., Machado, F. R., da Cunha, A. A., Tagliari, B., Netto, C. A., et al. (2012). Methylphenidate induces lipid and protein damage in prefrontal cortex, but not in cerebellum, striatum and hippocampus of juvenile rats. *Metabolic Brain Disease, 27*(4), 605–612.

Schnoebelen, S., Semrud-Clikeman, M., & Pliszka, S. R. (2010). Corpus callosum anatomy in chronically treated and stimulant naïve ADHD. *Journal of Attention Disorders, 14*(3), 256–266.

Simchon, Y., Weizman, A., & Rehavi, M. (2010). The effect of chronic methylphenidate administration on presynaptic dopaminergic parameters in a rat model for ADHD. *European Neuropsychopharmacology, 20*(10), 714–720.

Simchon-Tenenbaum, Y., Weizman, A., & Rehavi, M. (2015a). Alterations in brain neurotrophic and glial factors following early age chronic methylphenidate and cocaine administration. *Behavioural Brain Research, 282,* 125–132.

Simchon-Tenenbaum, Y., Weizman, A., & Rehavi, M. (2015b). The impact of chronic early administration of psychostimulants on brain expression of BDNF and other neuroplasticity-relevant proteins. *Journal of Molecular Neuroscience, 57*(2), 231–242.

Snyder, S. M., Rugino, T. A., Hornig, M., & Stein, M. A. (2015). Integration of an EEG biomarker with a clinician's ADHD evaluation. *Brain and Behavior, 5*(4), e00330.

Spencer, T. J., Brown, A., Seidman, L. J., Valera, E. M., Makris, N., Lomedico, A., et al. (2013) Effect of psychostimulants on brain structure and function in ADHD: A qualitative literature review of magnetic resonance imaging-based neuroimaging studies. *Journal of Clinical Psychiatry, 74,* 902–917.

Stein, M. A., Snyder, S. M., Rugino, T. A., & Hornig, M. (2016). Commentary: Objective aids for the assessment of ADHD—further clarification of what FDA approval for marketing means and why NEBA might help clinicians: A response to Arns et al. (2016). *Journal of Child Psychology and Psychiatry, 57*(6), 770–771.

Urban, K. R., Waterhouse, B. D., & Gao, W. J. (2012). Distinct age-dependent effects of methylphenidate on developing and adult prefrontal neurons. *Biological Psychiatry, 72*(10), 880–888.

van der Marel, K., Bouet, V., Meerhoff, G. F., Freret, T., Boulouard, M., Dauphin, F., et al. (2015). Effects of long-term methylphenidate treatment in adolescent and adult rats on hippocampal shape, functional connectivity and adult neurogenesis. *Neuroscience, 309,* 243–258.

Villemonteix, T., De Brito, S. A., Kavec, M., Balériaux, D., Metens, T., Slama, H., et al. (2015). Grey matter volumes in treatment naïve vs. chronically treated children with attention deficit/hyperactivity disorder: A combined approach. *European Neuropsychopharmacology, 25*(8), 1118–1127.

Wang, G. J., Volkow, N. D., Wigal, T., Kollins, S. H., Newcorn, J. H., Telang, F., et al. (2013). Long-term stimulant treatment affects brain dopamine transporter level in patients with attention deficit/hyperactive disorder. *PLoS ONE, 8*(5), e63023.